掇菁撷华：
王宏印翻译与研究评论集

主　编：张智中
副主编：王治国　王晓农

南开大学出版社
天　津

图书在版编目(CIP)数据

掇菁撷华：王宏印翻译与研究评论集 / 张智中主编；
王治国，王晓农副主编. —天津：南开大学出版社，
2022.10

　　ISBN 978-7-310-06303-1

Ⅰ.①掇… Ⅱ.①张… ②王… ③王… Ⅲ.①王宏印
－翻译理论－文集 Ⅳ.①H059－53

中国版本图书馆 CIP 数据核字(2022)第 187423 号

掇菁撷华：王宏印翻译与研究评论集
DUOJINGXIEHUA：WANG HONGYIN FANYI YU YANJIU PINGLUNJI

南开大学出版社出版发行
出版人：陈　敬
地址：天津市南开区卫津路 94 号　　邮政编码：300071
营销部电话：(022)23508339　营销部传真：(022)23508542
https：//nkup.nankai.edu.cn

河北文曲印刷有限公司印刷　全国各地新华书店经销
2022 年 10 月第 1 版　　2022 年 10 月第 1 次印刷
230×155 毫米　16 开本　21 印张　2 插页　292 千字
定价：98.00 元

如遇图书印装质量问题，请与本社营销部联系调换，电话：(022)23508339

一生心血献给翻译教学与研究

——王宏印印象（代序）

刘士聪 南开大学外国语学院

王宏印老师离我们而去已经 3 年了，宏印去世时，年仅 66 岁，正当其学术积累特别丰厚、学术思想特别活跃、创作欲望特别强烈之际，令人惋惜，令人痛心。

宏印的辞世给我们留下了难以抚慰的伤痛，特别是对于与他朝夕相处的学生们，他的突然离去更是一种难以抚平的创伤。为了纪念宏印在翻译教学与研究上的卓越成就，为了表达对师恩的不忘之心，学生们自发地组织编写了这本《掇菁撷华：王宏印翻译与研究评论集》，搜集了 27 篇论文及访谈录，大家怀着深深的崇敬之情从多个角度总结、论述宏印在翻译和研究上的贡献。这既是对他学术成就进行广泛、深入研究的一个开端，也是对他学术遗产的一个升华。

学问精深、学识广博

宏印在翻译研究上成绩卓著，有赖于他经年累月地读书，积累了广博的学科知识，为他的学术研究奠定了坚实的基础。他在翻译学、文学、语言学、哲学、心理学诸多方面都有很深的修养，又勤于思考，善于总结，在中西翻译理论、典籍翻译、比较文学与比较文化、文学翻译批评和古今诗歌翻译等多个领域都有丰硕的研究成果。在短暂的一生里出版专著、译著、教材、编著及丛书等 80 余部，发表学术论文 130 余篇。在文学创作方面，除了诗歌之外，还有散文、小说和戏剧等作品。

在宏印的学术著作里，诗歌翻译与研究占了很大比重，撰写和翻译了数量可观的作品，比如《孕育：白蒂诗自选集》（译著）、《迪金森诗歌精译 200 首》（选译）、《弗罗斯特诗歌精译》（选译）、《美国诗歌选译——从印第安诗歌到纽约诗派》（英汉对照）、《英诗经典名译评析——从莎士比亚到金斯伯格》（专著）、《穆旦诗英译与解析》（专著）、《不朽的诗魂——穆旦诗解析、英译与研究》（著译）、《西北回响——陕北民歌英译》（选译）以及《古诗文英译选析》《英国诗歌选译——从中古民谣到现代诗歌》等。

即使在他去世之后，仍有遗作陆续问世。其中包括商务印书馆正在出版的一部探讨"翻译诗学"的著作——《意象的黄昏——翻译诗学论稿》。

宏印在诗歌翻译与研究上表现出浓厚的兴趣，与他自己是一个有才气的诗人不无关系。他多情善感，生活中的细节时而触发他的灵感，常常利用赴外地参加学术活动坐火车的时间进行构思，从而写出抒发微妙情感的诗歌作品。他生前共创作了 600 多首诗歌，分别收录在《朱墨诗集》和《朱墨诗集》（续集）这两部自创作品集里，此外他还出版过一部翻译卷的《朱墨诗集》。

他读诗，研究诗，写诗，翻译诗，也拥有诗人的气质，他的一生是诗性的一生。

宏印还有一些著作是发端于业余爱好，由爱好进而研究，进而开始理论著述。比如，他喜欢中国传统书画，在教学、写作之余，他常常挥毫写字、绘画，特别喜欢画兰花。他习惯于对实践活动进行理论思考，不自觉间踏进了另外一个领域。1994 年，他发表了对《不朽的艺术，珍贵的藏本：怀素草书艺术研究与鉴赏》一书的评论；2007 年，他出版了《画语录注译与石涛画论研究》，据说这部著作也引起了美术界人士的兴趣。

宏印喜欢吹箫，偶得一支好箫则喜形于色，把玩试吹，爱不释手。他喜欢唱歌，每年博士生答辩完毕，大家总要在一起唱歌，缓解几年来紧张的情绪，也是对完成学业的一种庆祝方式。甚至到外地开会或参加学术活动，他也不忘此道，经常和同事们找个地方去唱歌。唱歌之余，开始了研究，于是有了陕北民歌翻译的著作——《西北回响：汉英对照新旧陕北民歌》。

执着于翻译教学

宏印怀着特有的职业精神和一腔热忱投入翻译教学之中，基于他的专业素养和广博知识，他讲起课来驾轻就熟、如鱼得水，十分享受，课堂上常常忘记了时间。他为研究生开设了多个理论课程：中国传统译论经典诠释、文学翻译与文学翻译批评、诗歌鉴赏与翻译、跨文化交际与跨文化心理学、翻译史、研究方法与论文写作等。这些课程开阔了学生的视野，为学生打下了坚实的理论基础，也为他们的毕业论文写作积蓄了理论准备。

宏印对学生的关爱不仅体现在课程的设置上，更体现在学术的引导和培养上。他能依据学生的兴趣和意向，帮助他们确定研究方向和论文题目，并将这些分支课题纳入经过深思熟虑而设计的宏大的研究课题之内，特别是在典籍翻译上开辟了新的领域，进行了有益的探索。譬如在《易经》翻译、《庄子》英译、《诗经》英译、古诗意象英译、《红楼梦》翻译、佛教翻译等方面，他的师生团队均取得了可喜的研究成果。

特别值得一提的是，在宏印的指导下，学界推出了一系列我国少数民族文学典籍翻译的学术论文，如《仓央嘉措诗歌翻译与传播研究》（荣立宇）、《集体记忆的千年传唱：〈格萨尔〉翻译与传播研究》（王治国）、《民族叙事话语再现——〈阿诗玛〉英译研究》（崔晓霞）、《跨越疆界双向构建：〈福乐智慧〉英译研究》（李宁）和《〈蒙古秘史〉的多维翻译研究——民族典籍的复原、转译与异域传播》（邢力）等。这些成果为我国的典籍翻译研究增添了新内容，填补了多年的空缺。

近 20 年来，宏印培养了近 30 名博士研究生和博士后，他们当中有不少人毕业之后，对博士论文进行加工整理，出版了专著。出版之前，都来请自己的导师作序。宏印不管多忙，总是安排时间认真撰写。2019 年，南开大学喜迎百年校庆，宏印将先前完成的 30 篇序言结集为《译苑以鸿，桃李荫翳——翻译学论著序言选集》，作为"南开百年学术文库"之一出版。其中大部分是为学生们的著作写的序言，句句体现出宏印的宽广视野与深厚学识，篇篇表达出宏印对学生的殷切期望与学术提携。

宏印培养的学生们现在遍布全国各地，多在北京、天津以及东北、西北、南方各地的高校从事翻译教学，成为各校翻译学科的骨干力量。他们将继承宏印的事业，弘扬宏印的志向，宏印九泉之下也一定会感到欣慰。

克己的理念、坚强的意志

由于长年的教学和写作，同时忙于各学术组织的社会工作，宏印的健康出现了状况。2012 年 10 月，他做了胃切除手术。可是，在去医院准备做手术的前一天，他仍然参加了在南开大学召开的一次学术会议，并在会上做了发言。宏印的这个举动，一般的人是做不到的。

手术后，经过一段时间的恢复，宏印又不顾一切地投入工作之中。教学之余，仍旧是读书、写作。他每年都有著作出版，多的时候一年出版两到三本。

作为南开大学外国语学院教授、我国著名的中外文化典籍翻译研究专家、资深翻译家，宏印兼任很多学术职务：中国文化典籍翻译研究会会长、中国英汉比较研究会副会长、中国跨文化交际学会常务理事等，并兼任两个院校的特聘教授和讲座教授。他经常应邀到各地讲学，或参加学术会议。2018 年底，我和宏印作为《中华人文》（*Chinese Arts & Letters*）杂志编委，一起去南京师范大学外国语学院参加一个会议，会议刚刚结束，宏印即乘火车赶往北京。他告诉我，到了北京，他要直奔某大学召开的一个学术会议，过两天，东北还有一个会议，他也计划去参加。

实际上,在手术前后这些年里,宏印的身体状况一直令人担忧,但他从来不和别人谈论自己的身体与病痛,总是以饱满的热情和乐观的情绪置身于教学和学术活动之中。2019 年 5 月,宏印主持南开大学外国语学院翻译方向博士生答辩会,答辩结束后让我也去和大家一起拍纪念照。当我走进会议室见到宏印时,着实被吓了一跳。那时他已经瘦得不成样子,我心想,宏印病成这个样子为什么还要来参加答辩?但他却若无其事,仍然张罗大家拍照,完全不像个病人。

一个朴实无华的人

宏印来自陕西华阴地区,又深受传统文化的熏陶,为人处世散发着朴素文人的气质。2000 年底,宏印作为引进人才来到南开大学外国语学院任教。一般情况下,被引进的人才总要提出一些待遇方面的要求。但宏印没有向校方提任何要求,也没有讲任何条件,只是按照学校当时的规定,领取了一些安家费,便住进了学校分配的一个面积不大的普通住房,直至 2019 年底去世,一直住在那里。宏印入校后的待遇和居住条件可谓普通得不能再普通,但他似乎从来没有想过这些事情,也从未对任何人谈过此事或发过牢骚;他一心扑在教学和研究上,想的是如何为新单位做贡献。

宏印毕生为教学事业殚精竭虑,笔耕不辍,著述颇丰,其中不乏在翻译界有重要影响的著作,如:《中国传统译论经典诠释——从道安到傅雷》《文学翻译批评论稿》《穆旦诗英译与解析》《〈诗品〉注译与司空图诗学研究》《〈红楼梦〉诗词曲赋英译比较研究》等。

他在学术上成就斐然,对翻译研究贡献甚多,可谓同行中的翘楚。但他每次有书出版,总是表现得很淡然,从未见他沾沾自喜,或在别人面前暗示自己的著作如何重要。实际上,每次新书一出来,他就像完成了一个使命,好像没有时间再去谈论这些事情,而是已经把精力放在下一部书稿的写作上了。

一个谦虚好学的人

宏印不仅孜孜不倦地刻苦读书，还特别注意与在学术上有成就的学者建立联系，虚心向他们学习。就我所知，与宏印有学术往来的知名学者包括在我国翻译理论建设上颇有建树的杨自俭教授，在典籍翻译上成果极为丰富的汪榕培教授，以及翻译《论语》和《孙子兵法》的林戊荪先生，还有法国文学翻译家和翻译理论家罗新璋先生等，宏印与他们建立了十分融洽的合作关系。

没有市侩习气

宏印是一个很和气的人，一个很好相处的人，一个不会算计的人。他不会为了自己的利益而锱铢必较或上下钻营，更不会因为自己的要求未得到满足而耿耿于怀、满腹牢骚。教授评级的时候，什么二级三级的，他好像从未放在心上。他是一个只讲贡献、不求回报的人，具备一种十分可贵的朴素情怀。

但我们不得不面对的现实是，宏印走了。他给我们留下的遗产是多方面的，不仅有鸿篇巨制的学术著作，更有他为翻译教学和翻译研究而献身的精神和他那朴实无华、不务虚名的品格。我们相信，宏印给我们留下的这些宝贵财富，他苦心培养的学子们会诚心诚意地继承下来，并在自己的学习和工作中发扬光大，以不负宏印之成就、宏印之美德。

2022 年秋
于南开园

目 录

上编　王宏印翻译思想阐释

王宏印教授的学术之道与治学方法 …………陈大亮　陈婉玉　3

根深植故土，性本向高天

　　——王宏印民族典籍翻译思想探微 ………………王治国　17

中国式人类学诗学的构建

　　——论王宏印先生民族诗学的创作、翻译与研究··张　媛　30

王宏印民族典籍翻译研究范式与翻译学的互构 ………崔晓霞　41

译苑宏略，朱墨留印

　　——王宏印翻译教学思想的话语阐释 ……………王治国　55

王宏印的教育理念 ………………………………许建忠　67

王宏印英译元散曲的现代性…………………………朱学明　74

司空图《诗品》英译比较研究

　　——以第二十品《形容》为例………………………张智中　88

王宏印教授译诗艺术刍议

　　——以《英语诗歌选译》为例…………………………荣立宇　100

妙笔灵动珠联璧合

　　——王宏印《哈姆雷特》新译本特色和创新研究····王晓农　111

从《中国古今民歌选译》看王宏印的民歌研究与翻译····潘帅英　123

中编　王宏印翻译研究评述

《文学翻译批评论稿》评析 …………………………陈大亮　137

西学与国学融会贯通研究与鉴赏相辅相成

　　——《文学翻译批评论稿》评介 ………………王洪涛　149

采撷经典之花兮，以酿造吾人之蜜

　　——读王宏印《中外文学经典翻译教程》………吕敏宏　158

在诗中聆听歌的回音
　　——评《西北回响》兼论陕北民歌的翻译 ………… 李林波　166
诗人的译作，译者的诗歌
　　——评王宏印教授《朱墨诗集》 ……………………… 荣立宇　179
庄谐韵散融一体，论疏评点铸新译
　　——王宏印新译《哈姆雷特》评析 ………………… 王洪涛　187
王宏印新译《弗罗斯特诗歌精译》述评 ……………… 杨　森　199
朝向民族典籍翻译多元共生、色彩斑斓的图景
　　——《中华民族典籍翻译研究概论》述评 ………… 王晓农　210
释旧出新、融西立中
　　——王宏印《中国传统译论经典诠释》新版述评… 王晓农　219
诗性翻译，智慧求索
　　——王宏印《英国诗歌选译——从中古民谣到现代诗歌》
　　评介 ……………………………………………… 李楠楠　232
乘之愈往，识之愈真
　　——王宏印新译《叶芝诗歌精译》评述 ………… 苏易安　245

下编　王宏印翻译学术访谈与综述

学界巨擘，名师风范
　　——记王宏印教授的学术人生………………………… 王晓农　263
典籍翻译，任重道远
　　——王宏印教授访谈录 ………………………………… 荣立宇　270
我国民族典籍翻译现状、问题与对策
　　——人类学学者访谈录之七十一 …………………… 张　媛　283
民歌翻译：民族典籍与文化研究的源头
　　——王宏印教授民歌翻译研究访谈录 ……………… 梁高燕　291
翻译名师是如何炼成的
　　——专访南开大学外国语学院王宏印教授 ………… 李绍青　309

上编　王宏印翻译思想阐释

王宏印教授的学术之道与治学方法

陈大亮　　陈婉玉

[摘要] 王宏印集学者、导师、翻译家和作家四种身份于一身，融研究、教学、翻译、创作于一体。翻译与研究相辅相成，教学与科研相互促进，中西会通与古今贯通，自由出入于学科之间，这四种治学方法是他成就大学问的学术正道，值得深入研究。

[关键词] 王宏印；治学方法；翻译型研究；中西会通

一、引言

王宏印教授走了，年仅 66 岁，留给后人的是 134 篇论文和 83 部著作，还有若干没有来得及出版的书稿。①虽然斯人已去，但其作品还在，思想还在，治学方法还在。王宏印是学者、导师、翻译家、作家，集四种身份于一身，融研究、教学、翻译、创作于一体。说他是学者，有研究成果与学术思想为证；说他是导师，有教过的学生、编撰的教材以及留下的教育思想为证；说他是翻译家，有资深翻译家证书与翻译作品为证；说他是作家，有原创的诗歌、散文、小说为证。王宏印是真正的学者，淡泊名利，潜心治学，高深做学问，低调做学人，他的学术之道与治学方法值得学术界提炼总结，以便薪火相传，泽被后人。

二、翻译与研究相辅相成

王宏印自 1976 年西安外国语学院本科毕业起就开始做翻译，先做科技翻译，后来是诗歌翻译与典籍翻译，还翻译过《二十四诗品》以及画论、剧本、民歌等多种体裁的文本。王宏印治学的第一个特点就是把翻译与研究有机结合起来，翻译中有研究，研究中有翻译。他的翻译是研究型翻译，他的研究是翻译型研究，二者如车之两轮、鸟之两翼，相辅相成，相得益彰。这种治学方法产生了系列科研成果，比如《穆旦诗英译与解析》（2004 年）、《画语录注译与石涛画论研究》（2007 年）、《英语诗歌选译》（2011 年）、《哈姆雷特》（2012 年）、《美国诗歌选译——从印第安诗歌到纽约诗派》（2018年）、《英国诗歌选译——从中古民谣到现代诗歌》（2018 年），等等。

（一）研究型翻译

所谓研究型翻译，就是凡是翻译，必先研究，研究之后有心得体会，才动笔翻译，动笔之后的翻译过程也是研究过程，而且反过来加深对原作的理解。王宏印的翻译就属于研究型翻译，他在选择当译之本、翻译理念、翻译方法等方面都有自己独到的见解。

在选择当译之本上，王宏印首先选择别人没有翻译过、有一定难度且有研究价值的作品翻译，其次才是重译有译本的作品。他首译的作品主要有加拿大女诗人白蒂诗集、于右任诗选、陕北民歌、石涛《画语录》、《公孙龙子》六篇、自己创作的诗歌，等等。他重译的作品主要包括英美经典诗歌、毛泽东诗词、莎剧，等等。他重译是因为"时隔多年，有些语言已经比较陈旧，有些体制和形式也不再符合今人的审美情趣，而有些诗歌的选择也不能完全满足今天读者的阅读兴趣和审美要求，需要重新考虑，刷新翻译"（王宏印，2011：22）。他的翻译有自己独到的理解、体会、创新与笔法，重译的作品兼有研究心得和经典重译之长，不重复前人，也不与其他译本雷同。在研究兴趣点方面，他按照从古到今以及从哲学向文学转移的基本路径进行，所选文本基本属于文史哲领域。

在翻译理念上，王宏印遵循"四不翻"做法，即不喜欢不翻，没有研究不翻，没有灵感不翻，没有突破不翻。这种理念始终如一，一直贯穿他晚年的翻译实践活动。第一个不翻：他翻译的动机多数是发自心底的热爱，因为喜欢，所以才翻译，尤其是诗歌，是他的最爱；他喜欢唱歌，因而翻译了很多古今民歌，包括陕北民歌；他喜欢毛泽东和于右任的书法，爱屋及乌，因而翻译了毛泽东诗词和于右任诗歌。第二个不翻：没有研究不翻，诗歌翻译之前要研究，典籍翻译之前也要研究，没有感觉，没有灵感，没有心得体会的时候，他不动笔翻译；就诗歌而言，"每一首诗几乎都是独特的，在没有认真研究之前，几乎是不可能随意决定能否翻译和如何翻译的"（王宏印，2004：6），只有落实到每一首诗的研究，才能进入真正意义上的翻译；就典籍而言，《二十四诗品》《公孙龙子》及石涛《画语录》都是非常难懂的学术著作，他翻译是因为对这些作品有长期深入的研究，而且有研究发现和心得体会，并且摸索出来合适的译法。第三个不翻：对于诗歌来说，无论是创作还是翻译，都需要灵感才能动笔；灵感的迸发以及创作冲动的到来需要一定时间酝酿，需要一个潜伏期，才能有顿悟和创造；无病呻吟，为赋新词强说愁，这样翻出来的东西也没有什么价值。第四个不翻：没有突破不翻，这是针对重译而言的，重译的作品至少应该在某些方面有超越和突破；他用九年时间，精心推敲，五易其稿，推出《哈姆雷特》新译本，在文体对应与风格模仿的和谐关系、表现手法与戏剧语言的交融状态、深度暗示和文化解读的相辅相成三方面比原译有突破。[②]

　　在翻译方法上，王宏印摆脱了传统的直译与意译窠臼，针对不同文体与文本类型提出不同的翻译方法，最终形成了包括翻译策略（口译、笔译策略）、翻译手法（再现、表现手法）、翻译技法（十大翻译技法）在内的翻译方法系统[③]（王宏印，2010：77）。他把翻译原文本划分为再现类和表现类两种文体。针对表现类文本的翻译，他提出文学艺术翻译的十大类表现手法，注重总体的翻译艺术效果，与传统的忠实和通顺为标准的要求有所不同，与西方翻译理论的说法也不尽相同。

　　此外，王宏印还擅长回译，这既是一种翻译方法，也是一种研究方法，其中蕴藏着丰富的翻译思想，值得探究。他的回译主要用于诗歌翻译，有些是局部性回译，有些则是全部回译。他回译过霍克斯和杨宪益英译的《红楼梦》诗词曲赋，作为一种分析方法穿插于译作比较与分析的全过程。不满足于杨译和霍译的语义翻译原则，他在长期探索的基础上翻译了 12 首《红楼梦》诗词曲赋，且都附中文回译。对于司空图的《二十四诗品》，王宏印非常喜爱，在翻译与研究的基础上，他把英文的《二十四诗品》以诗体的形式回译到中文。他回译的目的不是检验原文翻译的质量，而是"通过回译，揭示《二十四诗品》的诗性品质，看其能否使我们产生新的认识。与此同时，也尽力把回译作品提高到一个创作水平，让它呈现一种新的文本样式"（王宏印，2020：392）。

他的翻译是一种境界翻译，通过翻译，他感悟人生，通过翻译，他认识别人，也提升自我。他用"我翻，故我在"诠释了他的存在方式，证明了他的生命价值与存在意义。

（二）翻译型研究

王宏印不是为了翻译而翻译，翻译不是目的，也不是终点，而是为了研究与发现。他在《诗品文心：唐末高士司空图：生平、诗文与〈诗品〉翻译研究》的序言中提出了"翻译型研究"这个概念，"那就是以某一文化或文学的经典文本为对象，参较其他相关文献，通过文本翻译（注释是翻译的基础），进行作者思想挖掘和理论系统化整理性质的研究"（王宏印，2020：7）。王宏印的这个研究特点在于不脱离文本而空言理论，并在文本研究基础上进行阐发性研究。

总结起来，王宏印的翻译型研究主要包括两大类：一是中外诗歌翻译与研究，二是中国文化典籍翻译与研究。其成果形式也相应分为两类：一是由译作和解析或评论构成，如《穆旦诗英译与解析》；二是由文本翻译和注释系列构成，包括原文注释、古文今译、古文英译三部分，形成注释、今译、英译的三角互动关系。这一模式，构成了他典籍翻译的基本格局，一直贯穿于一系列典籍文本的翻译与研究。对于一些难理解的典籍作品，他在三部分基础上会添加思想疏解，对原作的主题与要旨等方面的思想内容进一步阐释，如《二十四诗品》《画语录》及《公孙龙子》的翻译与研究就采用这个体例。

对于中外诗歌的翻译型研究，王宏印注重研究诗歌的意象、意境、形式、内容、体制、风格、流派等内容，通过讲座、课堂、译者序言、学术论文、著作等形式总结提炼出诗歌翻译的理论、原则、理念、技巧与方法。在翻译原则上，他提出"三个必有分别"翻译原则，即汉译英与英译汉，必有分别；古体诗与现代诗，必有分别；古典诗与词，必有分别。在翻译理念上，他认为古今中外的诗歌翻译在总体上都应该向现代诗方向落实和转化，向着创造和创作的方向发展和落实④（王宏印，2012：17）。

对于中国文化典籍的翻译型研究，王宏印投入了大量的时间与精力研读前人的研究文献，做细致的文本分析，挖掘作者学术思想，进行阐发研究，在整合零碎资料的基础上建构理论体系，进行某种程度的融合和创造，使经典文本的思想和艺术的总体倾向发生从古代向现代的转移，等等。在原作注释方面，他注重文字、典故、古语，旨在追根溯源，寻求理据，加深读者对典籍的理解。在古文今译方面，他分析古今词义的变化，考察文言文和白话文之间的文体差异，注意文言虚词和句式调整，研究行文谋篇和衔接连贯，旨在打通古文和现代文之间的语言和文化的差异。在古文英译方面，他注重研究术语的翻译、典故的翻译、专有名词的翻译，关注不同文体和表达功能的再现问题，提倡深度翻译的理念与原则，让外国读者领略中国典籍的艺术魅力，体验中国古人的诗意表现和生活智慧。在思想疏解方面，他运用阐发研究以及诠释学思想，拓宽思路和挖掘思想，侧重原理性的解决和哲理性的阐释；司空图的诗学思想、石涛的绘画美学思想以及公孙龙的逻辑学和语言哲学思想，就属于这类研究。

研究型翻译以翻译为落脚点，翻译型研究以研究为落脚点。分开讲，只是为了讨论的方便。其实，研究型翻译和翻译型研究在实际操作时是很难截然分开的，二者是你中有我、我中有你的关系。在操作顺序上，一般情况下先研究后翻译，翻译之后又进一步研究，也有可能一边翻译，一边研究，翻译与研究就构成了一种不间断的循环往复。翻译有灵感，研究有发现，学术成果就在翻译与研究的循环往复中不断升华。

三、教学与科研相互促进

有些人只适合做科研，不会教学；有些人则只会教学，不懂科研；还有一些人既擅长教学，又擅长科研。显然，王宏印属于第三种人，他的教学与科研不分家。编写教材，适应不同层面的教学需要，重视文本研究，架起教学与科研之间的桥梁，开展翻译批评，建立翻译实践与理论之间的联系，这是他治学方法的第二个特点。

除了在西北电管局中心实验研究所从事科技翻译那五年之外，王宏印一直工作在教学第一线，甚至在退休之后还在上课。他的教学涵盖本科生、硕士生和博士生三个层面，与之对应地产出一系列教学研究成果，分别适应不同层次的教学需要。"无论给哪个层面的学生上课，我都按照教学大纲、能力梯度和知识台阶自编教材，前后上过的课有十几门，全是自己的书，不用任何现成的教科书。"这是王宏印在接受《求学考研》采访时说的一句话，他是这么说的，实际也是这么做的。自编教材既是教学的心得体会，也是科研的学术成果，是教学和科研相互融合的结果。

在教学目标定位方面，王宏印认为本科阶段重在打好语言基本功，还谈不上什么科研，硕士阶段应该具有一定的翻译能力和基本的研究能力，博士阶段的主要任务是进入翻译学科的前沿去研究创新性课题，以推动整个学科向前发展。

王宏印为本科生编写的教材主要有《英汉翻译综合教程》和《哈姆雷特》，旨在培养学生的语言能力、双语转换能力、翻译技巧、译作鉴赏能力。前一部教材先后经历 1989 年、2002 年、2007 年和 2010 年四个版本，每一版本都有大幅度的修改、补充、更新与完善，书名也相应有少许更变。⑤其中，2007 年的那次修订是比较全面的，旧貌换新颜，与时俱进，增加了作者近几年的研究心得体会。后一部教材是上海外语教育出版社组织专家编写的"翻译专业名著名译研读本"系列教材之一，采用英汉对照的形式排版，方便读者阅读揣摩。王宏印为这部教材倾注了很多心血，写了两万多字的译者序言，还为译本增添评点与注释。与其他本科教材不同，该教材让学生通过阅读名著与名译学习翻译，改变了传统教材只见树木不见森林的弊端。

王宏印为硕士研究生开的课较多，内容主要包括跨文化交际、诗歌翻译、中外文化典籍翻译、文学翻译与鉴赏、文学翻译批评、翻译理论，与这些课程相对应的自编教材主要有《现代跨文化传通：如何与外国人交往》《世界名作汉译选析》《中外文学经典翻译教程》《中国文化典籍英译》《世界文化典籍汉译》《新译学论稿》《诗与翻译：双向互动与多维阐释》。这些教材依据不同的学科特点与教学目的，编排体例不尽相同，分属不同的教材系列，有的属于国家级规划教材，有的属于全国翻译硕士专业学位（MTI）教材，有的属于高等学校翻译课程教材，有的属于新世纪英语教学丛书，不一而足。

王宏印最初为博士生开两门课，分别是中国传统译论现代诠释和文学翻译批评，配套的两本教材分别是《中国传统译论经典诠释——从道安到傅雷》和《文学翻译批评论稿》。后来发展成四门课：中国传统译论经典诠释、译学建设、文学翻译批评、诗歌翻译鉴赏。前两门课偏重理论，以西学治国学，注重理论思维，旨在培养学生的反思批评能力、哲学思辨能力以及理论建构能力。后两门课既有理论的深度，又有实践的指向，重点包括文学翻译批评的原则、标准与评级，文学翻译批评的方法与操作程序，诗歌翻译的多维阐释，等等，旨在培养学生的诗性智慧，养成鉴赏的灵敏和批评的本领。

由于学术著作在性质、写法与体例等方面与教材不同，王宏印还根据教学的需要把原来的学术专著转化为教材。例如，《文学翻译批评概论》就是由《文学翻译批评论稿》改编而成为硕士生的教材，作者尽量避免简单地搬用，扩充了一些新的翻译类型，删减了有关翻译学科建设的有关内容，降低了难度，增加了诗歌翻译作品的赏析与比较内容，并照顾实践环节，让学术理念落实到课堂上来。

王宏印不是象牙塔里边做学问的人，他搞教学注重翻译实践，做科研不脱离文本分析，而且能够借助翻译批评的中介环节把翻译实践和翻译理论联系起来，这是他的科研成果能够走进课堂且深受学生欢迎的主要原因。

四、中西会通与古今贯通

王宏印早年在美国新墨西哥大学攻读硕士学位期间，广泛涉猎西学，系统学习阅读了从古希腊到当代的西方经典著作，涉及文史哲和自然科学的一部分，也关注当下的西方社会和学术思潮，打下了扎实的西学功底。回国后，学术兴趣逐渐从西学转向国学，按照从古到今的顺序，研读先秦典籍、汉代儒学、唐诗宋词元曲、宋明理学、明清小说以及五四之后的现代学术。在兴趣点转移方面，先进行哲学和社会科学研究，然后转向文学，又转向翻译学，并从事中国文化典籍翻译研究。

王宏印从事跨文化研究和比较研究，兼及人文社科类比较研究，深受王国维、陈寅恪、钱锺书等人的影响，擅长中西会通与古今贯通，融通众说而成一家之言，这是他治学方法的第三个特点。王宏印把这种治学方法运用到中国传统译论现代诠释、中西文化典籍翻译与研究、中外诗歌互译等领域，让传统译论向现代译论转化，让中西文化相互阐发，让"史"向"思"转变，让古典诗歌向现代诗转化，最终朝着人类文化共同体生成。

在中国传统译论的现代诠释方面，王宏印秉持中国传统译论的人文主义传统，以史为鉴，系统梳理中国传统译论的资源，从中国传统译论或者文论中汲取可用的概念，参照西方哲学史发展路径，对中国传统译论进行分期，运用西方诠释学方法，把中国传统译论的论题、概念、形态向现代转换，作为建立中国翻译学的一种努力。在翻译史编纂问题上，他慎思明辨，旗帜鲜明地反对把实践史和理论史混编的做法。在译论评价方面，他运用陈寅恪的"对于古人之学说，必具了解之同情"的研究思路，对传统译论优点、缺点、出路等问题进行历史评价和理论评价。在中国传统译论的现代转换方面，他致力于中西译论的融合创新和相互阐发，反对抽象笼统地谈中西结合以及硬套西方模式的做法，在总结国内学者研究方法的基础上，他归纳出四种路径和方法，具有很强的可操作性和指导意义。[6]

在典籍翻译与研究方面，王宏印的这种治学方法表现在微观与宏观两个层面：在宏观层面，他用一种贯通的研究思路和科学的分期研究，把整体的典籍翻译与传播分成三大历史阶段，相应地形成三重文化境界（王宏印，2017：19）；在微观层面，他用今译贯通古今，用英译会通中西，让"史"向"思"转变，让古代的思想与艺术向现代转化，让中西文化通过翻译而会通。现以《公孙龙子》为例来说明王宏印是如何进行中西会通与古今贯通的。作者首先对公孙龙学说误解和曲解原因做历史考察，揭示了以"史"代"思"的弊端，提出从"史"的因果联系与事实评价的研究路径向"思"的逻辑勾连与思想重建的研究思路转变，以便拨开"史"的迷雾以寻求"思"的本质。作者"综合地运用了纵向横向交织、宏观微观兼顾、国学西学并用、中哲外哲贯通的多维度研究方法"（赵馥洁，2018：3），重建公孙龙的理论体系。

在古诗英译方面，王宏印主张中译西化、古诗今化。他借鉴比较文学的研究方法，将中西诗歌与古典诗歌和现代诗歌打通，古典的诗歌朝现代的方向转化。用他自己的话说，就是"在比较文学的层面上，将中西诗歌逐渐打通，古典的诗歌朝现代的方向转化，和现代诗接触，和现代的汉语诗的创作情况接触，能够把古诗转化成当下中国汉语诗歌创作的一个依据，一个资源。同时用英语阅读的时候，也能够和英语诗自由地衔接，就是朝西化的方向转化"（王宏印，2015：64）。此外，王宏印还借助回译的方法，让中西进行对话，让古人今人在同一文本的不同时代转换中，找到思想的变化与连接。诗歌的回译，这不是一个简单的回译及其效果展示，而是一个探索带有诗学本体论意义的经典翻译的可能性有限延伸的可贵尝试。"这一诗学本体与现象的探索，基本上沟通了汉语古体诗与现代诗的传统，也在一定程度上打通了汉语诗与英语诗（甚至西方诗歌）的表现形式与诗学观念"（王宏印，2020：11）。

中西会通其实是一种横向比较方法，其关键在于会通而不是混淆，同中见异，异中求同，融会贯通，才能相互阐发。古今贯通是一种纵向的历时研究法，其关键在于辨明学问的源流本末，古为今用，推陈出新，让典籍里的古文字在当代活起来。王宏印"一方面吸收输入外来之学说，一方面不忘本来民族之地位"[⑦]，他常常以陈寅恪的这句治学名言与大家共勉，在思想上自成系统，在学问上有所创新。

五、学科之间自由出入

王宏印学识渊博，兴趣广泛，治学领域涉及跨文化交际学、跨文化心理学、语言学、文学、哲学、解释学、教育学、逻辑学、民族学、人类学等不同学科，能够在学科之间自由出入，因而成为大学者。自由出入于学科之间，打通不同学科，他山之石可以攻玉，这是他治学方法的第四个特点。

王宏印写过一篇文章，专门探讨自由出入于学科之间才能做大学问，重点在于文史哲之间的出与入（王宏印，2009：95-96）。笔者在本节内容中讨论的学科之间自由出入不限于文史哲，也包括其他学科。所谓"自由出入于学科之间"，其实就是打通不同的学科，博采众长，融汇百家，王国维、陈寅恪、钱锺书等大学问家都擅长运用这种治学方法。

王宏印所说的文史哲不是通常意义上的文史哲，而是借其名称而有所发挥和拓展。文指的是文学、文本和话语，史指的是历史、事实、规律，哲指的是哲学、哲理、理论。分开来讲，文史哲各有自己的特点、不同的路径、不同的知识类型。从文本切入，可以获得知识、经验与见解，但距离事实和真理世界还有一段距离。从史切入，可以抵达事实的真相与认识的真理，但如果只掌握事实而无思想，则不能算是学问。从哲学切入，可以让人有思想，但思想如果变成教条，则让人失去批判精神和问题意识。因此，凡成大学问者，必须把文史哲合一，把知识、门径和本体视为一个整体，打通不同的学科，从此门入，从彼门出，把知识连成一片，形成网络，方能出新意。

王宏印具有多个学科的知识网络，因而能够自由出入于学科之间，笔者总结了他做学问的几个出口与入口。第一条路径是，从文学批评门入，从文学翻译批评门出，代表性研究成果是《文学翻译批评论稿》；第二条路径是，从书法绘画门入，从翻译学门出，提出翻译的笔法、译笔、文学翻译的十种表现手法等译学术语；第三条路径是，从逻辑学、语言学、哲学门入，从跨学科出，代表性研究成果是《白马非马：〈公孙龙子〉的智慧：逻辑学、语言学、哲学三维解析》；第四条路径是，从人类学、民族学与诗学入，从人类学诗学出；第五条路径是，从诗学与史学入，从翻译家传记出，代表性研究成果是《诗人翻译家穆旦（查良铮）评传》，走的是陈寅恪"诗史互证"的路子。

典籍翻译涉及很多学科，其中的民族典籍翻译涉及的学科更多，情况更为复杂。2013 年，王宏印结合自己从事民族诗歌创作的经验，把民族诗歌的创作提升到人类学诗学的高度，写出中国人自己的人类学诗学之诗，提出建立中国人类学诗学的设想。（王宏印，2013：61）2014 年，王宏印根据近年来的翻译研究和观察，结合国际有关学科发展的最新动向，尝试提出中国民族文化典籍翻译的研究方法、学科基础和发展目标（王宏印，2014：2）。2015 年，王宏印进一步阐发了人类学诗学的内涵、实践与理论意义（王宏印，2015：84）。2019 年，王宏印总结了自己在民族典籍翻译、研究与创作三结合的道路，发现民族典籍的翻译与研究对汉族典籍的翻译与研究产生逆向的影响作用，最后得出典籍翻译的学科归属是古典学的结论（王宏印，2019：7）。

在王宏印看来，画道、书道、诗道、文道、艺道、译道，一概相通相合，融通无碍，运思行文，内外无间。逻辑思维与形象思维的方法结合起来，哲学的边界是诗，诗是哲学的核心，"诗"与"思"相通。此所谓"世事洞明皆学问，人情练达即文章"是也。

六、结语

王宏印经过多年的探索，形成了自己一以贯之的治学路径与研究方法，在中国传统译论的现代诠释、文学翻译批评、典籍翻译、诗歌翻译与研究等领域做出了重要的学术贡献。在中国传统译论的现代诠释方面，他提出的论题、概念与形态三个层次的转换，让中国传统译论在理论与观念上脱胎换骨，获得理论上的新生；在转换的基础上，他进一步提出四种可操作的中西融合创新的新译学理念，为译学建设指出行之有效的发展路径。在文学翻译批评方面，他提出文化的分层概念，文学翻译批评的方法论，翻译批评的原则、标准与评级以及操作程序等理论与实践问题，奠定了文学翻译批评的学科地位，为客观、公正的翻译批评提供具体可行的翻译质量评价模式。在诗歌翻译与研究方面，他经过多年的探索与实践，提出"三化"原则、"三个必有分别"主张、"四个不翻"做法，并用诗歌回译法拓宽了中西诗歌会通的空间。在典籍翻译方面，他创新性地提出"异语写作""无本回译""古本复原"等新术语与理论，丰富发展了典籍翻译的理论与实践；他是民族典籍翻译的践行者和开拓者，探索中国民族文化典籍翻译的研究方法、学科基础和发展目标，提出建立中国人类学诗学的设想。当然，王宏印学识渊博，视野开阔，涉及领域很多，他的治学方法与学术贡献远非一篇文章就能概括全面，挂一漏万，在所难免，希望其他学者的研究能够弥补笔者这方面的不足。

注释：

①王宏印已经发表出版以及未发表出版的数据统计详见梁高燕整理的《王宏印先生学术研究和文学创作成果目录》：出版学术专著、译著、教材、编著及丛书83部，发表学术论文134篇，其中，发表原创诗歌集2部（642首）、散文集1部、诗剧2部、小说1部，已出版成果共计2000多万字。未出版学术成果共计90多万字，原创文学作品约30万字。未出版文学创作成果包括原创诗歌集1部（254首）、散文集1部、小说1部（近27000字）。感谢梁高燕提供的统计数据。

②关于《哈姆雷特》重译的若干原则和做法，具体参见译者序言。在序言中，王宏印首先评析了四种代表性译本，然后提出重译的三个前提条件，接着阐述了三条翻译原则，集中解决好三对矛盾，最后分析了重译的重要意义。

③关于十大翻译技法与文学翻译的十大表现手法的具体内涵与应用，详见《英汉翻译高级教程》，2010年版，第四单元，第177-200页。

④具体参见王宏印在《山东外语教学》（2012年第3期）上发表的论文《遇之匪深，即之愈希——我的诗词翻译道路和几点思考》。

⑤四个版本的书名按照出版时间的先后顺序依次是，1989年《英汉翻译综合教程：理论、技法、习作、欣赏》、2002年《英汉翻译综合教程》、2007年《英汉翻译综合教程》（修订版）、2010年《英汉翻译高级教程》。

　　⑥中西译论如何融合的具体思路与做法涉及内容很多，笔者为节省篇幅，没有直接引用。具体内容参见《中国传统译论经典诠释——从道安到傅雷》第284-286页。

　　⑦这是陈寅恪为冯友兰的《中国哲学史》写的《审查报告》里的一句话，具体参见《三松堂全集》第三卷。

参考文献：

　　[1] 王宏印. 诗品文心：唐末高士司空图：生平、诗文与《诗品》翻译研究[M]. 北京：社会科学文献出版社，2020.

　　[2] 王宏印. 多元共生，稳定发展，共同繁荣——关于我国民族典籍翻译的学科归属与文化资源的利用[J]. 民族翻译，2019（1）：7-15.

　　[3] 王宏印. 中国传统译论经典诠释——从道安到傅雷[M]. 大连：大连海事大学出版社，2017.

　　[4] 王宏印. 典籍翻译：三大阶段、三重境界——兼论汉语典籍、民族典籍与海外汉学的总体关系[J]. 中国翻译，2017（5）：19-27.

　　[5] 王宏印. 关于中国文化典籍翻译的若干问题与思考[J]. 中国文化研究，2015（2）：59-68.

　　[6] 王宏印. 民族典籍翻译研究的学科基础与发展目标[J]. 广西民族大学学报（哲学社会科学版），2014（4）：2-6.

　　[7] 王宏印. 写出中国人自己的人类学诗学之诗——我的民族诗歌创作与民族文化探索[J]. 燕山大学学报（哲学社会科学版），2013（4）：61-70.

　　[8] 王宏印. 哈姆雷特[M]. 上海：上海外语教育出版社，2012.

　　[9] 王宏印. 遇之匪深，即之愈希——我的诗词翻译道路和几点思考[J]. 山东外语教学，2012（3）：13-19.

　　[10] 王宏印. 英语诗歌选译[M]. 北京：国防工业出版社，2011.

　　[11] 王宏印. 英汉翻译高级教程[M]. 大连：大连海事大学出版社，2010.

　　[12] 王宏印. 自由出入于学科之间才能做大学问——简论文史哲之间的入与出[J]. 中国外语，2009（4）：94-96.

　　[13] 王宏印. 融通中西译论，革新中国译学[J]. 中国外语，2008（6）：33-36.

[14] 王宏印. 英诗经典名译评析——从莎士比亚到金斯伯格[M]. 济南：山东大学出版社，2004.

[15] 王宏印，张媛. 人类学诗学：民族诗歌的创作、翻译与研究——王宏印教授访谈录[J]. 燕山大学学报（哲学社会科学版），2015（1）：84-88.

[16] 赵馥洁. 序[A]. 王宏印. 白马非马：《公孙龙子》的智慧：逻辑学、语言学、哲学三维解析[M]. 北京：社会科学文献出版社，2018.

（本文原载于《燕山大学学报（哲学社会科学版）》2021 年第 5 期）

根深植故土，性本向高天

——王宏印民族典籍翻译思想探微

王治国

[摘要] 王宏印提出并阐述了中华民族文化与典籍翻译的"三个阶段""三重境界""四大落差"等极具参考性的概念术语和话语体系。文章梳理了王宏印民族典籍翻译思想的学源基础和框架体系，对王宏印民族典籍翻译思想的真知灼见进行了评述。研究发现，王宏印民族典籍翻译思想描绘了民族典籍翻译跨界重组的动态图景，助推了民族典籍翻译研究的融合创新，为当前民族典籍翻译理论与实践提供了参照，具有重要的学术价值和研究意义。

[关键词] 王宏印；民族典籍；四大落差；翻译思想

一、根深植故土

"亚太翻译，数据平台，曲江流吟悄然去；司马长风，雁塔晨钟，钟楼晚霞正美丽。又一程丝绸之路，又一代中华命脉常延续，让诗篇永存，吟唱在五零后的青春岁月里！"写下这壮丽诗行的是西安外国语大学 1976 届"50 后"著名毕业生——王宏印（1953—2019）。这是先生 2016 年参加在古城西安召开的第八届亚太翻译论坛（APTIF）后有感而发，随写了《西外，西外：五零后的大学生活》诗篇，一是回忆母校求学的点滴往事，二是为陕西省"一带一路"语言服务及大数据平台正式启动而喝彩。谁承想，2019 年 12 月 17

日，先生却悄然而去，告别了他无比眷恋的故土——曲江、雁塔、钟楼；阔别了他终身为之耕耘的高天——中华文化典籍翻译事业！先生虽已离去，但给我们留下了颇为丰厚的学术成果和宝贵的精神遗产，当然还有学界同人无尽的思念。王宏印是著名中外文化典籍翻译研究专家、资深翻译家，他一生根植于传统文化的丰厚故土，涉略广泛，为中华优秀文化对外传播开辟了一片广阔天地。他在长期耕耘实践中形成了丰厚的典籍翻译思想和独特的理论体系，尤其是其浓厚的西部民族情结，使他更为关注民族典籍的对外译介和传播。王宏印不仅是我国新时期典籍英译事业的重要奠基者之一，更是民族典籍翻译研究的开创者。本文从民族典籍翻译的视角，对王宏印在民族典籍翻译研究领域的独特贡献进行评析，以期助推当下的翻译理论与翻译名家研究。在进入民族典籍翻译研究专题之前，有必要简要回顾王宏印的学术人生。

二、哲思贯通、融会大成：集翻译、研究与创作于一体

王宏印笔名朱墨，1953 年出生于陕西省华阴县（今华阴市），1976 年毕业于西安外国语学院英语系，毕业后从事科技翻译五年，之后调入陕西师范大学从事英语教学，其间于 1988—1990 年赴美留学，获新墨西哥大学文学硕士学位。2000 年调入南开大学外国语学院以来开设典籍翻译课程，招收典籍英译方向博士生，先后培养了 32 名博士并指导 3 名博士后出站。曾兼任北京第二外国语学院讲座教授和西安外国语大学"西外学者"特聘教授。王宏印的学术兴趣广泛，除了文学翻译外，在书法、音乐、戏剧、绘画等艺术领域均有建树。王宏印根植传统国学，借鉴西学，主要从事中外文化典籍翻译与中西翻译理论研究，兼及人文社科类比较研究和文学翻译批评研究，并有译作、新诗创作和散文作品发表。在翻译研究领域，他围绕翻译理论、典籍翻译、比较文学与比较文化、文学与文学翻译批评、诗歌翻译与莎剧汉译等展开研究，同时主编典籍翻译研究会会刊《典籍翻译研究》以及"民族典籍翻译研究丛书""中华民族典籍翻译研究丛书"等系列丛书。教学科研之余，他还担任典籍英译专业委员会会长、中国跨文化交际学会常务理事、《国际

汉语诗坛》艺术顾问、全国翻译硕士专业学位（MTI）教育指导委员会委员等学术兼职。

通过简要的介绍，不难发现王宏印的学术视野之广、领域之宽。实际上，只要是和王先生稍稍接触过，就会发现他的大脑像一座宝库，其所存储的知识是海量的。他的专攻不仅仅局限于英汉—汉英的双向翻译活动；他的学问不仅仅是现代的，古代汉语的深厚学养和扎实的国学基础是其攀登高峰的必要条件；他的学术素养也不仅仅是人文社会科学的，也涵盖了社会科学乃至自然科学的许多方面。王宏印兼收并蓄，中文资料与西文资料互鉴；博采众长，西方理论与中国文献相参；去伪存真，经典与现代互释，这些贯通的思路，最终使他成为一位集"翻译、研究与创作"于一体的"三栖"学者。

王宏印的学术根植于自己家乡故土深远的文化根源之中。在扎实的资料基础上，他借鉴西方译论，对中国传统译论进行了经典诠释。经过翻译、研究、创作和教学，他把经典著作介绍给广大读者，把典籍翻译研究引向更加深入和可靠的领域。而这些成就的取得，一方面得益于他扎实的文史哲之根，另一方面又受益于其研究方法之新，两者融会构成其学源基础。诚如先生所言："不管一个人一生经历有多么复杂，离开故土有多么遥远，他的根永远都扎根在家乡文化的故土之中，所谓'根深植故土，性本向高天'。"（王宏印，2019：10）先生多次和我讲过，他的根基在西北，在西安，在西外。因此，先生一退休就告老还乡，全职返聘到西安外国语大学从事科研项目，传播陕西当代文学到国外，为家乡和母校做贡献，贡献他最后的光和热。

"故土"对于先生既是恋念难忘的陕北黄土高原的故土，又指中华传统文史哲的知识本源。陕北黄土高原的自然人文环境和深厚文化根基，再加上丰富的音乐资源和民歌资源以及多民族文化融合的迹象，使先生具有与生俱来的陕北人质朴阳刚的品性；从小嗜好读书，沉浸在中华传统文化的故土中，在文史哲的宝库里恣意徜徉，使他又具有典型中原文化学人的雄奇秉性与审美特质。这些品质的统一与交织，就是他在精神层面"根植故土，融会大成"的具体外化，无疑使他在"翻译、研究与创作"等多方面能够做到"哲思贯通，屡有新发"。显然，王宏印是一位新时代学术研究的"多面手"和"弄潮儿"。

三、匠心独具、另辟蹊径：开民族典籍翻译研究之先河

如果为王宏印的学术生涯做一个分期的话，大致可以分为三个时期。一是从 1980 到 1995 年，为学术积累期；二是从 1996 到 2005 年，为翻译学建设期；三是 2006 年至今，为典籍翻译期。第一个时期先生沐浴在语言学、文学、中西文论、中西哲学、心理学（跨文化心理学）、人类学诗学等领域，尽情在"外围"徜徉。第二个时期从边缘到中心，由外而内开始聚焦传统译论现代转换与文学翻译批评研究。第三个时期也就是 21 世纪以来，典籍翻译实践与研究成为先生用功颇勤的领域。王宏印治学方法呈现出杂合式的融合创新特征。其治学理念遵循"三个打通"，即文理打通（学统与道统）、古今打通（古今互释）与中外打通（中西互证）。其研究旨趣呈现出诸多的学术情结（西部情结、民族情结、民间情结）。其学术成果的呈现以专著为主，辅以序跋，借文学化语言和春秋笔法回归写作。其研究方法带有鲜明的前瞻性、批判性与学科指向性特征。既厚积薄发，又边积边发；既追溯古典，又关注当下；既写庙堂，又下沉到民间。而其匠心独具开辟的少数民族典籍翻译，是其中最为独特、最为靓丽的风景线。从一定意义上而言，理论、资料与研究方法，构成了王宏印治学之道的"三驾马车"。

王宏印是国内较早开始中国文化典籍翻译研究的学者，在典籍翻译研究宏观指导引领方面具有超前的学术意识和学科规划。2017 年，他在《中国翻译》上发文《典籍翻译：三大阶段、三重境界——兼论汉语典籍、民族典籍与海外汉学的总体关系》，指出了中华民族文化典籍及其传播的历史沿革趋势、发展愿景和应对策略。（王宏印，2017：19-27）在汉语典籍、民族典籍与海外汉学的总体关系中重点阐述了三大阶段和三重境界，发前人之未发，兹引述如下：

　　中华民族在其形成与发展的过程中，围绕着典籍翻译和传播，形成了三大历史阶段，相应性地形成了三重文化境界，这就是以汉族汉语汉字和汉文化为基点的奠基时期，以少数民族语言文字和民族文化为特点的扩张时期，以及以海外汉学为代表的晚近外传时期，相应地，便形成了以汉族圣贤文化为中心的古典时期的我族中心主义，以少数民族文化为特征的多元文化互补民汉交融时期的多族共和主义，以及晚近以来以海外汉学与国内国学交互传播为标志的世界主义境界。这三个阶段既是历史的自然形成的，也是逻辑的推论而出的，同时，也是学科的渐次推进的，由此构成中华民族文化典籍及其传播的历史沿革大势、发展拓展图景，以及愿景展望的宏阔视野和应对策略。（王宏印，2017：19）

　　显然，王宏印是从中华多民族"多元一体"的大格局来全面审视民族文化翻译和传播，重视五十六个民族的文化整理和对外传播，归纳了民族典籍翻译的民译、汉译和外译三种类型。中华民族典籍翻译研究应有三大构成部分：第一部分是汉族的典籍，以四书五经、孔孟老庄类典籍为代表，构成所谓的"轴心时代"和元典研究；第二部分是少数民族典籍，以汉唐以来到元明清时期少数民族原始文化和入主中原的历史记载文献为主，初步构成多元文化交融的时代；第三部分是当前海外汉学典籍的整理和翻译，以国学复兴的成果和海外汉学研究之间相互对话、互证互释为代表，进入文明互鉴的宏阔视野。对其进一步的阐释见表1。

表1　典籍翻译的三大阶段和三重境界

三个历史阶段	焦点与中心	标志与特征	三种文化境界	对应时期
奠基时期	汉族汉语汉字和汉文化	汉族圣贤文化	我族中心主义	古典时期
扩张时期	少数民族语言文字和民族文化	少数民族文化多元文化互补	多族共和主义	交融时期
晚近外传时期	海外汉学	海外汉学与国内国学交互传播	世界主义	晚近以来

王宏印关于"三个阶段"和"三重境界"的学术话语，突出了少数民族文化典籍在中国文化传播史中的重要地位，描绘了中华民族文化典籍翻译与传播的历史沿革、发展图景以及愿景展望，从而达到了历史和逻辑的统一。在此宏阔视野下，不断提高翻译和传播能力，提高民族素质和文化品位，直至达到世界大同的超迈境界，便是我们通向世界主义的应对策略。

实际上，早在2006—2007年，王宏印便率先在《中国翻译》和《民族文学研究》期刊撰文，对《蒙古秘史》和《福乐智慧》两部民族典籍的英译进行了阐释，标志着研究的视域聚焦到了少数民族典籍翻译上来。有学者指出："王宏印教授的研究转向，在一定程度上带动了'民族典籍翻译（英译）'的研究。"（唐超，2017：19）2006年后，王宏印匠心独具，全面审视民族典籍的文学价值和文化价值，开辟了少数民族典籍翻译的新领域。2007年，民族文学界涌现出了关于重建中华多民族文学史观的系列讨论，王宏印遂以开放的胸襟、宽广的视野，敏锐地觉察到多民族文学翻译史书写的重要性、必要性和紧迫性。2011年，王宏印在《中国翻译》撰文，另辟蹊径提出了中华多民族文学翻译史的书写论题。（王宏印，2011：16-22）王宏印审时度势，及时关注民族典籍翻译，是翻译界研究少数民族典籍的拓荒者，在翻译界首开民族典籍翻译研究之先河。

四、序列建构、深度阐释：论民族典籍翻译"四大落差"

少数民族典籍翻译源远流长，多民族交融过程也是各民族典籍之间的民译和汉译过程。近代以来，少数民族典籍翻译走过三个时期：五四以来民间文学（特别是民歌）的搜集和研究、1949年到20世纪60年代的民族民间文学整理与翻译活动，以及改革开放以来民族典籍重建与翻译活动。对这三个时期的民族典籍翻译简要梳理、总结和分析，就会了解民族典籍翻译的研究现状和存在的问题。民族典籍的外译在国外开展较早，主要是伴随着海外汉学对相关民族的研究而展开。早期到中国旅行或做外交官的海外民族学家、民俗学家、人类学家开始翻译中国的典籍（汉族典籍为主），后来更多地进入西藏、内蒙古、甘肃等少数民族地区，开展民族典籍的搜集、整理和翻译，并进行类似藏学、蒙古学、敦煌学等相关学科的研究。国内的民族翻译研究开展得比较晚，主要集中在民族典籍的民族语互译与汉语互译，也有译成英文向国外发行，但总体数量偏少。对民族史诗翻译的重视是近年来才逐渐开始，相对更晚。倒是 1949 年前于道泉《仓央嘉措情歌》的藏、汉、英对照译本，堪称藏学方面一个开拓性的成果，成为"仓央嘉措诗歌汉、英译本所宗之蓝本"（荣立宇，2015：110-120）。

迄今为止，各民族典籍的分布情况基本厘清，虽研究起步较晚，但已有一定成果问世。翻译界依托少数民族文学、文化典籍，积极进行译介传播策略方法以及翻译史的研究。研究内容不断扩大，队伍也在壮大，方法趋向多元，具有广阔的研究前景，一定程度上推动了翻译理论研究、丰富了翻译实践。但同时还存在一些问题。译界对民族典籍翻译研究主要集中在对国外译本情况的考察上，研究成果尚未实现巨大突破与创新，深度不够，影响力不足。民族典籍外译学科体系与理论架构尚未建立，理论研究和学科建构亟待加强。研究视角有待拓宽，较新的横跨民族学、翻译学和传播学的跨学科研究不够。与国外的翻译研究成果互动和合作少，不太关注译本在海外的接受状况，译介传播与接受效果不够理想。总体而言，目前我国民族典籍的翻译和研究处于并重的状态。

从民族典籍的民译、汉译到外译序列来总结民族典籍翻译史、思想史、理论史和研究史，构建民族典籍翻译思想话语体系，阐述民族典籍译介的历史沿革趋势、译介愿景和应对策略，已经是一个非常迫切的研究课题。正是在此语境下，王宏印基于对民族典籍翻译的整体把握，带领着南开大学典籍英译的博士们，组成民族典籍翻译研究团队，通过对主要少数民族代表典籍"史、论、译、评"的序列建构，厘清当下民族典籍外译中遇到的问题，绘制中华民族典籍翻译研究的动态图景，搭建民族典籍外译的框架体系，从跨学科视角尝试破解民族典籍外译的重点和难点，为中华优秀文化"走出去"提供可资借鉴的翻译模式和传播路径。王宏印指导的博士们已完成的民族典籍翻译研究选题，详见表 2。

表 2　王宏印指导少数民族典籍翻译研究博士生选题序列

毕业时间	博士	选题	文类	研究民族	概念术语	获批项目
2007	邢力	《蒙古秘史》	文史典籍	蒙古族	音译与对译，古本复原	国家社科
2007	李宁	《福乐智慧》	古典长诗	维吾尔族	双向构建	教育部
2011	王治国	《格萨尔》	活态英雄史诗	蒙古族藏族	源本，原本，本体，变异	国家社科
2012	崔晓霞	《阿诗玛》	长篇叙事诗	彝族	有根回译文本创译	省部级
2013	荣立宇	《仓央嘉措诗歌》	诗歌	藏族	拟民间创作	教育部
2015	张媛	《江格尔》	活态英雄史诗	蒙古族	语际翻译，语内转写	教育部
2019	潘帅英	《突厥语词典》	百科全书	维吾尔族	有源无本，文本考古，文化反哺	参与国家社科重大

　　表 2 研究重点对代表性少数民族（藏族、蒙古族、维吾尔族、满族、苗族、彝族等）的典型作品（文学、哲学、历史、宗教、文化、医学典籍等）的翻译语境、翻译策略及译本的传播和接受情况展开评价与批评研究，探讨范围涉及翻译学科建设、翻译行业发展、国家文化战略实施的影响和推动，建构民族典籍传播的译学话语体系。正是在王宏印的引领下，整个团队极大地推动了中国少数民族典籍翻译研究，该民族典籍翻译研究序列已在翻译界引起了一定的反响。

　　王宏印在《民族翻译》发表《中华民族文化典籍与翻译研究——"四大落差"及思考基点》（上、中、下）系列论文，提出了民族典籍翻译的"四大落差"观点。所谓"四大落差"是指："中华民族地域广阔，历史悠久，其中各民族的发展很不平衡。就大势而言，就居于主导地位的汉族和诸少数民族之间的发生发展情况而言，就各自的自然生态环境和社会文化生活而言，可以说存在着明显的差距。以大量的原始资料和新发现的资料来看，特别是从与汉族和汉族汉文化相比较而言，从民族文化形态和文学作品的样态来看，我们都可以发现以下四种明显的落差，即时间与时代落差、文明与文化落差、文学与文本落差、翻译与传播落差"（王宏印，2016：11）。"四个落差"研判准确，总结到位。首先，时间与时代落差涉及民族起源和民族纪年的差异。民族起源应当综合参照、全面考察各民族口头传说、书面记载与汉族的史书记载，客观审慎地考察民族纪年差别，由此触发多元历法与计时系统的思考。其次，从社会发展观与进步观点来看，各民族不同步的社会结构和意识系统呈现出不同的文明形态，文明与文化落差明显，由此来探讨人类文明史和形态重新排序的可能性。再次，文明与文化落差体现在文学领域，便是与之相随的形态各异的文学艺术和文化典籍，即各民族文学艺术形式和精神文化的走向和样态各异，以此来观照知识考古与文学因缘的风云际会。最后，落实到翻译与传播层面差异显而易见。汉族文化典籍在世界主要文化圈里和轴心时代的文化传播基本同步进行，而大多数少数民族文化典籍的翻译传播是较晚时候才开始，其规模、质量和影响力都不能和汉族文化典籍相比。当然这是大概局势，不排除个别民族史诗和民间文学。为此，需从多民族文学史观出发，发掘经典重塑与重新经典化翻译机制的基本线索。

　　王宏印就民族典籍翻译提出"四大落差"等真知灼见，一方面是在费孝通中华民族"多元一体"文化格局观照下，基于多年来大量的阅读、细致观察和深入思考，对少数民族典籍梳理和整体的把握之上所做出的学术研判；另一方面也是借鉴采用陈寅恪"文化民族主义观点"（cultural nationalism），总体态度上主张把汉族文化和其他兄弟民族文化放在一起进行研究，并强调其相对关系的一种文化立场。王宏印通过对"四个落差"的论证，重新梳理了与某种民族文明形式相对应的文学文体形式，对其中出现的独特翻译问题进行了初步研究，并提出了汉字音写、古本复原、翻译母本、再生母本和有根回译等概念术语，这些概念术语可以成为民族典籍翻译思考的起点。所谓"知其然知其所以然"。因为，从民族典籍的实然出发，才能正确通向民族典籍翻译研究的应然之路。

五、跨界重组、融合创新：绘民族典籍翻译学科图

作为独特而瑰丽的民族文化景观，民族典籍通过翻译向世界展示中华文化的核心价值和时代精神，跨越文化差距以适应新受众认知的异域传播，以积极的姿态来参与世界文学的书写，这在中国文化"走出去"和"一带一路"建设的双重语境下，具有重要的学术价值和实践意义。许明武等指出，在中国文化"走出去"倡议和"一带一路"建设的双重推动下，少数民族语文翻译研究的重要作用愈发明显，跨学科性质日益突出，跨界合作逐渐成为一种趋势。（许明武、赵春龙，2018：61）关于民族典籍翻译的跨学科研究是王宏印思考已久的一个命题。2014 年他在《广西民族大学学报》第 4 期刊文，论述了民族典籍翻译研究的学科基础与发展目标。（王宏印，2014：2-6）2019 年他又在《民族翻译》撰文厘清了少数民族文化在中华民族多元一体文化中的整体地位，"讨论了少数民族文化典籍翻译研究对于汉族文化研究和传统国学产生的逆向影响，以及它们之间相互影响的学科关系和新近课题"（王宏印，2019：7）。实际上，类似相关话语阐释也见于"民族典籍翻译研究丛书"（民族出版社）和"中华民族典籍翻译研究丛书"（大连海事大学出版社）两套丛书，以及其专著《中华民族典籍翻译研究概论——朝向人类学翻译诗学的努力》（上、下卷）和相关论文中。专著和论文的出版和发表为王宏印民族典籍翻译学科群和框架体系的形成起到了助推作用。

王宏印密切关注数字化和职业化时代少数民族典籍翻译研究所面临的机遇和挑战，提出并逐条阐述了中华民族文化与典籍翻译的四大落差，就民族典籍整理与翻译传播提出极具参考性的概念术语，并尝试构建民族典籍翻译的话语体系。据此，可以绘制出王宏印民族典籍翻译思想的一幅"学跨多科，融合创新"的学科群景观图（详见图 1）。

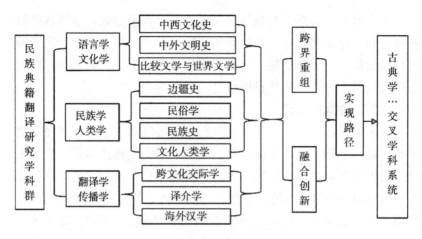

图 1　民族典籍翻译学科群图

从图 1 大致可以了解王宏印关于民族典籍翻译的学科基础与发展目标轮廓。在王宏印看来，民族典籍翻译学科群中，语言学、民族学、翻译学、文化学、人类学、传播学是其主要的学科状态；辅之以中西文化史、民族史、边疆史、译介学、蒙古学、敦煌学、西夏学、藏学等特别重要的分支学科；再加以现代学科的导引和分析手段，经过"跨界重组、融合创新"，形成对古典学的重新解释，据此来建立一个现代的民族典籍翻译学科群，或交叉学科系统，来作为中华民族典籍翻译和研究的学科基础和发展目标。诚如王宏印所言：

　　在民族文化方面，最少需要人类学、民族学、民俗学、文化学等学科，没有这些学科，就不可能真正地了解和认识民族问题和世界各民族的典籍，而在现代阶段，除了国学和海外汉学、各国汉学，还要系统地了解中华文明史、世界文化史，以及比较文学、世界文学等学科，还有翻译学、跨文化交际学等交叉学科。没有这些学科打基础、架桥梁，就难以建立合适的知识结构，是无法进行典籍翻译研究和翻译本身的。（王宏印，2019：13）

王宏印在一些重大的翻译传播理论上已有所突破，虽然这些新的概念和理论还有待进一步完善和检验，但在民族典籍翻译研究领域已经取得了一定的进展。这些真知灼见对于当下的典籍翻译实践与研究具有十分重要的建设性意义。

结语：性本向高天

王宏印重心下沉，从民族民间典籍中采撷地方性知识和民众化智慧，重塑中华多民族文学翻译的概念、术语及话语体系，将本土经验运用到国际语境中以联通人心、沟通中外。王宏印为中华民族典籍翻译研究事业，为民族典籍翻译框架体系的建立、发展与创新，做出了重要的学术贡献。某种意义上而言，"故土"不仅仅是指地理学意义上的陕西，而且是学理意义上的中国传统学术，民族文化之根，人文关怀之根。"高天"不仅仅是黄土高原上的清隽蓝天，更是他为之而孜孜不倦所追求的翻译诗学的终极目标。许钧在谈及文学翻译、文化交流与学术研究的互动时曾提道："以中华民族为根，译与学并重，弘扬优秀文化，推进中外交流，拓展精神疆域，驱动思想创新，把文学翻译跟我们的文化交流、学术研究、人才培养紧密地结合在一起。"（许钧，2018：77）毫无疑问，王宏印是做到了这一点。他对中华民族典籍翻译的研究适时、总结到位、见解独特、论述中肯，为当前民族典籍翻译提供了理论参照与实践指导。我们应当以王宏印为榜样，继承与弘扬其学术思想与治学传统，在时代的进步与发展中为翻译学的发展贡献自己的力量！

参考文献：

[1] 荣立宇. 仓央嘉措诗歌在英语世界的译介（1906—2012）[J]. 西藏研究，2015（2）：110-120.

[2] 唐超. 少数民族典籍对外翻译研究的现状和问题——以中国知网2006—2016年论文为例[J]. 大连民族大学学报，2017，19（6）：616-621.

[3] 王宏印. 多元共生，稳定发展，共同繁荣——关于我国民族典籍翻译的学科归属与文化资源的利用[J]. 民族翻译，2019（1）：7-15.

[4] 王宏印. 典籍翻译：三大阶段、三重境界——兼论汉语典籍、民族典

籍与海外汉学的总体关系[J]. 中国翻译，2017（5）：19-27.

[5] 王宏印. 中华民族文化典籍与翻译研究——"四大落差"及思考基点（下）[J]. 民族翻译，2017（2）：5-10.

[6] 王宏印. 中华民族文化典籍与翻译研究——"四大落差"及思考基点（中）[J]. 民族翻译，2017（1）：11-19.

[7] 王宏印. 中华民族文化典籍与翻译研究——"四大落差"及思考基点（上）[J]. 民族翻译，2016（4）：5-13.

[8] 王宏印. 民族典籍翻译研究的学科基础与发展目标[J]. 广西民族大学学报（哲学社会科学版），2014（4）：2-6.

[9] 王宏印，王治国. 集体记忆的千年传唱：藏蒙史诗《格萨尔》的翻译与传播研究[J]. 中国翻译，2011（2）：16-22.

[10] 许钧. 文学翻译、文化交流与学术研究的互动——以我和勒克莱齐奥的交往为例[J]. 外语教学，2018（3）：71-77.

[11] 许明武，赵春龙. "一带一路"背景下国内少数民族语文翻译研究热点述评——兼论其民译、汉译与外译研究融合路径[J]. 外语电化教学，2018（6）：58-64.

（本文原载于《燕山大学学报（哲学社会科学版）》2021年第5期）

中国式人类学诗学的构建

——论王宏印先生民族诗学的创作、翻译与研究

张 媛

[摘要] 本文将在阐发西方人类学诗学理论内涵的基础上，分析王宏印的民族诗歌创作、翻译，以及译学思想的构建，阐析王宏印将西方人类学诗学理论与中国民族诗学翻译研究相结合的自觉努力，以及为中国式人类学诗学的构建做出的重要贡献，以此探索该理论对中国多元文化阐释与民族诗学翻译研究的启示意义。

[关键词] 人类学诗学；民族诗学；创作；翻译；研究

当代文学人类学话语将文学与文化的结合点锁定在既回归古代与原始，又指向现代和当下。在这个古今相连的区间里，有很多可能性和新的领域可以讨论。其中，人类学诗学为我们提供了一个崭新的视角。尽管人类学诗学是在西方文化背景下产生和最先应用的，但它为全球诗歌研究，特别是民族诗学的研究带来了重要启示。这让我们不由得将它与中国异常丰富的民族文化和文学资源联系起来。新的理论和新的材料相结合，不仅在诗歌研究领域将获得全新的研究成果，而且也为以诗歌为载体的文化探索带来新的体验。这一尝试的中国践行者当数王宏印。王宏印一生注重人文学科的贯通与研究，致力于中西学术传承与民族典籍翻译研究，成绩斐然。他以深厚的学养和敏锐的学术眼光发现了人类学诗学的重要学术价值

和人文价值，通过民族诗歌创作、翻译与民族典籍翻译研究等形式，自觉将人类学诗学理论与中国丰厚的民族诗学资源相结合，探索中华民族多元文化的深刻内涵，为中华民族文学研究的文化意义阐发做出重要贡献。

一、人类学诗学：人类起源的诗性诉说

20 世纪中期之前，西方文化人类学研究主要以马林诺夫斯基为代表的人类学家倡导的"科学""客观"为研究标准，强调尽量避免主观因素的干扰，以科学的方法客观描述他文化。（克利福德，马库斯，2006：11）20 世纪 60 年代以来，西方文化人类学界在后现代主义思潮的影响下开始质疑马氏"科学"研究范式的局限性，希望在传统田野工作和民族志撰写的研究方法的基础上，关注此前一直被忽略的与异文化相关的社会历史背景，以及研究者和研究对象的主体性问题，呼吁用一种诗学的方法理解和表述文化。正是在这样的背景下，一个崭新的思想——人类学诗学便应运而生了。它的要点和基本点，正如它本身所包含的两重性一样，在于把科学和诗学结合在一个整体中。

按照这一全新的研究思路，西方人类学家在原有田野工作的基础上，开始了两种民族志撰写的诗学尝试。一种是对非西方民族原始诗歌的研究。人类学家深入原始部落，通过录制、整理、分析、解释、翻译等手段对搜集来的原始诗歌（多为口头表演形式）进行文本呈现，试图借此深入观察原始文化的诸多要素。另一种是以田野工作所获为素材创作诗歌，以此表达他们对原始文化的理解和体认。这两类诗歌中，原始民族诗歌作为后一种的重要基础，占有更大的比例，是第一性的人类学诗歌。

尽管人类学家是借助分析非西方民族原始诗歌这一手段，来达到了解原始民族文化的目的的，但实际上他们深入一个重要的诗学领域。换一种说法，这些人类学家是在重视非西方原始诗歌传统的同时，以对于诗歌的历史和起源的重视确立了人类学诗学典型的学科特质。至此，我们可以看到人类学诗学的跨学科意义。丹·罗斯（Dan Rose）曾在为斯坦利·戴蒙德（Stanley Diamond）的人类学诗学诗集《图腾》撰写的书评《体验之旅：斯坦利·戴蒙德的人类学诗学》中，将当今以西方文化为背景的人类学诗学之作的来源划分为六个分支，更清晰地证明了这一跨学科意义。罗斯认为人类学诗学作品可分为：本土诗歌，它是由非西方化的、未受过教育的、传统的诗人写作的；民族诗歌，它是本土诗歌的客体（Emics）（应是客位的产物——笔者注），由西方诗人发掘、翻译、解释、朗读、吟唱、赞颂的本土诗歌；受其他文化影响的诗歌，例如埃兹拉·庞德（Ezra Pound）或 W. S. 默温（W. S. Merwin）的诗歌译作；非西方诗人的诗歌，运用西方语言，但诗人并未损失自我感受和艺术性；受过西方教育的非西方国家诗人的诗歌，他们使用西方语言或本土语言或方言；人类学家创作的人类学诗歌，譬如戴蒙德的诗歌，其中诗人把本文化与他文化的感受融合为一体。（伊万·布莱迪，2010：219）

　　尽管罗斯的分类是以西方文化为背景的，但作为诗学研究的一种视角，未必只能以西方的人类学资料为其标本。在全球化的叙述和学术视野中，东方的诗学，比如中国的诗学，可以为之提供更久远的来源、开端和更丰富、更充实的研究过程。或者说，对于拥有悠久历史和丰富的民族文化、文学资源的中国，我们更需要这样一种视角，在传统中国文学史撰写存在诸多缺陷的情况下，重新梳理中国各民族诗歌的传统和历史起源，同时解析当代民族诗歌折射出的文化认同与文化心理。这不仅为人类学诗学理论提供了全新的、更广阔的研究素材，更是中国民族诗学研究的全新突破，以此形成人类学诗学的中西对话，为一种新的世界观的形成和人类学诗学的人文原则的建立做出重要贡献。从这一意义来讲，王宏印功不可没，他毕生的诗歌创作、翻译与研究为中国人类学诗学的构建做出了积极的努力。

　　二、中国译学界的"民族志诗人"

　　王宏印一生致力于中华民族传统文化和文学的阐发与翻译研究。由于深厚的学术素养和积淀，加之诗人的灵性和勤奋，成就了他博大的人文情怀和深厚的诗学素养。作为学者，王宏印为国内民族典籍翻译研究开疆扩土，在不断摸索中取得了累累硕果；作为诗人，他以自身学术研究为依托，创作和翻译了许多以国内外少数民族文化为题材的诗歌。他躬亲示范民族诗歌创作、翻译实践与人类学诗学理论的自然结合。可以说，王宏印自觉以民族文化为题材进行的诗歌创作、翻译与研究，开启了中国人类学诗学研究的先河。

（一）民族诗歌创作的人类学话语

自 20 世纪 80 年代起，王宏印先后出版了《飞沫集》、《彼岸集：旅美散记》、《朱墨诗集》、《朱墨诗集》（续集）四部诗集，其中收录了 80 多首以不同民族文化为背景创作的诗歌作品，即将出版的《朱墨人类学诗选》中又收录有 120 多首。至此，王宏印共创作了 200 余首民族诗歌。这 200 余首诗歌不仅包括全球视野下以北美印第安文化、中国蒙古族文化、新疆维吾尔族文化、宁夏回族文化、西南多民族区域文化为背景的诗作，而且还有以世界公民身份对美国、英国、法国、德国、意大利、西班牙、印度、印度尼西亚、土耳其、尼泊尔、沙特阿拉伯等国家所属的民族文化的诗性解读；此外，他还用诗歌形式讲述了对中华民族文化多元一体的理解、海外汉学家对中国文化的解读，以及人类去向的哲学思考。

题材上，这些民族诗歌涉及少数民族原始文化中的物质文化、艺术、宗教、语言文字、民俗文化，以及语言人类学、考古人类学，甚至体质人类学的内容等，其中包含了诸多文化意象，对一些重要的文化意象王宏印采取了多次进入、逐次深入的理解和诠释方式，比如"三进草原"。他曾以《魂牵梦绕的蒙古情结》为题，根据自己三次进入草原牧区的体验，创作了 30 余首讲述蒙古族传统文化的诗歌。这 30 多首诗实现了他对游牧民族文化的逐层深入，从观光者转变为"内部的"民族文化考察者的过程。其中形成很多具有极浓的人类学诗学色彩的重要诗歌，以《神奇的呼麦》为例：

　　呵呵忽忽呵忽忽/由远而近的一篇风景/马蹄飞奔如骤起的旋风/待强力聚集到鼓声雷动，呵咳嘀/咚咚！惊心动魄的古战场，飞鸣镝/（神奇的呼麦能吓退百万敌兵）/一丝纤云缥缈如琴

声铮铮——/一枝响箭隐隐消失在林中

这首诗用语言文字的方式模仿了蒙古族原生态的演唱方法——呼麦，生动地再现了呼麦将语音与音节混同于旋律的复杂性，音乐感和画面感并举，彰显其复杂而神秘的魅力。全诗模拟呼麦低沉的喉结音起兴，画面由远及近逐渐推近。声音不断加重、复杂化，营造出马蹄声、鼓声和厮杀呼喊声，以及响箭飞鸣镝的声音，并与语言描述的战争画面交织在一起。最后，所有的声音逐渐远去，用在低沉的低音上漂浮的琴音和金属丝般划过的缥缈之音收尾，呈现出呼麦由简入繁再逐渐消沉直至消失的完整效果。（张媛，2020：443）这首诗无论内容还是形式，都极其生动地展现了王宏印人类学家式的诗人气质，他对蒙古族文化的理解和表述方式令人耳目一新。

　　以《神奇的呼麦》为代表的关于诗歌形式的突破，王宏印在《朱墨诗集》（续集）的代序中曾总结出 15 种诗歌形式，即具象诗、独节诗、民谣体、信天游、三行诗、四行诗、五行诗、六行诗、七行诗、八行诗、九行诗、十四行诗、有韵长诗、无韵长诗、自创体。（王宏印，2011：6-9）他曾将其中的 11 种应用在民族诗歌的创作中。这些诗歌形式的创立灵感绝大多数来自不同民族诗歌的独特形式，而他将这些形式频繁应用于自己的创作实践，充分显示了他对其他民族文化的包容和理解。

　　王宏印的人类学诗歌创作并非停留在创作层面。在创作的基础上，他曾归纳出在人类学诗学意义下创作诗歌时诗人应具备的素质：第一，要像人类学家那样对异族文化抱有敬畏的心理。第二，需要一些人类学诗学的专业眼光，在观察某种民族文化时，要暂时放下自己民族的本位主义思想，全身心投入正在研究的民族文化当中，进行观察体验，搜集创作素材。第三，要能摆脱传统诗歌体制和形式的束缚，要敏感，要有诗歌创作的感受性。第四，建立新的诗歌体制和新的诗歌语言，要敢于创新，比如让方言、民族语言入诗，改变汉语句法，吸纳民族语言中的修辞，又如将现代通俗文化或外文引入诗歌创作，等等。（张媛，2020：440）

不难看出，王宏印是在自我尝试和自觉突破中为中国当代诗歌诠释和示范如何进行人类学诗学创作的。这种自觉性不断升华并终结于对戴蒙德的人类学诗集《图腾》的汉译。

在建立人类学和诗学紧密联系的过程中，《图腾》具有开创性意义。根据罗斯的评论，这部诗集的重要价值可以概括为三点：第一，首次把民族诗学融入人类学中，将"西方精英文明"漠视的多种文化引入西方人的意识中，为西方人文学科增加了继"哥特式、阿拉伯式、古典式"三维想象地理之外的第四维地理空间——"原始文化"。第二，在探寻他文化的体验中，用现代抒情诗的形式在诗歌中达到了一种崇高境界，诗歌语言和形式博采众长，当数人类学诗学的上等之作。第三，这些诗歌展现了一种体验多元文化世界的"后等级"方式，消解了地方性知识和全球性概念之间的界限。之于诗歌，戴蒙德把人类的差异和自然的现象与自己融为一体，并以诗歌形式展现出来；之于读者，他的诗会不自觉地将读者带入情景中，让读者在阅读中做出与他同样的回应。至此，戴蒙德和他的诗集完成了一项根本的使命，不可逆转地将读者引向一个更为人性的、更为人文的方向。

王宏印在不断进行自我民族诗歌创作的过程中，发现并汉译了《图腾》，将最原初、最直观的西方人类学诗学作品引入中国，为帮助中国学界更加深入理解原本模糊的"人类学诗学"概念，为中国诗人沿着人类学诗学的人文关怀创作诗歌，提供了源头上的参考素材。

（二）民族诗歌移译的人类学阐释

诗歌创作之余，王宏印还翻译了大量的少数民族古典诗歌。其中不仅包括《易经》古歌、《二十四诗品》、《红楼梦》诗词、《诗经》、《楚辞》、唐诗宋词元曲等中国汉语言语境中备受关注的文化典籍中的诗歌，而且还有对中国各民族民歌的翻译，这部分成果集中收录在《中国古今民歌选译》中。

与民族诗歌创作一样，王宏印亦将自己的民族诗学翻译实践回归到人类学诗学的原发点——印第安原始诗歌。经过多年的收集整理，王宏印结集克罗宁（George W. Cronyn）、戴（A. Grove Day）、斯旺（Brian Swann）等多位西方著名人类学家英译的原始印第安诗歌集，并以其为底本译成《印第安诗歌选译》一书（待出版）。该译诗集依据美洲印第安部落的分布情况将诗歌划分为七个部分，另有一些"长诗组诗"，收录了多个印第安部落的原始诗歌，共计 209 首。为了向中文读者展示与诗歌相关的文化、来源、思想内容等背景，每一首译诗后面都加有译注，介绍原诗所属的部落，收集整理者，诗歌的文化、宗教、民俗等背景知识，以及诗歌描写的内容，诗学特征等，有些译注中还添加了诗歌承载的文化或宗教含义与其他民族文化或宗教特征的比较。此外，译诗集最后还添加了介绍美洲印第安人地区分布和各部族简况的附录。这些副文本的添加连同对英译本的忠实翻译，几近全面地将印第安原始诗歌原貌介绍到中国，构成对原始印第安文化的三度阐释，其规模和译法，在国内实属首例。

在民族诗歌的创作与翻译领域，王宏印从最初的单纯热爱，到后来的自觉尝试，最后落脚于人类学诗学产生的源头，并向中国学界生动地展示了西方人类学家关注、探寻和解释印第安文化的思路和方法。这一体验过程为他在中国多民族语境下中国式人类学诗学的构建提供了实践基础。

（三）民族诗学翻译研究的人类学视域

正如戴蒙德对西方人文学科的贡献，王宏印曾就不同民族地区的原发自然生态、民族关系、继发文化分流、发展趋势、各民族的分布和精神文化的对应关系等因素，划分出中华民族人文地理的六维空间，即中原旱地农业文化圈、东北和北方森林草原文化、青藏高原、西南和南方、江南稻作农耕文化、宝岛稻作渔业文化（王宏印，2016：8-9），充分显示了他宏大的历史文化史观，而他的学术足迹，也几乎踏遍了这块文化版图。中原旱地的汉族典籍自不必说，就少数民族文学典籍而言，他所涉猎的研究包括东北和北方草原文化孕育下的英雄史诗《江格尔》《玛纳斯》，萨满神歌，叙事长诗《嘎达梅林》《伊玛堪》《少郎与岱夫》，历史典籍《蒙古秘史》，古典长诗《福乐智慧》；青藏高原流传的英雄史诗《格萨尔》，仓央嘉措诗歌；西南民族地区的创世史诗《布洛陀史诗》，叙事长诗《鲁般鲁饶》《阿诗玛》；还有包括汉族在内的 56 个民族的原始民歌，例如陕北民歌、蒙古族民歌、回族民歌"花儿"等。此外，他还以博士生培养为依托，不仅完成了对中国多个少数民族早期民歌和民族文化典籍的翻译研究，而且在当代民族诗学研究领域也发掘出诸多重要课题，例如 1949 年前后老一辈民族诗人牛汉的诗歌特点，当代民族诗人吉狄马加、席慕蓉等人的诗歌创作情况，以及汉族诗人以少数民族文化为题材的诗歌创作情况等。在这些民族诗歌的翻译研究过程中，王宏印融合了古典学、文献学、语言学、人类学，形成跨学科研究思路，并最终统摄于人类学视角，实现"用人类学把世界联通起来，想用这些学科把人类文明的精神产品融合性地加以认识"的设想。

王宏印的研究发掘出中国民族诗学资源丰厚的文学和文化价值，弥补了传统中国文学史研究的两个重要缺陷，努力做到：其一，将关注的源头伸向传统文学史鞭长莫及的原始神话系统。他认为中国的神话是多民族共同起源的，具有多民族多文化的精彩表现和多种来源，研究价值重大，可以与汉族的文学源头，以及世界其他民族的文学源头进行比较研究，以此发现世界范围几个主要地区的民族的原始诗歌形态所折射的生产和生活方式的不同，追溯文学和文化起源，确定一个大体的文化的文学进化顺序，从中理出不同阶段的文学形态和人文样态。其二，强调汉族文学中缺乏史诗和长篇叙事诗产生的条件，而这两种文学样式的存在恰恰在体现中华民族文学多样性上发挥着重要的作用。由此得出，对于以史诗和长篇叙事诗为代表的中国少数民族文学作品的民汉互译、民民互译，以及外译，不仅可以加强汉族与少数民族、少数民族间，以及中国与世界其他民族间在文化上的相互交流和相互影响，而且也是繁荣中国文学乃至世界文学的重要途径。

王宏印在多元文化并存的历史文化史观的观照下，理解并对中国民族诗学展开深入研究，诠释了对多元文化的"后等级"理解方式，为中国式人类学诗学的构建提供了研究基础。

三、朝向中国式人类学诗学汇聚的理论构建

在人类学诗学的理论观照下，王宏印从民族诗歌创作、翻译，民族典籍翻译研究三方面展开开拓性的尝试。这种古今拉通、主位—述位视角结合的观测方式，为人类学诗学理论的中国化奠定了坚实的基础。以此为积淀，王宏印最终提出对中国式人类学诗学理论的建构思路：

> 首先，在整理中国文化典籍，特别是汉族汉语诗歌的时候，重视诗歌或一般文学的起源问题、汉语文学样式和抒情传统的发展问题，以及就此领域里人类学研究的诸种课题，努力尝试建立汉语和汉民族的人类学诗学体系；同时，一定要花大力气把少数民族的诗歌纳入这样一个轨道上来，使之和汉族诗歌互补互动起来，成为完整的中华民族诗歌史(传统)的一部分。……就整体而言，我们的工作，是要在以各种民族语言，当然主要是汉语，从事民族题材诗歌创作的同时，进行多语种和多文化的翻译和研究，并且围绕作品及其流动，使创作、翻译和研究三者结合起来。要注意调动三支队伍，诗人、翻译家、研究专家及评论家，充分发挥他们的作用和协作关系，同时，在汉族汉语人才和少数民族人才中间建立联系，开展专业的、有计划的翻译研究活动。(王宏印，2016：618-619)

依据王宏印的理论构思，同时对照罗斯的分类，我们可以汇总中华民族丰富的民族诗学资源，划分出中国人类学诗学诗歌的六大来源，作为后人继续研究的重要参考，也为后续填补研究空白厘清方向。具体分类如下：

本土诗歌，即未受到外来文化影响的，完全由某一民族土著诗人在本族文化背景下写作的原始诗歌，例如汉族《击壤歌》；

作为本土诗歌客体的民族诗歌，由外族诗人或人类学家搜集、整理、翻译、解释、吟唱的本土诗歌，例如《弹歌》《越人歌》《敕勒川》等用汉语翻译的其他民族原始诗歌，又如史诗在流传过程中

不断被发掘、整理、翻译、转写的诸多版本；

汉族与少数民族之间的古诗、民歌等的互译，对丰富彼此的诗歌样式、题材、风格均有影响作用；

少数民族诗人用汉语创作的诗歌，诗人本身没有损失自我感受和艺术性；

受过汉文化教育的少数民族诗人用汉语或少数民族语言创作的诗歌，例如当代彝族诗人吉狄马加、阿库乌雾用汉语或彝语创作的诗歌（多为反映彝族传统文化的诗歌，或带有彝人的审美眼光或世界观的诗歌）；

人类学家创作的人类学诗歌，或具有人类学眼光的汉族诗人创作的以少数民族文化为题材的诗歌，例如王宏印创作的民族诗歌。

整理王宏印的研究成果可以发现，除了第一类是对本土诗歌本身的描述，未涉及外族人进入研究的环节之外，他对其余五类内容均有关注和研究，并且取得了丰硕的成果。可见他对中国民族文化与文学资源的人类学诗学意义的持续阐发做出了巨大努力。

理论之新，资源之多，研究之复杂，为中华民族典籍和文学作品的人类学诗学解读带来极大的难度，也充分体现了这一研究的价值所在。王宏印的努力不仅重新唤起我们对绚烂多彩的中国民族文化的无限向往，启发突破传统研究范式，以跨学科的研究方法与成果，对封存已久的民族诗学资源展开深挖与阐释；而且帮助我们在后工业、后现代的世界文化背景下树立了一种包容的文化价值观。这些尝试均是以中国多元一体的民族文化为土壤，对人类学诗学研究方法和人文价值的深刻理解和阐释。王宏印朝向中国式人类学诗学努力的设想意义重大。作为学界后辈，我们应该继承前辈的事业，迎难而上，沿着人文地理版图填补更多研究空白，为提升中华民族文化自信，加强中华民族与世界其他民族文化的交流和互融做出积极的努力。

参考文献：

[1]［美］克利福德，［美］马库斯，编. 写文化——民族志的诗学与政治学

[C]. 高丙中，等译. 北京：商务印书馆，2006.

[2] 王宏印. 中华民族典籍翻译研究概论——朝向人类学翻译诗学的努力[M]. 大连：大连海事大学出版社，2016.

[3] 王宏印. 写出中国人自己的人类学诗学之诗——我的民族创作与民族文化探索[J]. 燕山大学学报（哲学社会科学版），2013（4）：62.

[4] 王宏印. 朱墨诗集：汉英对照[M]. 西安：世界图书出版西安公司，2011.

[5] [美]伊万·布莱迪. 人类学诗学[M]. 徐鲁亚，等译. 北京：中国人民大学出版社，2010.

[6] 张媛. 民族身份与诗人情结——中国当代人类学诗学之翻译研究[M]. 北京：民族出版社，2020.

（本文原载于《燕山大学学报（哲学社会科学版）》2021 年第 5 期）

王宏印民族典籍翻译研究范式与翻译学的互构

崔晓霞

[摘要] 近年来，民族典籍翻译研究成为学界的热点，民族典籍翻译研究范式发生了重大转变：从单纯翻译学的讨论和阐释转向在相关学科语境中研究民族典籍，即王宏印创建的"自由出入学科之间才能做大学问"的研究范式。本文借助系统科学和辩证法分析和解读王宏印创立的民族典籍研究范式，同时呈现王宏印及其团队的研究成果，探讨民族典籍翻译研究与翻译学的互构，以此强调研究范式在学科构建和学科发展中的重要性。

[摘要] 民族典籍；研究范式；翻译学；系统科学；辩证法；互构

一、民族典籍翻译研究范式

民族典籍学术研究范式涉及内容和方法。范式是学科研究的道，是治学之道。道是中国传统哲学最丰富的表达之一，孔子讲人道，老子讲天道，万物之理，古人称之为道，做学问的人讲治学之道。现代学科对范式的定义是："研究范式是研究共同体进行科学研究时所遵循的模式与框架。其首要功能就是为一个科学共同体或学派共同体的学者与新人提供一套解题的方法和研究常规。"（成鹏，2018：9）一个学者如果创立了一种行之有效的研究范式，且研究成果丰硕，这就预示他或她的学术之路已迈上了较高的学术阶梯，获得了开创性的治学之道，或成为某一学科的领军人物。

纵观翻译研究，国内外对研究范式的研究称呼缺乏统一，有的叫"范式"，有的叫"模式"，有的叫"学派"，有的叫"流派"，有的叫"阶段"。吕俊（2006：54）就把我国翻译研究分为三个阶段，即20世纪80年代中期前为语文学研究阶段，20世纪80年代中期到90年代中期为结构主义阶段，20世纪90年代后半期为解构主义阶段。朱建平（2004：39）将我国翻译研究分为语文学学派、语言学学派、文化学派和哲学学派。在综合国内研究的基础上，司显柱（2018：125）把我国翻译研究归类为传统的语文学范式、现代的结构主义语言学范式和当代的文化范式。就翻译学的创建而言，学界也不乏真人。例如，学者吕俊教授创建了建构主义翻译学，潘文国教授创立了文章翻译学，胡庚申教授创立了生态翻译学，吴志杰教授创立了和合翻译学，陈东成教授创立了大易翻译学，这些翻译学都颇有特色，独具匠心。

近年来，中华民族典籍翻译研究范式发生了重大转变：从单纯翻译学的讨论和阐释转向在相关学科语境中研究民族典籍，为翻译研究打开了更多的思考角度，拓展了勘探民族典籍宝藏研究的空间，这就是王宏印所创立的"自由出入于学科之间才能做大学问"的研究范式（王宏印，2009：95），由此民族典籍研究显示出整体观研究取向，产生了丰富的研究成果，呈现出别样的翻译研究景象，为建构和发展翻译学发挥了积极的作用。"中华民族是一个多元文化集合体，无论从它的远古起源、历史发展，或未来前景的展望来说，民族问题都是至关重要的问题，我们目前关于中华民族，尤其是少数民族典籍翻译研究，已经成为一个热点，一个显学，或者说，基本上构成了一个学科而引起了学界的普遍关注。"（王宏印，2019：7）

王宏印建立的民族典籍翻译研究学科在学界独树一帜，他招收典籍翻译研究博士生多年，已经形成了较强的学术研究团队，每年还定期举办民族典籍翻译学术研讨会，参会的中外学者在300人左右，有自己的学术研究阵地，每次都出版发行会议文集，在国内产生了一定的影响，受到学界的普遍关注，且研究空间广阔，研究兴趣盎然。

作为以"民族典籍"主题命名的翻译研究，它同其他的翻译研究，如中华典籍翻译研究，既有交叉，又有区别。因为少数民族典籍翻译研究涉及的是"民族典籍"议题，而"民族典籍"议题既是历史的也是现实的，既是文化的也是文学的，既是社会的也是某一个民族的，这使得民族典籍得以在不同历史阶段成为"经典"永流传，带有鲜明的民族特征和典籍的根本属性。

本文借助系统科学和辩证法分析和解读王宏印所创立的民族典籍翻译研究范式，呈现学界取得的民族典籍翻译研究与翻译实践的部分成果，探讨民族典籍翻译研究和实践与翻译学的互构，以此强调研究范式在学科构建与学科发展中的重要性。所以，从这个意义上看，作为翻译研究现象的"民族典籍翻译研究"具有某种追述的性质。谨以此文怀念导师王宏印，旨在把王宏印开创的民族典籍翻译研究事业传承下去。

二、系统科学研究范式与民族典籍翻译研究范式

冯·贝塔朗菲（L. Von Bertalanffy）系美籍奥地利生物学家、系统科学的创始人，贝塔朗菲认为，"我们被迫在一切知识领域中运用'整体'或'系统'概念来处理复杂性问题"（贝塔朗菲，1987：138）。他提出的系统的理论范式，为人们认识和处理复杂研究问题，提供了一种新的思维方式和新的理念。随着各种流派的形成和学科增多，20世纪中期以后，研究范式发生了转变，系统科学的发展有了长足的进步，经历了三个阶段的发展：第一阶段是控制论、系统论和信息论的发展；第二阶段是耗散结构、突变论和协同学的发展；第三阶段是非线性科学，即混沌、分形和孤立波的发展。以上三个阶段的发展构成了系统科学族群，成为研究各门科学的系统理论。系统科学内容贯穿各领域，范围横跨所有科学，是典型的横断和交叉学科。

学界以系统科学为支撑，促进了学科研究范式的转换，民族典籍翻译研究也不例外。此处谨以系统科学分析和解读王宏印创立的"民族典籍翻译研究范式"。"自由出入于学科之间才能做大学问"是王宏印的治学韬略。王宏印认为，"任何的大学问都必须以中西打通和古今贯通为前提，而不是单一学科的直线迈进"（王宏印，2009：

97）。由此，我们可以看出，王宏印研究民族典籍与系统科学的研究一脉相承：非线性的，研究方法具有横断性、交叉性。为了进一步证实王宏印的系统科学思维方法，兹列举王宏印的一些精辟论断如下：

论断一：在民族文化方面，最少需要人类学、民族学、民俗学、文化学等学科，没有这些学科，就不可能真正地了解和认识民族问题和世界各民族的典籍，而在现代阶段，除了国学和海外汉学、各国汉学，还要系统地了解中华文明史、世界文化史，以及比较文学、世界文学等学科，还有翻译学、跨文化交际学等交叉学科。没有这些学科打基础、架桥梁，就难以建立合适的知识结构，是无法进行典籍翻译研究和翻译本身的。以上的知识面，只是一种大体的设计。但它是一个基本的思路，没有这个思路是不行的。（王宏印，2019：13）

论断二：我们的国学是一种古老的语文学的传统，在资料方面我们占有优势，在观点方面并不特别占优势。西方的汉学，特别是欧洲的汉学，有扎实的古典学的传统和倾向于科学的新颖的研究方法，往往能够标新立异，引发新的思想和结论，是值得我们研究和学习的。（王宏印，2019：12）

论断三：我自己的学术研究，就是在学理上采用西学的原理和学科架构，而在资料和观点上，注意继承和发展前人的研究成果，以资做出必要的当代的回应。在文化的总体态度上，我主张采用陈寅恪的"文化民族主义观点"，即把汉族文化和其他兄弟民族文化放在一起进行研究，并强调其相对关系的一种文化立场。（王宏印，2019：8）

论断四：据我看来，迄今为止，我们关于国内少数民族典籍的翻译和研究，已经对汉族典籍的翻译研究产生了逆向的影响作用，这是始料未及的。因为一般说来，我们民族典籍翻译研究，好像是从汉族典籍翻译的经验中吸取营养，从现有的学科架构中寻求方法，甚至从西方文化的学术思想中借鉴原理的。但是不尽然。近年来的民族典籍的研究和翻译使我感觉到，汉语的汉族的典籍翻译研究，受到了触动，它已经不能单独地进行了。在没有民族典籍翻译研究激发的时候，在没有海外汉学研究挑战的条件下，我们的汉族典籍翻译和文化研究，已经有点难以为继了。（王宏印，2019：12）

论断五：最近发现，藏蒙史诗《格萨尔》中可找到大量的茶文化，这样就可以看出这些民族文化和汉族文化的渊源关系。否则，典籍翻译就会被看作只是一个翻译工作，在机械地做转换，其实要进入人类学，尤其民族典籍翻译研究，应该和民族文化、地域文化形成比较好的研究格局。这里的人类学，包括民俗学、民族学、心理学等相邻学科。（王宏印，2019：14）

从以上王宏印的论断我们可以看出，系统科学的方法论影响着王宏印的民族典籍翻译研究，他的研究内容和方法是非直线的，系统科学思维贯穿始终。他打破了相关学科的藩篱，将民族典籍翻译置于人类学、民族学、民俗学、文化学、翻译学等学科中进行考察和研究，即范围横跨相关学科，内容贯穿相关领域，学理上采用西学原理和学科构架，强调要拥有交叉学科的知识结构才能进行民族典籍翻译研究和翻译本身，要大家学习西方的汉学，特别是欧洲的汉学，有扎实的古典学的传统和倾向于科学的新颖的研究方法。要系统了解中华文明史、世界文化史，以及比较文学、世界文学等学科，还有翻译学、跨文化交际学等交叉学科，知识的融合要博古通今，要做到中西打通，古今贯通。

采用这样的范式进行研究标志着民族典籍研究在翻译界的转换趋势，在相关学科语境中研究民族典籍翻译，引发了翻译的新观念的出现和更新，解放了思想，赋予了翻译学新动力、新思路，甚至是新术语，引领了翻译学子对典籍研究思想的改变，以此发挥了民族典籍翻译研究对翻译学的支撑作用，丰富了翻译学研究，印证了科学与翻译学的通约性。民族典籍翻译研究与相关学科的交叉研究，相互促进，成为翻译学发展的动力和价值。笔者发现王宏印民族典籍翻译研侧重价值关怀的社会系统问题，研究进路多元化，研究格局宏大，形成的理论和方法论独具特色，对汉族典籍的翻译研究也产生了逆向影响。

三、辩证法与民族典籍翻译研究范式

王宏印主张研究民族典籍翻译要"文史哲"不分家，其中的学理指的是辩证法，他不赞同以二元对立的方法进行民族典籍翻译研究，他重视原理，重视论证，重视综合。王宏印认为："哲学可以培养思辨和玄思，学会思考和论辩，因此从哲学出发，也就是从思想出发，从原理切入。"（王宏印，2009：96）他的话语隐含着相应的哲学思想，实现了民族典籍翻译研究与科学真相上的辩证统一，同时也消减了有的学者对民族典籍翻译研究中为什么会有哲学的误解。辩证法是系统科学的认识过程，对民族典籍的考察，仅就文化而言也是需要进行分层，如王宏印提出的文化的分层概念："作为文明单元的文化，作为文学内容的文化，作为语言信息的文化，作为文本意义的文化，作为翻译对象的文化等。只有在弄清楚各文化分层后，才能解释民族典籍整体。"（王宏印，2019：15）正如普利高津所言，"我们需要一种更加辩证的自然观"做指导（普利高津，1998：11）。王宏印博学多才，果敢进取，早在美国留学期间他就对哲学和跨文化交际颇有研究，观其写书发文的思路都有辩证的思维特点和跨文化意识。

从民族典籍研究范式和翻译学的二重身份看，民族典籍翻译研究范式既是研究的重要方法也是生成和构建翻译学理论的方法，因此二者的结合至关重要。辩证法在翻译研究中的运用，在形式上表现为如何在宏观的视野里处理整体与局部、分析与综合。视野的整体性是民族典籍翻译研究的方法和基础，整体和局部的关系既体现了辩证法的思想，又是系统科学方法论的基本方法。"系统（整体）通常是由学科多种不同的部分依照一个共同的目的所组成的复杂的统一体。"（迈尔斯，1986：4）部分和整体的关系是辩证的，部分构成整体，整体由部分构成，部分与部分之间呈非线性联系，部分带有整体的元信息，但是涌现的整体又带有不同部分的信息与作用。系统科学研究范式是整体先入为主，分析为后，辩证综合后，再回到整体。这与王宏印所说的学问上的"体用不二"不谋而合。"体用不二是佛教的认识，即本体（空）与现象（色）或功用（业）的统

一的认识。我们借来想表达这样的意思：就是把知识、门径和本体视为一个整体，可以从此门入，从彼门出（如梁启超以佛学理路入历史研究而有大成），或者从彼门入，从此门出（如陈寅恪援历史笔法写《柳如是别传》而别出新意），也就是所谓的文史哲合一的认识。这是一个根本的认识，需要有一个基本的说明和根本的解决，也就是文科各学科间的方法论的解决，同时也是一种返归本源的诉求式的解决。"（王宏印，2009：95）民族典籍翻译研究在程序上先对相关联的内容进行分析和描述，这里强调的是在整体视野下进行，综合是把分析的结果进行整合，从而在整体上把握涌现出来的信息。

综上所述，王宏印倡导的民族典籍翻译研究有以下一些表征：首先，对民族典籍进行系统性、非线性和开放性的研究。其次，在分析综合的基础上，从典籍所涌现出来的信息中把握民族典籍的整体性质。再次，再研究问题，解决问题趋于综合，追求整体最佳效果，克服了传统翻译学研究以纯翻译学讨论和阐释的局限。

四、民族典籍翻译研究与翻译实践

王宏印在少数民族典籍翻译研究方面勤耕不辍，他在民族典籍翻译研究和理论创新方面成就斐然，令人感佩。他提出了"有根回译理论""再生母本理论""古本复原理论""拟民间文学理论"等相关的理论。就汉族和其他兄弟民族在文化上的关系，王宏印提出了"四大落差"理论，即"时间和时代落差理论""文明和文化落差理论""文学和文本落差理论"以及"翻译和传播落差理论"。除此之外，他还提出与每一文明形态相对应的文化和文学形态的观点，由此搭建起了理解和研究中华民族典籍翻译的宏观架构。他主编了"民族典籍翻译研究丛书"、"中华民族典籍翻译研究丛书"，出版了《中华民族典籍翻译研究概论》（上、下卷），主持完成（主译）了"图解十二生肖英译"和"图解中国民俗英译"两套丛书（二十四本）。他在《中国翻译》《民族翻译》等学术期刊上发表了一系列论文，阐释自己对民族典籍翻译的真知灼见，启迪了无数学子的学术思维和心智，主持了《广西民族大学学报》的《民族典籍翻译研究》专栏，完成了55个少数民族的《中国少数民族民歌汇编》，完成了《阿诗

玛》戴乃迭译本的回译和研究，并自行创作了长篇史诗《阿诗玛》，
试图容纳人类婚姻的主要形态，完成了纳西族长诗《鲁般鲁饶》的
翻译、创作和研究。在陕北民歌英译研究的基础上，他重新创作了
诗剧《蓝花花》，其中渗透了民族融合、民族团结的当代观念。翻译
界正是有像王宏印这样的专家的引领和支撑，中国翻译学才呈现多
彩纷呈的局面。

　　王宏印所创立的民族典籍翻译研究范式具有理论价值和应用价
值，受王宏印民族典籍翻译研究思想和范式的启迪和熏陶，王宏印
的博士团队运用王宏印所创立的民族典籍翻译研究范式展开了深入
的研究。例如，李宁对新疆的《福乐智慧》英译进行了个案研究，
她从《福乐智慧》译本中的思想文化和文学艺术翻译入手，对具体
的翻译现象进行分析和评论，对理论进行了反思和整体性评价。邢
力从蒙译、汉译和英译的译介史的梳理入手，对《蒙古秘史》的转
译、传播及复原进行了研究，为民语典籍翻译、翻译学及蒙古学的
研究积累了经验，奠定了认识基础。王治国对藏蒙长篇英雄史诗《格
萨尔》的翻译与传播进行了研究，研究从史诗的发生、发展与传播
切入，进入域外翻译和域内翻译空间，研究汉译、民译、英译、外
译等多种文本，最后就民族史诗的翻译进行了学科建构和理论升
华。崔晓霞对彝族撒尼人的长篇叙事诗《阿诗玛》英译进行了研
究，研究以原作和译作形成的历史背景为参考，以文学人类学和翻
译诗学为理论基础，从《阿诗玛》的价值和特点出发，对《阿诗玛》
英译本做出客观、恰当的评价，从中探索出民族典籍翻译的一些规
律，提出了微结构对等翻译模式化理论（崔晓霞，2013：210）。荣
立宇以《仓央嘉措诗歌》在汉、英语文化圈中的翻译与传播为研究
对象，考察了译文生成的意识形态、藏学发展和主流诗学等外部影
响因素，探讨了仓央嘉措诗歌在汉、英文化中的传播、影响、接受
情况，英译本的特色及相关的文学翻译问题，对仓央嘉措诗歌的复
译进行总体理论反思，并且对翻译的跨语种对比进行了分析。（荣立
宇，2013：5）

　　这些研究的视野都以整体先入为主，分析为后，辩证综合后再

回到整体的进路进行研究。这些研究形成了南开大学民族典籍翻译研究系列研究成果出版发行，研究地域覆盖全国部分民族地区，在民族上则包括维吾尔族、蒙古族、藏族、彝族等的典籍翻译研究，在文类上包括了英雄史诗、史传文学、叙事诗、抒情诗等较为广泛的题材。"我们希望这样一批成果，会在某种意义上起到开拓和先行的作用，对国内外民族文学翻译研究起到一定的推动作用，并为中国当前的翻译学学科建设贡献自己一份独特的力量。"（王宏印，2013：3）

　　就民族典籍的翻译实践而言，广西百色学院韩家权教授团队申请国家社科基金并立项，翻译出版了壮汉英对照的《布洛陀史诗》，成为民族典籍英译领域的重要学术成果而备受瞩目。云南师范大学李昌银教授引领的团队翻译出版了"云南少数民族经典作品英译文库"，全库包括《金笛》《查姆》《创世记》《牡帕密帕》《梅葛》《黑白之战》《帕米查哩》《娥并与桑洛》等17部作品。"云南少数民族经典作品英译文库"的翻译问世，为弘扬和传承民族经典，促进云南民族典籍的对外传播与交流，发挥了示范作用。中南民族大学张立玉教授团队翻译出版的《梯玛歌》和《摆手歌》，具有很高的哲学、史学、民族学、美学和文学价值，成为让世界了解土家族的起源、民间传说的经典。北方民族大学的杨晓丽老师和英籍老师卡洛琳·伊丽莎白·卡诺翻译了非物质文化遗产《花儿》，该书由商务印书馆出版，"将'花儿'翻译作为一种翻译实践，由审美主体对'花儿'进行感知，并以目标语的形式进行审美再现。这一过程不仅包括审美主体对'花儿'认知后的意象再造，也包括认知过程中审美欣赏、审美体验的再现"（杨晓丽，2019：145）。西北师范大学翻译基地彭建明、蒋贤萍等老师翻译出版了汉英对照的《西和乞巧歌》，该书原本被称为"国风"，按《诗经》的体例分为风、雅、颂三大部分，将这部具有重要的文学价值、文化价值和史学价值的民间歌谣《西和乞巧歌》翻译成英文，是对这部非遗作品最好的保护和传承。此外，每年一次的民族典籍翻译学术研讨会引发了学者们的关注，提升了学者们对民族典籍翻译与实践的兴趣，参会人数逐年增多，掀起了民族典籍研究的热潮，致使民族典籍翻译研究和实践的人才辈出。

　　民族典籍内涵丰富，其中蕴含的民族文化和民族精神维系着民族的命运、生存和发展。翻译民族典籍的实践为保护我国非物质文化遗产，保持民族文化的多样性，彰显民族身份，增强我国文化软实力，促进跨文化传播与交流发挥了不可替代的作用。翻译民族典籍是一个庞大的工程，这些民族典籍的翻译出版，凝聚着学者们的心血和汗水，他们以传承民族经典为己任，为弘扬民族文化和民族精神做出了重要的贡献。看到取得的骄人成绩，王宏印还在 2019 年第十一届全国典籍翻译会上赋诗一首：

> 长安秋高映天红，举国群英会古城。
> 喜看宾馆呼建国，感谢东道劳理工！
> 中华复兴译道畅，文苑英华盼华东。
> 雄怀典籍身自富，译笔挥洒凭纵横！
> 陕北高歌信天游，宁夏花儿漫坡红。
> 中南梯玛摆手舞，云南百色飘彩虹。
> 燕山学报开新城，商务重振西北风。
> 大会报告掀高潮，分组讨论更争锋，
> 高论迭出惊四座，济济一堂三百众。
> 四海高朋共举杯，五洲嘉宾乐盈盈。
> 今日盛会十一届，来年翘首望鲁东。

五、民族典籍翻译研究范式与翻译学的互构

　　翻译学的构建是以翻译研究为基础的，民族典籍翻译研究以系统科学为认识论和方法论，以"自由出入学科之间才能做大学问"的学术研究范式为进路，借助整体研究的形式，利用所研究的内容和翻译学共生共存的关系，以研究成果为依据形成和发展翻译学。每一次的民族典籍翻译研究，翻译学构建的活动就发生一次，特别是围绕民族典籍翻译而进行的理论反思、推理或构建，都会对民族典籍翻译研究与翻译学的关系给予强化。只要翻译学存在，只要民

族典籍翻译研究范式依然传承，二者的关系就不会改变，其中，民族典籍翻译研究与翻译学的互动关系起到了重要作用。

在翻译研究的传统中，翻译研究与翻译学是互构、共生的关系，翻译学需要借助翻译研究的力量来维持其学科地位，每一次的翻译研究都是对翻译学的建设，以及经验和知识的积累。翻译学之所以占据一个学科的地位，从某种意义上说，是翻译研究构建的结果，由翻译研究赋予其价值和意义。翻译研究承载着建设翻译学科的重任，正是翻译研究推动了翻译学的发展，使得翻译学是动态的，并以此为基础去构建翻译研究与翻译学的关系。刘宓庆认为，建立中国翻译学，应立足于本民族的语言和包括文、艺、哲、美等在内的文化现实，即"本诸于'我'"，如果脱离语言文化研究的确定性，其理论研究也就失去了对策性。也就是说，翻译理论体系的建立，必须建基于特定的语言、文化。（王秉钦，2009：348）王宏印的民族典籍翻译研究思想与刘宓庆教授建立中国翻译学的思想具有一定的相似性，民族典籍翻译研究正是基于"本诸于'我'"，以民族的历史传统、民族的语言现实和民族文化在构建翻译学，民族典籍翻译研究范式既是研究的重要方法也是生成和构建翻译学理论的方法，二者的结合将发展我国的翻译学。

此外，诸多的从事翻译研究与实践的前辈积累的翻译经验和理论足以说明翻译研究与翻译学之间的互构、共生的关系。

例如，傅雷年轻时在巴黎大学修读艺术理论，在绘画艺术方面独有研究，当他讨论翻译时，他借"画论"谈及翻译，提出"神似"理论。许渊冲教授在翻译中国的古典诗词时尽量做到"形、音、意"都接近原诗，从而提出了"三美"理论；严复在《天演论》"译例言"中写道："《易》曰：'修辞立诚。'子曰：'辞达而已。'又曰：'言之无文行之不远。'三者乃文章正轨，亦即为译事楷模。"（罗新璋、陈应年，2009：202）从中我们可以看出，严复是在运用传统写作理论研究翻译，把翻译当作"文章"来创作，提出了传统翻译理论中最重要的"信、达、雅"三字理论。事实上，我国传统译论的构建就是立足于本民族的语言和文化，把译论与国学联合起来，一方面，翻译家们从传统文论入手论翻译，另一方面，翻译家们又从国学的方方面面对翻译进行论述。

翻译理论是翻译家们依据自己的翻译研究和实践而得出的思想和结论，反过来，翻译研究和实践又是翻译学理论真实性和可信度的保障。翻译理论是翻译家们关于翻译知识的理解和论述，理论的权威性和各种体例的翻译活动，都让翻译界感受到他们的经验和判断是那么真实可信，不容置疑。民族典籍翻译研究与翻译学理论是互为语境、互相解释的，二者互生共存，共同构建翻译学理论。翻译理论一旦形成，便有了翻译界的习惯法效力，成为翻译界恪守的一种"权威"。民族典籍翻译研究与翻译学理论的关系依靠翻译理论的存在和引用，一次一次的翻译研究和实践活动强化着翻译理论，并生生不息地传承下来，持续影响着学子们的翻译理念，规范着学子们的翻译行为，发挥着强大的指导作用。

六、结语

民族典籍翻译研究是对民族典籍翻多重价值的挖掘和研究，王宏印创立的研究范式为民族典籍翻译研究找到一条创新之路。这些年，通过他和他的团队及学界同人的辛勤耕耘，民族典籍翻译研究与实践取得了一些可喜的成绩，他们每一次的民族典籍翻译研究和实践都是对民族经典的现代阐释和传承。

民族典籍翻译研究和实践与翻译学是一种互构、共生的关系，翻译学的构建是以翻译研究和实践为依据和前提的，翻译理论来源于翻译研究与实践，学者们一次次地运用翻译学的理论做研究都在验证理论的真实性。民族典籍翻译研究以整体范式进行考察和研究，恰当处理了整体和局部的关系，体现了辩证法的思想和系统科学的方法论。民族典籍翻译研究以整体先入为主，分析为后，辩证综合后再回到整体，进行理论的构建和反思，使得翻译理论具有客观性，从这个意义上讲，理论应被视为由翻译研究和实践话语构成的真实理论，讲述的是学者们的经验判断和理论推演的故事。

民族典籍翻译研究是中华典籍翻译研究的一个部分，要真正了解民族典籍的存在，流传的历史语境、文化语境、社会语境、民族语境，需要以整体先入为主，分析为后，辩证综合后再回到整体，透过相关学科语境看民族典籍的发生、传播、演述、变迁等，既要看民族典籍的生成机制，也要观照民族典籍依赖存活的历史、社会、文化，以及对当下对当地民族精神世界的影响。其实，不仅是民族典籍翻译研究，包括中华典籍翻译研究都需要从整体的角度进行观照。可以说，在相当一段时间内，"民族典籍整体观"将是一种富有生命力和创造力的研究范式。王宏印老师虽然走了，但他的弟子们会继续努力，发扬光大他留下的宝贵学术财富。

参考文献：

[1] 成鹏. 护理心理学（第3版）[M]. 南京：江苏科学技术出版社，2018.

[2] 崔晓霞.《阿诗玛》英译研究[M]. 北京：民族出版社，2013.

[3] [美]冯·贝塔朗菲. 一般系统论：基础、发展和应用[M]. 林康义，魏宏森，等译. 北京：清华大学出版社，1987.

[4] 罗新璋、陈应年. 严复《天演论》译例言翻译论集（修订本）[C]. 北京：商务印书馆，2009.

[5] 吕俊. 翻译学——一个建构主义的视角[M]. 上海：上海外语教育出版社，2004.

[6] [美]迈尔斯. 系统思想[M]. 杨志信，葛明浩，译. 成都：四川人民出版社，1986.

[7] [比]普利高津. 确定性的终结[M]. 湛敏，译. 上海：上海科技教育出版社，1998.

[8] 司显柱. 翻译研究关键词[M]. 上海：东华大学出版社，2018.

[9] 王秉钦. 20世纪中国翻译思想史[M]. 天津：南开大学出版社，2009.

[10] 王宏印. 多元共生，稳定发展，共同繁荣——关于我国民族典籍翻译的学科归属与文化资源的利用[J]. 民族翻译，2019（1）：7.

[11] 王宏印. 序言[A]. 崔晓霞.《阿诗玛》英译研究[M]. 北京：民族出版社，2013.

[12] 王宏印. 自由出入于学科之间才能做大学问——简论文史哲之间的入与出[J]. 中国外语，2009（4）：95.

［13］杨晓丽. 非物质文化遗产"花儿"英译和传播探析［J］. 北方民族大学学报（哲学社会科学版），2019（6）：145.

［14］朱建平. 对翻译研究流派的分类考察［J］. 外语教学，2004（1）：39.

译苑宏略，朱墨留印

——王宏印翻译教学思想的话语阐释

王治国

[摘要] 王宏印作为翻译理论家和资深翻译家，一生涉猎广泛，翻译教学是其用功颇勤的一个重要领域。他在深耕翻译教材编著、深化文本再造与翻译笔法理念、深挖人才培养通识教育等方面有诸多真知灼见。本文就王宏印的翻译教学思想进行梳理，尝试提炼并阐释其围绕翻译能力培养和翻译笔法形成而展开的翻译教学思想，以期推动新时期翻译教学话语研究和相关讨论。

[摘要] 王宏印；翻译教学；文本再造；翻译笔法

王宏印（1953—2019），笔名朱墨，陕西华阴人，是我国当代著名中外文化典籍翻译研究专家、资深翻译家。王宏印的学术旨趣是多方面的，除了文学翻译外，在诗歌创作、绘画书法、音乐鉴赏、治学理念、教学育人等方面都有独到之处。他是一位勤学多产的翻译家，也是一位才华横溢的诗人，还是一位深谙心理学和教育学的教学名师，更是为数不多的集"翻译、研究与创作"于一体的杰出学者（王治国，2021：39）。深厚的国学根底和敏锐的学术追求，作为翻译理论家的严谨与作为翻译家和诗人的才情，在他身上都达到了高度融合。在其最为倚重的文化典籍翻译教学中，逐渐形成了自己的翻译教学特点，提炼出了一系列翻译教学和人才培养观点和主张。一定意义上而言，王宏印的学问和成就犹如一座大山，令学界后来者高山仰止！本文仅就个人所接触和感知的先生在翻译教学上的真知灼见进行阐述，以飨读者。一方面表达学生对先生无尽的追思之情；另一方面也为新时期翻译教学研究添砖加瓦，为推动翻译学学科建设贡献绵薄之力。

一、深耕翻译教材系列建设

众所周知，翻译教学是翻译学研究中必不可少的实践环节，是沟通翻译实践、翻译批评和翻译理论建设的中枢和桥梁。改革开放以来，虽然翻译教学论文发表数量有所增加，但是系统的翻译教学理论研究著述并不多见。零星的几部专著和以"翻译教学"为主题的论文对翻译教学与人才培养进行了总结和探讨。穆雷（1999）围绕翻译史和外语教育史总结中国翻译教学的百年历史，梳理国内外关于翻译教学研究的成果，是改革开放后第一部翻译教学史著作。张美芳（2001）对 1949—1998 年间翻译教材历史进行回顾，涉略中外学者关于翻译与翻译教学的论述以及翻译教材的分类及评析等。刘宓庆（2003）围绕翻译教学思想、翻译教学功能和任务、翻译教师的职责和素养以及翻译教学的三个阶段等，对翻译教学理论的深入发展做出了贡献。庄智象（2007）从翻译专业建设的视角，对翻译学的理论与范畴、翻译专业的定位与任务、人才培养的目标与规格、教学原则与大纲、课程结构与特点、教学方法与手段、师资要求与培养和教材编写与出版等进行了深入分析，具有较强的开创性和参考性。虽然翻译教学在各个层面蓬勃发展，但是与翻译理论的引进热潮研究相比，翻译教学研究仍然滞后。

教材建设是翻译教学中一个非常重要的环节。教材在教学过程中承担着传承课程理念、表达课程内容的使命，具有举足轻重的地位。一部翻译教程应该是作者对翻译活动和翻译教学认知的结晶。王宏印在四十余载翻译教学实践中扎根传统、勤于思考、善于总结，出版了一系列本科生、研究生翻译教程，发表了一系列教学研究文章，专门探讨翻译教学的要义和规则。他从文学创作、翻译、传播、接受与研究等维度，讨论了从翻译与创作之间的规则性差异来阐释翻译理论与实践联通的必经之路，显示出翻译教学体系构建的理论自觉和深耕其间的一贯努力。王宏印编著的教材所映射出的翻译教学思想独辟蹊径、别具一格，比较深刻地反映了翻译活动和翻译教学的实质，对我国翻译教学理论与实践研究具有借鉴意义，值得总结和梳理。王宏印根植教学实践，精耕翻译教材建设，出版的教材见表1。

表 1　王宏印出版的翻译教材名录

时间	出版社	教材名称	备注
1989	陕西师范大学出版社	《英汉翻译综合教程》	后经四次修订再版
1998	河北教育出版社	《古诗文英译选析》	研究生教材
2000	上海交通大学出版社	《世界名作汉译选析》	研究生教材
2002/2007	辽宁师范大学出版社	《英汉翻译综合教程》	1989 年版的两次修订
2007	高等教育出版社	《中外文学经典翻译教程》	普通高等教育"十一五"国家规划教材
2006/2010	上海外语教育出版社	《文学翻译批评论稿》	外教社翻译研究丛书
2009	中国人民大学出版社	《文学翻译批评概论：从文学批评到翻译教学》	高等学校翻译课程系列教材
2009	外语教学与研究出版社	《中国文化典籍英译》	全国翻译硕士专业学位 MTI 系列教材
2010	大连海事大学出版社	《英汉翻译高级教程》	1989 年版的最新修订
2011	外语教学与研究出版社	《世界文化典籍汉译》	全国翻译硕士专业学位 MTI 系列教材

　　表1中所列教程是王宏印长期翻译教学实践中的经验总结，也是他中外文化典籍翻译和系统研究的系列成果，同时还是他国学西学之间相互为用、相互促进的平衡思路的最佳体现。其中《英汉翻译综合教程》自 1989 年出版以来，分别于 1998、2002、2007 和 2010

年经过四次修订，再版后内容更加充实，更适合翻译教学与研究的需要。该教程"运用多学科交叉研究和多渠道贯通方法，提出以文本再造为核心的翻译理念，从理论探讨、技法实习和译作赏析三个方面对应用、科技、论述、新闻、文艺五种文体进行了系统而科学的阐述，探索翻译教学的规律和翻译理论教学的可操作性"（王治国，2009：99）。《中外文学经典翻译教程》涵盖古今中外主要的体裁和题材类型，汲取中外文学与文学翻译经典之精华，按文类分为散文、小说、诗歌和戏剧四大部分，选材广泛，布局宏伟。《文学翻译批评论稿》和《文学翻译批评概论：从文学批评到翻译教学》是姊妹篇，是王宏印从翻译批评到翻译教学构架的重要著作和翻译教材。如果说前者"提出了研究性和鉴赏性相结合的文学翻译批评概念，从而构建出自己独特的文学翻译批评理论框架，进而呈现出西学与国学的融会贯通、基础与前沿并举兼容、研究与鉴赏相辅相成、批判与建构互鉴共生的特点"（王洪涛，2007：63），那么后者"在分析前人研究和借鉴认知理论的基础上尝试建立一个包含文本、译者和读者诸因素的文学翻译批评标准系统"（巩茗珠，2014：73）。

　　翻译硕士专业学位（MTI）招生以来，王宏印出版了针对 MTI 研究生教育的姊妹篇教材：《中国文化典籍英译》和《世界文化典籍汉译》。两套教材分别有二十四讲，前者按历史顺序安排选材，以"专题概说""经典英译"和"翻译练习"三部一讲的形式，涵盖中国文化典籍的经典题材，规模宏大、体系完整；后者从东方古代文明发端延承到 20 世纪新的文明史观，高度概括人类文明史资料，系统训练英汉翻译技法和能力。两套教材囊括中外，互为补充，构成了高层次文化典籍翻译系列教材。融翻译理论、翻译思想与翻译实践于一体的系列教材，是翻译爱好者和专业译员的必读之书，也是许多高校本科生和研究生翻译课的可选教材，同时对翻译课教师、翻译研究者和语言研究者大有裨益，已经产生了广泛的影响。

　　王宏印的翻译思想和教学理念集中体现在为翻译专业本科生、研究生和翻译自学者编写的教程和相关论文中。教程和论文围绕教材与翻译教学研究以及翻译专业学位课程与培养研究展开，既侧重于思辨性、批判性思维的训练，又侧重于文艺性、诗性智慧的培养。基于对翻译学基本理论的哲学思考，王宏印在学理上采用西学的原理和学科架构，整体审视文学翻译批评现象，深入文学翻译批评的理论层面，诠释详尽，评析中肯；在资料安排和观点陈述上，继承和发展国学的传统表达话语，文笔优美，对翻译教学实践做出必要的学术回应。他扎根教学，融会贯通，用自己独特的笔墨和学术语言，将西方译论巧妙融合于中国传统译论的现代转换话语中。在中西互鉴的基础上，他对中国传统译论和翻译教学的传承与创新做了积极探索，提出鉴赏性和研究性相结合的文学翻译批评概念，建立了独特的文学翻译批评理论框架，体现出翻译批评和翻译教学实践密切结合的基本走向。

二、深化文本再造与翻译笔法理念

翻译教学研究是翻译教育的重要组成部分，有了翻译教学机构、人才和资金的保证，还需要有正确的理论指导，翻译教学研究就是为了探寻正确的理论指导（穆雷，2004：63）。要在教学模式与教学方法上有所创新，就要在继承传统的基础上提升翻译能力培养，形成基本策略、基本手法、基本技法融于一体的翻译教学思想。翻译教学的理论研究主要可分为基于翻译理论、教育理论的研究两个理论径向（桑仲刚，2012：82）。王宏印在翻译课教学中以翻译实践为中心，以哲学、文论、译论相互阐发为基础，以文学批评、审美鉴赏和翻译笔法的练就为旨归，以为国家培养高级翻译人才和研究人才为宗旨，逐渐形成了集翻译与创作，鉴赏性和研究性相结合的翻译批评和教学理念，提出了翻译教学体系的基本设想，将其实施于文本再造能力提升与翻译笔法形成的教学实践中。这些设想和理念均体现在其已出版的教材和发表的教学论文中。有必要对王宏印发表的教学研究论文进行归类和梳理（参见表2），以便更加直观了解其教学思想形成过程。

表 2　王宏印发表的关于翻译教学研究论文目录

时间	标　题	发表刊物	关注重点
1986	《试评英语精读教材》	《外语教学》(3)：38-42	教材与教学
1989	《乔姆斯基与外语教学》	《外语教学》(4)：59-65	
2003	《漫谈现代教育技术在现代外语教育中的地位和作用》	《外语电化教学》(3)：3-4	
2003	《探索典籍翻译及其翻译理论的教学与研究规律》	《中国翻译》(3)：50-51	
2007	《学术规范内的发现创新——翻译专业博士生培养的主导理念与规范做法》	《中国外语》(3)：24-27	翻译专业学位课程与培养
2009	《自由出入于学科之间才能做大学问——简论文史哲之间的入与出》	《中国外语》(4)：1+95-96	
2019	《典籍翻译与学问师承》	《沈阳师范大学学报（社会科学版)》(2)：20-27	

　　第一篇教学论文《试评英语精读教材》发表在 1986 年西安外国语大学学报《外语教学》第三期。此后王宏印在教学中不断思考，不断总结，不断归纳，除了出版教材，还将其所思所考以论文形式发表，以便推动翻译教学探讨和研究。这些重量级的论文既涉及翻译教材建设与研究，也关注学科设置、学位课程、培养目标与路径。王宏印认为，"翻译本质上是一种精神产品的再生产过程，是个体性、实践性的，但学术研究最终是系统化的、理论性的"（王宏印，2003：48）。这些教学理念和实践总结的论述，给我们留下了诸多宝贵的经验和启示。

　　教学方法谋创新，翻译能力重长效。重视翻译实践，重视理论创新，这是从事翻译研究的必要条件，也是理论创新的应有准备。虽然国内外学者对翻译能力的构成做了大量探索，然而对翻译能力的核心部分即翻译策略能力（发现和解决翻译问题的能力）研究没有突破性进展。正如穆雷所言："翻译教育最重要的目标是培养翻能力，翻译能力是译者的双语能力、翻译技巧、思维能力等各种语言文化素质的综合体现，是翻译实践能力与翻译研究能力的综合表现。"（穆雷，1999：121）在继承传统译论的基础上，王宏印贴近教学、开拓创新，逐渐形成了独特的翻译教学体系。先生在教学实践中重视文学经典的阅读和赏析，安排学生阅读文学经典著作，以加强其语言、文学、文化及美学的修养。王宏印翻译教学思想特征主要表现在根植传统，回归文本；文史打通，融通修养；翻译能力，文本再造；由技入道，翻译笔法等诸多方面，其中回归写作的"文本再造"是王宏印翻译教学体系中翻译能力培养的关键环节。

　　翻译教学需要基于一个解释翻译能力形成过程的学习理论和解释翻译策略选择过程的翻译理论。在王宏印有机统一的翻译教学体系中，翻译实践、译笔赏析、回归写作的文本再造和理论创新是相互促进和相互作用的几个环节或是步骤。首先，通过翻译实践，学生具有了基本的译笔赏析体验，作为回归写作的文本再造过程使学生对翻译具有了感性知识，这个过程对提高学生对翻译本体的认识和研究是必要的。其次，在由感性到理性认识的提升过程中，学生提高了翻译能力，久而久之会形成自己的翻译笔法，在获得自觉的感知认识后，进一步提升对翻译本体的认知和研究。博士阶段的研究要点是理论创新，但最终离不开实践活动作为理论创新的经验来源、终极关注和映照层面（王宏印，2003：49）。

　　王宏印主张在翻译实践中提高能力，形成一定的"翻译笔法"，即"译笔"。"翻译笔法"的提出体现出他一以贯之的翻译教学思想，即从翻译技法训练到翻译笔法形成，再到翻译之道的体悟。王宏印的座右铭是"文史哲打通"，先生在教学中经常对学生说："作诗，功夫在诗外。翻译，功夫在翻译外。"翻译笔法的形成离不开文本创作、文学批评、文学素养和哲学观照。由此可见，王宏印的教学和研究扎根于传统国学，他对传统国学的重视是持之以恒的，但是又眼光开放，关注其他学科，形成了由技入道、提炼译笔的思路。翻译笔法的实践来源有三个方面，即翻译教学实践、翻译批评实践和典籍翻译实践。相应的理论来源有现实主义、浪漫主义、视觉艺术，甚至中国书画理论，即写实的再现与写意的表现手段。

　　翻译笔法的理论演变就是经历了"技—艺—道"的过程。王宏印从正反两方面对翻译笔法进行探索。从正的方面而言，翻译技法的形成来源于大量的教学实践，他在 1989 年就提出了十大翻译技法：斟酌词义、增补省译、灵活转换、调整语序、断句接气、正反分合、重心平稳、虚实奇正、略赋文采、综合权衡（王宏印，2002：173-179）。随后进入了文学翻译的十种表现手法：一曰立名，同声相求；二曰走笔，运思取势；三曰简洁，如沙淘金；四曰归整，变化统一；五曰意韵，丘壑濡染；六曰形象，万象更新；七曰节奏，生动韵律；八曰连贯，文气浩然；九曰谋篇，胸有成竹；十曰标题，领袖风采（王宏印，2002：180-196）。最后，在技法和手法的基础上形成了翻译笔法。主观层面而言，翻译笔法是将翻译过程统一到译者为中心的翻译操作上来；认识层面而言，从一定的实证观察和研究入手，寻求隐藏在技法背后的习惯性的东西，即翻译笔法；实践层面而言，从文笔到译笔而成的"绝对笔法"便是形而上的"道可道，非常道"的翻译之道。王宏印继承和发扬了中国传统译论的人文精神，从翻译技法到翻译笔法，以技进艺、以艺进道，辩证地论述了翻译笔法在翻译教学乃至整个翻译实践中的重要作用，无疑对翻译教学和实践具有很大的启发意义。

三、深挖翻译人才培养通识教育

　　除了孜孜不倦地探索翻译教学规律之外，王宏印还对翻译人才培养和治学方法提出了自己独具特色的学术话语。王宏印培养了 28名博士生，指导 3 名博士后出站，还有一大批翻译学硕士生，诚可谓"桃李满天下"。他探讨了典籍翻译及其翻译理论的教学与研究规律（王宏印，2003：48），又着重提出学术规范与创新应贯穿翻译专业博士生招生、培养、开题、答辩的全过程（王宏印，2007：24），还指出治学者既要是掌握专业技能的专门人才，也要是贯通中西古今的博学型人才（王宏印，2003：95）。这与他一以贯之的学术研究主张一脉相承。王宏印在学术研究中一贯主张"文史哲打通""中西融会贯通"的学术理念，又提倡"农村包围城市、从边缘走向中心"

"采矿挖井式、盖房搭架式"的治学方法，这些学术话语既生动形象又精辟入微，对翻译人才培养具有方法论的启迪意义。

围绕提升翻译能力和形成翻译笔法，王宏印在人才培养方面主张通识教育，这与学界以"通古今之变"和"观中西之别"为核心的中华民族典籍翻译研究观密切相关。"文史哲打通"就是既要具备文学、历史、哲学、语言学、心理学、文化学、社会学等人文社科学术素养，又要有自然科学与技术素养、美学艺术素养和实践能力素养。当然，能达到这样高要求高标准并非易事，需要长期的积累和不断的学习，这就是他为何不断地对学生们强调"功夫在翻译外"的原因所在。王宏印强调翻译研究的三结合原则，即中国传统译论与西方译论相结合；宏观研究与微观研究相结合；理论与实践相结合。王宏印还强调把学问、生活和品行修养等融会贯通，才能真正领悟学术探索的精髓，才能"游于艺"而达到全面均衡的发展。如此结合和贯通符合教育目的和教育行为的应然状态，满足了人的全面发展的必然要求。

王宏印在谈博士生培养时说："博士阶段的主要任务是准确进入翻译学科的前沿去研究最具有创建性的课题，以推动整个学科向前发展。这意味着知识结构的宽口径要不断拓展，文化渊源的原始性追索要深入持久，对最新研究课题和方法要保持敏锐的洞察力和稳妥的掌握，以及这三者之间的有机结合。"（王宏印，2003：48）而要达到这个目标就需要有可行的培养模式。对此王宏印认为，一方面是要打好学科基础和选择研究课题；另一方面要有科学的研究和治学方法。王宏印对新入学的学生首要的读书要求就是：先读文学史、哲学史、美学史等通识性的好书，然后再回到文学批评史和翻译史方面的书籍，最后聚焦到自己选择的课题本身方面的书籍。当然，还要注意处理好可教可导可塑与可持续个性化发展的关系。"真正可教的只是定型的知识和学术规范，可以引导的是做学问的方向，也只有在学生有感悟和可塑性的基础上才起作用。最终是要学生能够独立而持续地进行科学研究，离开导师的指导去开辟自己研究的新领域。"（王宏印，2003：49）这正是对"授人以鱼不如授人以渔"的恰当阐释。

王宏印在课堂上多次给学生形象地讲述两种相辅相成的治学方式或方法：一种是用采矿挖洞子的方法做学问，就是深挖细掘，可以称之为"采矿挖井式"；另一种是用盖房子的方法做学问，就是建立体系，可以称之为"盖房搭架式"。挖洞子挖得多了，像地道战一样很多地方就打通了，构成更加广阔的学术基础，就是所谓横向的发展。如果采矿是边缘的话，那么挖井就是深入中心。挖井需要深入，需要纵向发展。采好了矿，选好了题目，确定了范围，就要聚焦力量，全力主攻所选钻研方向，挖到地下很深的地方，直到挖出井水，取得阶段性认识和成果。采到了矿藏挖得了井水后，需要产生自己的观点和见解，这就需要搭建自己研究对象的理论框架——盖房搭架了。但是搭建起来的房子——理论框架要经受住风雨，遭人批评，有可能会被推倒，体系完了，什么都不存在了。没有资料，产生观点是不可能的。观点建在什么基础上是很重要的。做学问前提是观点和资料，其次是方法。无论是基于数据考证的实证研究，还是资料分析的解释学方法，都要融会贯通，才能盖好房子这个学术体系。类似话语既生动形象，又通俗易懂，彰显了通识教育在翻译人才培养中的基础性地位和作用。

王宏印在指导学生选题上呈现出思路的开拓性和研究的前瞻性。《译苑以鸿，桃李荫翳——翻译学论著序言选集》收录他为博士生（含少量校外博士和学者）翻译学专著写的 30 篇序言（王宏印，2018）。每一篇序言都涉及一个独立的研究领域，在每篇序言中他不仅评述了该领域目前国内外研究概况，而且还结合该博士或博士后的学术背景、性格秉性等，对人才培养过程中的思路和做法也做出了人文关怀的描述。这部选集不仅展现了王宏印在指导学生从事学术研究过程中授人以渔、因材施教的名师风范，也体现了他严谨的治学方法和科学的教育主张，更是反映了他能够将译学研究置于整个现代学术发展的时代语境。不难发现，这部选集有助于我国外语教育和翻译专业的学科建设，也让有志于从事翻译学研究的学子们从中受益。

四、结语

王宏印文史兼备，是学而不厌的书山求真者；他哲思贯通，是孜孜不辍的译坛耕耘者；他抒怀言志，是乐此不疲的学术研究者；他勉励后学，是诲人不倦的学海引航者。王宏印在翻译教学上的实验性拓展，在深耕翻译教材编著上的一贯努力，以及在翻译能力提升与翻译笔法形成、治学方法与人才培养等方面的真知灼见，对当代翻译教学和翻译批评创作有重要的参考价值和意义。本文对王宏印的教学思想进行梳理，总结提炼了王宏印以"文本再造"与"翻译笔法"为核心的翻译教学理念，以及治学方法与人才培养方面的学术话语，以期推动新时期翻译教学研究的拓展和持续深入。2019年冬，先生壮志未酬，携梦仙逝。王宏印带着梦想走完了睿智质朴、执着教育、潜心学问、桃李芬芳的六十六岁人生，给后人留下了丰厚的学术遗产，亟待我们去深入研究和挖掘。

参考文献：

[1] 巩茗珠. 文学翻译的批评——评《文学翻译批评概论》[J]. 当代教育科学，2014（12）：73.

[2] 刘宓庆. 翻译教学：实务与理论[M]. 北京：中国对外翻译出版公司，2003.

[3] 穆雷. 翻译教学：翻译学建设的重要组成部分——兼评刘宓庆《翻译教学：实务与理论》[J]. 中国翻译，2004（4）：59-63.

[4] 穆雷. 中国翻译教学研究[M]. 上海：上海外语教育出版社，1999.

[5] 桑仲刚. 翻译教学研究：理论与困境[J]. 中国外语，2012（4）：82-88.

[6] 王宏印. 译苑以鸿，桃李荫翳——翻译学论著序言选集[M]. 天津：南开大学出版社，2018.

[7] 王宏印. 自由出入于学科之间才能做大学问——简论文史哲之间的入与出[J]. 中国外语，2009（4）：95-96.

[8] 王宏印. 学术规范内的发现创新——翻译专业博士生培养的主导理念与规范做法[J]. 中国外语，2007（3）：24-27.

[9] 王宏印. 探索典籍翻译及其翻译理论的教学与研究规律[J]. 中国翻

译，2003（3）：48-49.

[10] 王宏印. 英汉翻译综合教程[M]. 大连：辽宁师范大学出版社，2002.

[11] 王洪涛. 西学与国学融会贯通研究与鉴赏相辅相成——《文学翻译批评论稿》评介[J]. 外语与外语教学，2007（9）：63-65.

[12] 王治国. 把握理论脉动，提高翻译能力——《英汉翻译综合教程》述评[J]. 山东外语教学，2009（2）：99-101.

[13] 王治国. 根深植故土，性本向高天：王宏印民族典籍翻译思想探微[J]. 燕山大学学报（哲学社会科学版），2021（5）：39-45.

[14] 张美芳. 中国英汉翻译教材研究[M]. 上海：上海外语教育出版社，2001.

[15] 庄智象. 我国翻译专业建设：问题与对策[M]. 上海：上海外语教育出版社，2007.

（本文原载于《中国翻译》2022 年第 1 期）

王宏印的教育理念

许建忠

王宏印先生驾鹤西去 3 年。每年忌日都会以各种方式悼念。记得 2021 年 12 月 17 日凌晨 3 点，突然梦醒，原来是先生两周年忌日，不会写诗的我，也不知哪里来的灵感，即刻赋诗一首，发给其遗孀刘黎燕女士：

无题
西去取经两年
研究成果纷繁
停不下的脚步
永远创造辉煌

先生的第三个忌日即将到来，做点什么呢？认真仔细斟酌后，决定弘扬下其独特的教育理念。要说独特，还得从早年的相识开始说起。

认识先生，是他的《英汉翻译综合教程》牵的线。当时，我已在《国际译联通讯》（*Translatio—FIT Newsletter*）发表了论文。当时的《国际译联通讯》主编 R. 埃瑟兰博士（也是《巴伯尔》主编）建议我在撰写论文的同时，能否考虑撰写英文书评。当时的国内外学术交流较少，彼此间的相互了解还比较缺乏，此举能加大中西方交流的力度，更好地促进翻译事业的全球合作和发展。因同是陕西省译协会员，又是乡党，王先生《翻译教程》的教育理念令我着魔，随即决定为其撰评。这是我在国际翻译研究刊物发表的首篇书评。同先生的初次见面和后来的交往，在先生为拙作《译学著作评论》（黑龙江人民出版社，2017）所撰序里已有描述：

> 一个阳光灿烂的下午，在我顶楼的书房，第一次见建忠，就给我以朴实坦率的印象，一个西北汉子，有甚说甚，没有什么是藏着掖着，使人乐于交流，无所顾忌。后来先后到了天津，这个印象，只是加深，却一点也没有改变。学人之交，除了书籍，别无所求，于是，若干年来，赠送一本书，谈论一会儿书，过一段时间，通个电话，还是一些关于书的题目，书书书，出书写书，教书谈书，书生之谈，仅此而已，但已经足矣。

教育理念，学界谈得很多，但先生用到我身上的教育理念却不是在学校能学到的，而是在平时的交往中享受到的。

先生的学术线路独树一帜，因为先生将其文学、心理学、哲学、音乐以及书画艺术的修养都融入其翻译研究之中。这对我的翻译研究生涯产生了巨大影响。在天津，由于两家住得不远，晚饭后散步成为我们相互切磋的舞台，但我们还是喜欢用陕西话称之为"谝闲传（pian han cuan）"，即"聊天，说话"。这种"谝闲传"一直伴随着我的教学研究生涯。言传身教，亦师亦友是先生的教育理念之一。

多年来，不少同行都为我没读博士而深感惋惜，但实际上，我不但"读了博士"，而且还是在王先生的亲切指导下进行的。这是先生的又一大教育理念：因材施教。到天津工作后，不少学界朋友都建议已是教授的我跟先生读个博士，这样就圆满了。但先生认为，还是不图虚名，追求自我为好。先生认为，我在国内外都有成果出版，尤其跟国外来往较多，学术功底比较厚实，按照目前的翻译理论研究路线一直走下去，定会取得成功。我后续的翻译跨学科研究成果也实践了先生的教育理念。在国外发表不少书评，后结集成册，也是按照先生的教导，追求自我的表现。《译学著作评论》出版时，特邀先生作序。该书出版后，受到较好评价，然而，许多学界朋友都同我一样，感觉该书的最大亮点就是先生所撰的序：除了评述该书的优点（范围广泛、评价准确、文风朴实），还指出持续阅读书评对译学建设的特殊作用（沟通信息的功效、交流成果的功效、评估参照的功效），先生认为，假如把改革开放以来发表在国内重要刊物上的译学书评加以搜寻和整理，那么，一个完整而清晰的图景就会在我们脑海里形成。至少可以说，我们的视野还会更大，想法还会更多，更富有创造性。

先生常常念叨做人做事的道理，要求低调做人，高调做事。先生是国内著名学者。据统计，先生出版学术专著、译著、教材、编著及丛书83部，发表学术论文134篇，其中，发表原创诗歌集2部（642首）、散文集1部、诗剧2部、小说1部，已出版成果共计2000多万字。未出版学术成果共计90多万字，原创文学作品约30万字。未出版文学创作成果包括原创诗歌集1部（254首）、散文集1部、小说1部（近27000字）。先生多产，但一直很低调，没有一点学术大咖的架子。记得有次外出开会留影时，一般博导都会主动坐在前排，而先生却同我等一起站在后排。先生坦诚，亲和，与其交流少了些拘束感，容易激发彼此情感和灵感。先生认为，研究是聊天聊出来的。正因为到处聊天，才能海纳百川，质疑突破。先生告诫我最多的就是那句我都听了数百遍的话：不要把学术做成写作。谆谆教诲，是先生的教育理念之三。

敢为人先。先生认为，学者应具创造性，敢为人先。先生的《文学翻译批评论稿》（上海外语教育出版社，2006）在对中西哲学、文论和译论进行相互阐发的基础上，对文学翻译批评的基本理论问题做了深入的思考，对该学科前沿的许多学术热点问题做了系统的观照，提出了鉴赏性和研究性相结合的文学翻译批评概念，初步建立了自己独特的文学翻译批评的理论框架，是文学翻译批评学诞生的宣言书。杨自俭为先生大作《中国传统译论经典诠释——从道安到傅雷》（湖北教育出版社，2003）所作的序言中对该书的评价是，"王老师这本书是为翻译方向博士生编写的教材，更准确地说，这是属于理论翻译学的专著。这本书是史论结合，以论为主。从外部把中国传统译论划分成古代、近现代、当代三个时期，从内部即译学发展过程划分为肇始、古典、玄思、直觉四个阶段；从传统译论中梳理出文派与质派、音译与意译、直译与重译、译意与译味、神似与形似、翻译标准、可译性、境界、译者以及语言 10 个问题，在此基础上逐一给出现代的诠释，从而转化为现代译学的本体论、方法论、认识论、标准与原则、主体性、可译性 6 个问题，同时还发现传统译论中所缺乏研究的 5 个问题：翻译过程、效果评价、文体对应、语义转换与翻译批评。全书是经过梳理、阐释、转换（用转化可能更好些）、终结、升华等过程而完成的，这种方法既有很高的理论价值，又有很高的方法论价值，在我国译学的研究领域有不可低估的开创性意义，特别在传统译论的研究上，这本书不能不说是新时期开始的重要标志。"在人类学诗学的理论观照下，王宏印从民族诗歌创作、翻译、民族典籍翻译研究三方面展开开拓性的尝试，最终在其著作《中华民族典籍翻译研究概论——朝向人类学翻译诗学的努力》（大连海事大学出版社，2016）中提出对中国式人类学诗学理论的建构思路："首先，在整理中国文化典籍，特别是汉族汉语诗歌的时候，重视诗歌或一般文学的起源问题、汉语文学样式和抒情传统的发展问题，以及就此领域里人类学研究的诸种课题，努力尝试建立汉语和汉民族的人类学诗学体系；同时，一定要花大力气把少数民族的诗歌纳入这样一个轨道上来，使之和汉族诗歌互补互动起来，成为完整的中华民族诗歌史（传统）的一部分。……就整体而言，我们的工作，是要在以各种民族语言，当然主要是汉语，从事民族题材诗歌创作的同时，进行多语种和多文化的翻译和研究，并且围绕作品及其流动，使创作、翻译和研究三者结合起来。要注意调动三支队伍，诗人、翻译家、研究专家及评论家，充分发挥他们的作用和协作关系，同时，在汉族汉语人才和少数民族人才中间建立联系，开展专业的、有计划的翻译研究活动。"先生以南开大学英语语言文学（现为外国语言文学）的博士点为依托，开创了中华民族典籍的对外翻译与传播研究的先河，成绩斐然，如李宁的新疆维吾尔族古典长诗《福乐智慧》的翻译研究、邢力的蒙古族百科全书《蒙古秘史》的翻译研究、王治国的藏族蒙古族长篇英雄史诗《格萨尔》的翻译研究、崔晓霞的彝族撒尼人经典爱情叙事诗《阿诗玛》的翻译研究等。这些成果使得南开大学翻译研究中心已经成为国内民族典籍翻译与传播研究的重镇。受先生理念的影响和启发，我这些年来一直在做一些敢为人先的工作，出版有《工商企业翻译实务》《翻译生态学》《翻译地理学》《翻译地理学应用性研究》《翻译经济学》《译学著作评论》《翻译安全学》《翻译教育学》等。现将 2021 年出版的《翻译安全学》和《翻译教育学》内容简介如下，以告慰先生在天之灵：

　　翻译安全学关注翻译安全生产与保障这一话题，紧紧围绕翻译安全这一主体，从翻译与安全之关系入手，以翻译系统为主线，以安全体系为横断面，建立起纵横交织的整体结构和框架，科学、客观地阐释翻译安全学的内涵及意义，总结翻译安全发展史，探索翻译得以生存的国内外安全环境，搜寻翻译生产过程的安全因素，归纳翻译生产的安全规则，探求翻译安全保障等，并提出实现翻译安全学研究的可持续发展应遵循的路径。具体地说，翻译安全学，就是将翻译及其安全因素相联系，并以其相互关系及机理为研究对象进行探索，从安全论视角审视翻译、研究翻译，对翻译中的种种现象进行剖析。它不但从理论上解释翻译产生、生存、发展的客观规律，而且注意密切联系我国翻译的实际情况，立足于阐明翻译生产实践中的种种问题。一方面以空间语言文化安全译介和安全生产模式为研究方式，立足于翻译所处的民族文化土壤，确保翻译安全生产和消费，关注中国文化走向世界的议题，提升国家翻译安全战略，为国家稳步发展保驾护航。另一方面实现翻译这一跨语言文化交流活动成为国家民族间增信释疑、凝心聚力的桥梁纽带的目标，共建人类文化交流命运共同体，促进世界和平与发展。

　　翻译教育学是一门研究人类的翻译教育活动及其规律的社

会科学，是通过研究翻译教育现象、翻译教育问题来揭示翻译教育的一般规律的科学。具体地说，翻译教育学不仅研究翻译教学的理论基础，还要研究翻译教学的原则、途径、方法和技巧，以及翻译教学中的程序、步骤和实际操作。翻译教育学既要反映翻译科学自身的新面貌，也要体现教育科学的新成果，是综合地、整体地研究翻译科学与教育科学的交叉点的边缘性学科。本书是国内第一部探索研究翻译教育学的专著。全书内容分十章，论及翻译教育学的定义和特点、翻译教学理论、翻译学习理论、翻译知识的教学、翻译能力的培养、课堂交际与组织、现代翻译教育技术的开发与使用、翻译评估与错误矫治、翻译教育的历史与发展和教师教育与自我发展。本书以翻译教育为主题，以翻译学和教育学作为理论基础，在两学科间架起一座桥梁，创造了一个新的空间，为翻译教学理论和实践研究开辟了一个新的视野，旨在建立翻译教育学这一崭新学科。

争做全才。金无足赤，人无完人。然而先生力推全人教育，力求完善个人的杂学基础。学无止境，不断完善才是学者的追求。先生作为大学教师，授集学者、导师、翻译家和作家四种身份于一身，融研究、教学、翻译、创作于一体。翻译与研究相辅相成，教学与科研相互促进，中西会通与古今贯通，自由出入于学科之间，这四种治学方法是他成就大学问的学术正道。先生认为，画道、书道、诗道、文道、艺道、译道，一概相通相合，融通无碍，运思行文，内外无间。正是先生的道行使其桃李满天下，弟子也多才多艺。多年来，我也一直在努力做个全才，虽然研究涉及生态、地理、经济、安全等，仍显不够。这条路还会继续走下去。

敢于说不。这有两层意思，一是敢于挑战权威，挑战未知，二是如果条件不允许，应敢于拒绝。第一层意思好理解，就是要不断创新，敢于攀登新高峰。第二点说白了，就是不为人情世故所动，绝不做能力之外之事。2013 年，拙作《翻译经济学》杀青，计划次年后半年出版，特邀请先生作序，先生乐意为之。后因故拙作出版计划提前到次年三月，想将其作序时间提前。然而先生时间早已排满，只能"狠心"拒之，并建议我寻找他人撰序。先生为人作序，必定认真研读书稿，花较多时间思考，而后一气呵成。按先生的时间，须得几个月时间。先生答应之事，必定会尽心为之，做出亮点；如无暇顾及，或思考还不成熟，宁可不做。

与人为善。先生虽是陕西人，有股拧劲，但与人为善，不管在生活上还是学习研究上，和谁都能和睦相处，尤其在学术上从不以大家名人自居。讨论问题时只要别人说得对，他都会接受。由于两家住得较近，晚饭后经常一块河边散步，相互批评是常有的事，而且越挑刺关系越好。评价学者或同行从不恶言相向，而是客观评价：肯定优点，指出缺点，并力求提出改进建议。2002年，拙作《工商企业翻译实务》（中国对外翻译出版公司；2003年在香港中文大学出版社出版繁体字版）出版，他的评价是：选题新颖，论证基本到位，体系较为完整，重实践；但例句时代感不强，理论性有待强化。评价句句入理，语气和风细雨，使人乐意接受。这对我后期的书评写作影响较大，练就了我和风细雨地撰写书评的气度。两人也会为某些话题争论不休，达不成一致，就会各留己见，再行讨论。起初先生著书较多，论文较少。因当时交流远没现在发达，发表论文影响相对较大，我曾建议先生在著书的同时，也应注意论文的积累。先生听言大喜，后期加大了论文的发表力度，论、著并行，效果立竿见影。

其实，先生教育理念不止于此，在此仅谈给我留下深刻印象的几个，其中有些理念可能别人无法体会到，只有我这个"亲弟子"才有机会亲身体验。

王宏印英译元散曲的现代性

朱学明

[摘要] 王宏印的译著《英译元曲百首》，为元代散曲的英译注入了现代元素。首先在意境方面，通过借鉴翻译、题目创译以及现代标点符号的融入等方式，对其英译本散曲意境进行现代重构；其次在散曲的韵律方面，遵循自然韵律且加入现代英诗韵律，呈现出自然开放的现代韵律；另外在诗形上，运用现代诗的跨行、诗形错落以及句法的多变，使其英译散曲表现出现代诗的"建筑美"。现代化元素的融入，为散曲以及汉语诗歌的英译提供了一个行之有效的翻译模式。

[关键词] 王宏印；元散曲；翻译；现代性

元散曲不仅是中国古代诗歌三大体式之一，而且经明、清的演化发展，迄今更有复兴之势。（赵义山，2011）在语体风格上，他们汲取俚词作者们的经验，不弃俚俗，以俗为雅，使元散曲在中国诗歌史上呈现出别具一格的风貌。（赵成林、张忠智、庄桂英，2003）然而，相比于唐诗宋词的外译传播，元散曲的关注度显然较薄弱。"与同属于元曲的元杂剧相比，元散曲无论是在译介还是研究方面（特别是在研究方面）均远落后于元杂剧。"（李安光，2013）虽然国内关于元散曲的译介晚于国外，但几十年来，学者们逐渐开始关注散曲的翻译。从翁显良 1985 年出版的《古诗英译》，到辜正坤 2004年出版的《元曲一百五十首》汉英对照本、周方珠 2008 年出版的

《英译元曲200首》（吴礼敬，2010），再到王宏印于2013年出版的《英译元曲百首》，不同的译者，为英语世界的读者呈现出不同的元散曲风貌。与前三位译者的韵体译文不同，王宏印运用现代诗歌和英诗特征，舍去了宫调、曲牌和典故，不刻意追求押韵，不拘泥于原文格局，注重对散曲意境的重构，从而保留和传达了元散曲的趣味性和通俗性，给予元散曲新的解读和生命。

《英译元曲百首》由上海外语教育出版社出版，是王宏印多年的心血。该译本以汉英对照形式收录了元散曲和剧曲共111首，其中散曲100首、剧曲11首。散曲中又包含套曲10支，其余均为小令。依照有名氏作家和无名氏作家，将内容分为三部分：散曲（上）、散曲（下）和剧曲。本文将着重讨论其中散曲的翻译。所选散曲主题广泛多样，包括写景寄情、民间疾苦、羁旅思乡、男女情爱以及归隐闲适等，突出艺术性和可译性。许渊冲对于诗歌翻译曾提出"三美论"，即意美、音美、形美。（许渊冲，1979）因此，由于诗歌体裁的特殊性，其外译必须考虑到意境、韵律和诗形三个方面。接下来，将从意境的重构、遵循自然韵律和诗形的多变三个方面，结合具体的翻译实例，分析和探讨王宏印散曲译本的翻译策略、翻译效果以及译文如何体现现代诗歌特征。

一、古典意境的现代重构

"在西方，'意象'（image）一词源自拉丁语'imago'。在文艺复兴之前它仅指'影像''仿制品'或'复制品'"（张保红，2005），之后逐渐应用于写景诗歌。而提到中国古典诗歌中的"意象"，便会使人想起"杨柳""炊烟"等一类指代客观事物的词语。这些词语承载了诗人的主观情思，再经过历代传诵和沉淀，形成了一类具有特定感情色彩和民族文化心理的词语，人们可以借此来寄托心中所感。由此可将"意象"总结为"融入了主观情意的客观物象，或者是借助客观物象表现出来的主观情意"（袁行霈，2009：54）。古典文论当中，有不少学者曾提到过"意境"，如唐代王昌龄《诗格》正式提出"诗有三境"，即物境、情境、意境；刘禹锡"境生象外"、司空图"思与境谐"及"象外之象，味外之味"（王国维，2020：6-7）。

可见，意境产生于"情"与"景"的相互交融，留给读者以无限遐想的艺术空间，以此来感受诗歌的美感与魅力。汉语独特的具象文字特征，为其诗歌中意境的塑造创造了得天独厚的条件。纵观我国古典诗词，无数经典作品无一不是因其丰富的意象所产生的意境而使后人孜孜不倦地品读和研究。学者强调，"典籍翻译的跨时代性决定了翻译过程中语境重构的重要性"（许明武、聂炜，2021：35-40）。同样，元代散曲想要赢得现代受众的喜爱，其意境的重构需要与现代诗歌遥相呼应。《英译元曲百首》中，译者提到最多的，就是如何做到原文意境的保留和传达。为此，他运用多种翻译方法来重构译文意境，以达到对曲中精华的充分传递。下面就译者所采取的几种意境重构翻译方法进行分析。

（一）借鉴英文表达产生呼应

运用借鉴也是翻译中语言美的一种体现。"翻译离不开借鉴。在汉诗英译的过程中，倘若译者能借鉴英诗的语言表达方式，则可极大地增进译诗语言的美感，从而增进诗歌的意境美。这也是所谓发挥译文语言优势之一种。"（张智中，2015：25）元散曲中，尤其是在写景寄情的散曲中，作者运用大量的意象来表达各种情思。但由于英汉两种语言之间存在巨大差别，若一味地直译，不顾及其中意象组合所产生的意境，那么译文将会索然无味，失去原诗的灵魂。此时，借鉴英语或者英诗中英语读者所熟悉的表达方式，不仅能够有效传达曲子内涵，还节省了读者理解原文的精力，不失为一种两全其美的方法。请看下面例子（姚燧的《越调·凭栏人·寄征衣》后两句）：寄与不寄之间，/妾身千万难。To do it or not, / that is the question / For me! Hard to decide!（王宏印，2013：57）此曲刻画出思妇在寒冬到来时欲给远方的丈夫寄军衣的矛盾心理。其中第三句的翻译，译者借鉴了莎士比亚戏剧《哈姆雷特》中脍炙人口的名句"To be, or not to be, that is the question"。该名言在莎剧中向读者传达出主人公徘徊于默然忍受命运的暴虐和挺身反抗无涯的苦难之间，思考生存与毁灭的问题，表现出痛苦、纠结、无奈之态。而"寄与不寄"同样表达了思妇不寄征衣怕丈夫会受冻，寄去又怕丈夫不归的无奈心理，到底如何是好？此处套用莎剧名言，不仅模仿了原文语气，更是借此表达出思妇的纠结和无奈心态，英语读者一看便能快速感知女主人这种矛盾心理，实为翻译中借鉴的典范！

　　处理个别意象时，译者也试图找出西方文化中的对应表达，借以营造曲中意境。例如无名氏小令《叹世间·初生月儿》前两句中"月儿"的翻译：初生月儿一半弯，/那一半团圆直恁难。The new moon showed herself / A silvery eyebrow, and / That part invisible making a better half /—A process hard to be perfect.（王宏印，2013：195）自古以来，月亮就是文人笔下各种情思的载体。"月亮的银色光辉，洒遍了古代诗歌世界的每一个角落，没有月光的照耀，古典诗歌世界就会黯淡、单调。"（严云受，2003：141）由于其形状呈圆形，月往往象征着中国传统文化中的团圆。而"'月亮'一词，在希腊语中意为'度量之物'，在拉丁语中意为'发光之物'，都没有很深刻的文化历史内涵"（张智中，2015：229）。可见，月亮在西方文化中，只不过是客观存在的一个物体而已，并不具有深厚的民族情结。在以上诗句中，妻子以月儿"一半弯"和"那一半"指代自己与丈夫的分离，渴望两个人能像圆月一样团聚。译文用 A silvery eyebrow（一弯蛾眉）单数形式翻译一半弯的"初生月儿"，将其拟人化，恰好与另外一边眉构成一对，寓之团圆。而英文中的 better half 刚好指代配偶、夫妻的另一半，此处借以指代诗句中的"那一半"。如此便巧妙地将原诗句中对于西方读者而言无情感的"月"与夫妻分离联系起来，英语读者便能接受和理解后面诗句所表达的情感。试想，倘若译者将"月儿"直译为 The Moon is half bend，不做任何处理，想必西方读者阅读完整首曲子，都会觉得一头雾水。

　　（二）标题的创造性翻译

　　诗题作为诗歌的"门面"，并不是独立于整首诗歌之外的一个标记，而应是承担主题、与正文构成有机联系的重要组成部分。（杨柳，2016）标题的翻译，关系到整个曲子意境的基调。《英译元曲百首》中，标题的翻译可谓独树一帜。与以往译者有所不同，译者大胆舍弃了散曲的宫调和曲牌名，只留下标题，而其中一部分译文更是对原标题进行了修改，或根据曲子内容直接另起标题，或给"无题"曲重新安排标题。

1. 标题直译

元散曲中的一些标题能够直接反映出曲子的主题，对于这一类标题，译者基本保持直译。例如《越调·天净沙·秋思》，舍去宫调和曲牌后，直译为 Autumn Thoughts；《双调·水仙子·夜雨》译为 Night Rain。这一类直译标题，基本与整首曲的意境保持一致。

2. 依曲子内容重译

而另一些标题，大多游离于曲子主题之外，似近似远。这一类标题如果采取直译，不仅不会帮助译文读者理解曲子内容，反而会因为标题和内容不符而产生歧义。由此译者所采取的方法是：结合曲子主题另起标题。最典型的一个例子是，该译本共选取了 5 首以《春情》为标题的小令，而这 5 首曲子的英文标题却各自不同。译者根据每首曲子的内容和意境，为它们量身打造了不同的译文。分别是：

《双调·水仙子·春情》Love's Labor

《双调·沉醉东风·春情》Meeting, Unexpected

《越调·凭栏人·春情》Love's Invitation/Waiting for Love

《梧叶儿·春情》An Old Wife

《仙侣·一半儿：拟美人八咏·春情》A Love Letter

译者在处理标题翻译时，并没有一味地模仿原标题进行直译，而是结合每首曲子所表达的内涵，对标题进行创造性的翻译，来帮助营造整首译曲的意境。

3. 自拟自译

还有一些曲子只有曲牌，没有标题，或标题与曲牌合并。对于此类曲子，译者根据曲子主题和内容为其自拟题目。例如商挺的《双调·步步高》译为 A Good Wish；姚燧的《中吕·阳春曲》译为 Time Slips。其中也有提取曲中诗句为标题的，如曾瑞的《采茶歌》译为 Go Home, Then。总之，在散曲标题翻译中，译者始终坚持以表现和传达曲子意境为主，对散曲题目进行创造性翻译，来辅助意境的传达。

（三）标点多样化

"不用标点是中国诗歌自古以来的一种传统。"（吕进，2007：18）而现代诗歌和英诗中，标点符号已成为诗歌的一部分。王雪松（2016）认为："中国现代诗歌节奏与标点符号具有密切关系：标点不仅是诗歌语法的一部分，还是文本视觉呈现的重要组成部分，标点的恰当使用有助于把握语意节奏、模拟语音节奏、表现情绪节奏，呈现不同的审美感受，凸显现代诗歌的智性品质。"元曲中的标点符号较为单一，主要以逗号和句号为主，偶尔会出现问号。《英译元曲百首》中，译者使用大量丰富的标点，用来营造意境，强化气韵，增强诗歌的现代气息。标点的多样化使用体现在感叹号、问号、破折号和双引号的使用。

1. 感叹号强化情感抒发

感叹号可以帮助抒发强烈的感情。感叹号的使用在该译本中多达 23 首小令。例如上文所引《寄征衣》最后一句：妾身千万难。For me! Hard to decide!此处连用两个感叹号，加重了"难"的分量，从字面便可看出妻子内心无比的挣扎与纠结。周文质的《正宫·叨叨令·自叹》第五、六句：笑煞人也么哥，/笑煞人也么哥/ How laughable is this!/ How laughable is that!（王宏印，2013：117）译者将这两句译为上下两个感叹句，借以嘲讽世人都妄想像傅说之遇殷商、吕尚之遇文王一样当上大官的痴梦。

2. 问号产生互动

若原文没有疑问句，译文将之处理为疑问句，那么无疑会增加译文的生气。陈草庵的《中吕·山坡羊·叹世（其二）》最后两句：兴，也任他；/亡，也任他。Ups and downs? Who cares?/ Ups and downs? Who cares?（王宏印，2013：29）此曲刻画出一幅寄情于渔樵之乐，流连于茅檐风光的隐居生活图，后两句表达了作者对现世的冷淡和嘲弄。译文连用两个问句四个问号，既加强了节奏感，更是传达出原曲中对世事变化的无所谓和置现世于身外的闲适态度。

"由于元曲是极口语化的新诗"（张积模，1993），所以译文为了表现其口语化特点，可试图将曲中的独白变为对话形式。例如景元启的《殿前欢·梅花》第六、七、八句：山妻骂：/为甚情牵挂？/大都来梅花是我，/我是梅花。…that my wife asked: / "How come that it attracts your soul?" / "Right!" / was my replay: / "I'm the plum blossom, / and the blossom is me."（王宏印，2013：156）从以上例子看，在译曲中植入夫妻对话，无意中多了些许生活气息，这也符合元曲极口语化的语言特征。

3. 破折号延缓思绪

破折号在诗歌中起着延缓思绪，使人意犹未尽的作用。例如盍西村的《越调·小桃红·杂咏》第五句：乱云不收，残霞妆旧。Clouds linger, twilights glimmer—（王宏印，2013：11）破折号的延伸，仿佛让读者眼前出现一幅云舒霞卷、霞光散射的美丽景象。钱霖的《双调·清江引·（其二）》末尾句：多的是几声儿檐外铁。Bells ring the wind, by the eaves—（王宏印，2013：181）译文将其跨行处理，并在前一句末加入破折号，在视觉上和意境中延长了铁铃在风中的鸣响，令人意犹未尽。

二、遵循现代自然韵律

韵，是诗在特定位置（行尾、行内、行头）的相应复现的音素。（吕进，2007：11）对于古诗到底该不该翻译成韵体诗，学者们持有不同的看法。闻一多认为，"诗不当废除格律"，"越有魄力的作家，越是戴着脚镣跳舞才能跳得痛快，跳得好"（张智中，2015）。而主张用无韵体翻译古体律诗的代表——英国翻译家布雷迪（N. Brady）却认为，"韵律的枷锁常常限制死了表达而糟蹋了整个诗，因而不用韵律比采用韵律使译作更加扣紧原文，同时更加完整地表达原作的精神"（谭载喜，2004）。汉诗英译到底该不该用韵？恐怕答案不是单纯的用或者不用。学者们和译者们的争论，无非就是想要将原诗在形式上和韵律上的精华与独特性传递出来。由于汉英两种语言差异巨大，想要严格做到译文句句用韵，可能性非常小。如若不顾两种语言差异，对词语进行强行押韵，无疑会破坏原诗的整体意境，译诗将失去灵魂，成为死诗。那么在处理用韵时，何不将其解放，保存其原诗意义的前提下，在译语中寻求变通。若一首诗在译语中能够自行押韵，则再好不过。若无法保持韵律，充分发挥译语优势，找到其他的用韵方法，产生属于译语自身所有的用韵方式，岂不是再次激活了原诗的生命力？正如有学者强调，"现代诗歌不再以音调或韵律作为诗的标识"（赖彧煌，2015：82-88）。

《英译元曲百首》并没有一味地追求整齐的韵式，而是向现代诗歌看齐，以传递意境为主，遵循翻译行文过程中的自然韵律，避免因韵害意。虽然没有像原文一样句句押韵，但译者充分运用英语诗歌韵式，如头韵、内韵、腹韵以及词语反复等手段，使译文也不乏其自身的独特韵式。例如周文质的《叨叨令·悲秋》：叮叮当当铁马儿乞留玎琅闹，/啾啾唧唧促织儿依柔依然叫。/点点滴滴细雨儿淅零淅留哨，/潇潇洒洒梧叶儿失流疏剌落。/睡不着也么哥，/睡不着也么哥，/孤孤零零单枕上迷丢模登靠。An Autumn Night/ The iron bells under the eave ring pell-mell;/ The cricket chirps in soft sobs, making me chill;/ Drizzling rain drips and drops but never stops;/ Phoenix leaves fall and fall, withered and dead./ Sleepless, sleepless, this night!/ Sleepless, sleepless, this night!/ And I lean on the pillow, slipping into a dream.（王宏印，2013：119）这是一首以叠声词和象声词构成的小令，种种秋声与悲秋之感并迭迭起，达到高度的情景交融。原曲中，"闹""叫""哨""靠"押尾韵；大量叠声词的使用，增加了韵律密度。若要将这种韵式完全保留在英译中，恐怕是一件难事。译者只能发挥英语语言优势，将英诗中的各种韵式发挥到最大程度。译文中出现了几种英诗常用的韵式，如 bells/pell-mell 中都有[el]，为腹韵，三个词又同时形成内韵，读之仿佛风铃声再现；soft 与 sob 中都有元音[ɔ]，形成腹韵+头韵；cricket/chirps 为头韵；drizzling/drips/drops/stops 这几个词同时形成头韵+内韵，而"drip 指小水滴，drop 指大水滴；两者并用之时，犹似水滴由小变大之后，滴落下来的'滴答'之声"（张智中，2015：172）。头韵和内韵的重叠使用，产生了奇妙的音韵和动画效果，形象生动地描绘出细雨点滴之态；fall and fall 以及 Sleepless, sleepless, this night 的重复，形成英语中的词语反复手段，尽显梧桐叶凋落的凄凉与内心的失落。可见，即使达不到散曲本身的一韵到底，但是通过运用多种英语韵式进行弥补，加强了译诗的押韵密度，从而也产生了出其不意的效果。

除了头韵、腹韵、内韵和尾韵的大量使用，译者还运用同源词语和平行结构来布韵。如周文质的《正宫·叨叨令·自叹》：筑墙的曾入高宗梦，/钓鱼的也应飞熊梦。/受贫的是个凄凉梦，/做官的是个荣华梦。/笑煞人也么哥，/笑煞人也么哥，/梦中又说人间梦。Dreamers and dreams/ A wall-builder appears in the dream of an emperor;/ A fisherman satisfies the dream of another emperor./ A poor man dreams a dream of poverty, and/ A rich man dreams a dream of prosperity./ How laughable is this!/ How laughable is that!/ Am I a dreamer too?（王宏印，2013：117）其中第五、六句在译文中处理为平行结构；原曲中除了第五、六句，其他句子中都有个"梦"字，共出现五次。译文利用英语词汇的同源异构优势，从题目到内容，将"梦"拆解为同源异构词语"dreamers""dreamer""dreams"和"dream"，在译文中出现了九次，整首译曲读起来朗朗上口，节奏感和韵律感极强。张积模（1993）认为："元曲多为一韵到底，一气呵成，这十分符合汉语的习惯。但这种情况在英诗中实属罕见，在英美人耳里，这种韵式十分生硬、造作，甚至粗俗野蛮。"王国维（1984）曾这样评价元曲："元曲之佳处何在？一言以蔽之，曰：自然而已矣。古今之大文学，无不以自然胜，而莫著于元曲。故谓元曲为中国最自然之文学，无不可也。"这里的"自然"，不仅指散曲与唐诗宋词在语言及风格上最大的区别就是通俗质朴，更表现在其自然音律的和谐。"现代诗歌节奏突破了传统诗歌韵律限制，是一种多元开放的现代节奏形态。"（王泽龙，2017：1-8）在元散曲的英译中，王宏印充分利用英语优势，不拘泥于汉语古典诗歌的韵律规范，使译文呈现自由、多元且开放的现代韵律。

三、多变的现代诗形

中国古典诗歌，从二言、三言、四言，再到五言、七言，历来推崇诗体的均齐之美。闻一多在现代格律诗的创建中，提出"相体裁衣"的思想，认为和古代律诗相比，现代格律诗的可能性丰富得多，不可同日而语。因为，"新诗的格式是量体裁衣"（转引自吕进，2007：54）。由于大量活泼口语的加入，元散曲在形式上较唐诗宋词更加灵活多变，长短句运用更自由。王宏印没有拘泥于古代诗歌的体律和格局，充分利用现代诗形特征，对每一首曲子进行"相体裁衣"，在诗形上给予译曲最大程度的解放。下面从跨行、诗形以及诗句方面进行分析。

1. 诗句跨行

"英诗是以诗行形式排列的语篇，因而分行成为英诗尤为显著的外部特征。"（张保红，2005）"分行已经成为现代诗歌形式的一种稳定特征。"（高周权，2021）跨行可以拓宽诗歌的意境表现空间。"跨行的幅度和力度越大，其给读者带来的美学效果也就越大。"（张智中，2015：93）《英译元曲百首》中，跨行处理的译曲多达 22 首。如马致远的《越调·天净沙·秋思》第四、五句：夕阳西下，/断肠人在天涯。The sun is setting－heart-broken,/ The traveler is dragging his way/ Towards the end of the world.（王宏印，2013：63）译者将"断肠人"与"在天涯"跨行处理，增加了诗长，也增加了"断肠人"内心的愁。读之脑海中不禁产生这样一幅画面：异乡人远游他乡，道路绵延且漫长，他独自一人拖着沉重的步伐，带着满心忧愁和迷茫，负重前行，不知前方等待他的是什么……此处跨行，大大增强了曲子的表现力，情绪表达更饱满。

2. 诗形错落

除了跨行，译者也非常注重诗歌整体的形式美和建筑美。闻一多在现代格律诗的创建中，提出了诗歌的"建筑美"，认为建筑美是视觉的节奏，使读者顺眼。（吕进，2007）现代诗中，"建筑美"的表现丰富多彩，不仅仅限于均衡之美。诗行错落有致也不失为"建筑美"的一种表现形式。请看无名氏的一首小令及译文：

游四门　　　　　　　　　　　　**Around the Gates**

落红满地　　　　　　　　　　　Petals Fallen

落红满地湿胭脂，　　　　　　　Petals fallen on the ground,
游赏正宜时。　　　　　　　　　Leaves of rouged faces.
呆不料不雇蔷薇刺，　　　　　　A nice time to go sightseeing.
贪折海棠枝。　　　　　　　　　　A girl ventures to pluck the rose
嗏，　　　　　　　　　　　　　Despite of its sharp thorns.
抓破绣裙儿。　　　　　　　　　Hiss—Dear me!
　　　　　　　　　　　　　　　Her silk skirt is torn!

（王宏印，2013：197）

这首小令语言活泼可爱，充满意趣。原文充分展示了散曲的长短句特征，译文亦步亦趋，将现代诗的诗行错落发挥得淋漓尽致。前两句的跨行和诗行缩进，视觉上给人"满地落红、红花遍地"的画面感。后四句的排行错落，进退有致，拟声词"Hiss"和感叹语"Dear me！"的加持，令人如闻其声，仿佛听到了女子与恋人嬉戏时，因衣裙被蔷薇刺扎破而发出的惊叹声。诗的排行也是诗情的外部表现，这首小令的译文以跌宕多姿的诗行，重现原曲紧张而欢乐的气氛。可见，现代诗丰富的诗形不仅是内容的一部分，更能深化诗的内涵，加强节奏感和趣味性。

3. 句法多变

黄维樑（2006）在提到现代诗法四变的时候，认为句法之变也属于诗法变化的一种。现代诗在句型上较古体诗更灵活多变。《英译元曲百首》中，译者在句型和句式塑造上，充分借鉴现代诗和英诗，如"一句诗""三联句"以及章法上"卒章显志"的运用，使译曲在句型上体现更强的表现力。请看几个例子：

A：周文质的《双调·落梅风（二首）其二》第二、三、四句：
感萧娘肯怜才貌。　　　　　　　To a girl so lovely,
除秦剑又别无珍宝共，　　　　　I have nothing to give her
则一片至诚信要也不要？　　　　But a lute and a sward
　　　　　　　　　　　　　　　And a sincere heart.

（王宏印，2013：123）

B：无名氏的《雁儿落得胜令·愁怀》第七、八句：

一榻一身卧，	We lie in bed,
一生一梦里。	Dreaming of a better life,
	Which itself is a dream.

（王宏印，2013：201）

C：关汉卿的《大德歌四首·秋》后两句：

秋蝉儿噪罢寒蛩儿叫，	Cicadas droning, cricket chirping;
淅零零细雨打芭蕉。	Like raindrops on the palm leaves,
	My tears dripping.

（王宏印，2013：39）

以上译文中，A 用了英语诗歌中很常见的"一句诗"形式；B 将两句诗译为"三联句"；C 为了弥补译文中因不能译出原文的叠词而缺失的表现力，译者着重在章法上下功夫，在经过了上文悲凉心境的描述后，最后一句采用"卒章显志"的手段，将"淅零零"的泪点置于末尾，于是正如译者自己所言，"有了一个意味深长的结尾，使得一切的前嫌全部捐弃"（王宏印，2013：39）。句法和章法上的现代诗手段变通，使得诗歌富有弹性和流动的特质，让英译散曲别有一番现代诗歌的味道，给读者带去更新鲜的元散曲译文阅读体验。

四、结语

英国 17 世纪著名的翻译家约翰·德纳姆（John Denham）在谈论诗歌翻译时强调，译诗必须保留"火焰"，即原诗活的灵魂，而不保留"灰烬"，即原诗死的形式；还要加进现代的力量，弥补由于时代、语言、地点的变异而引起的走失。（谭载喜，2004：117）《英译元曲百首》中，译者没有受到前人译诗藩篱的束缚，而是注重诗歌的本真，保留了每首曲子的个性化"火焰"，让其在属于自己的意境空间内自由绽放。意境的重构方面，借鉴英诗表达，大胆舍去宫调和曲牌，对题目进行创造性翻译，充分使用现代标点符号来辅助意境的传达。韵律方面，译者摆脱了生硬的凑韵，运用现代诗歌和英诗的韵律规则，将元散曲译为无韵而自韵的现代自由诗。诗形的排列和布局上，根据每首曲子的内在情思流动，对其诗形进行"相体裁衣"，避免千篇一律，使每首曲子独具风格。译者在他的著作《朱墨诗集》（翻译卷）中曾提到自己关于古典诗歌的翻译原则，即"中诗西化、古诗今化、含蓄美化"。对此，他阐明了自己的想法："在比较文学的层面上，将中西诗歌逐渐打通，古典的诗歌朝现代的方向转化，和现代诗接触，和现代的汉语诗的创作情况接触，能够把古诗转化成当下中国汉语诗歌创作的一个根据，一个资源。同时用英语阅读的时候，也能够和英诗自由地衔接，就是朝西化的方向转化。"（王宏印，2015）可见，这是一个较宏远的目标，需要众多中外诗歌爱好者和译者来共同完成。《英译元曲百首》就是译者实践自己译诗原则的一次成功尝试。独特而现代的译诗风格，在中国古典汉诗的英译实践中极具宝贵的参考意义。

参考文献：

［1］高周权. 论分行与现代诗歌节奏之关系[J]. 华中师范大学学报（人文社会科学版），2021（1）：97-105.

［2］黄维樑. 新诗的艺术[M]. 南昌：江西高校出版社，2006.

［3］赖彧煌. 韵律的废退与反抗"散文气味"——散文诗的美学问题[J]. 福建师范大学学报（哲学社会科学版），2015（3）：82-88.

［4］李安光. 英语世界元散曲译介及曲家地位定量分析[J]. 上海交通大学学报（哲学社会科学版），2013（5）：93-104.

［5］吕进. 中国现代诗体论[M]. 重庆：重庆出版社，2007.

［6］谭载喜. 西方翻译简史[M]. 北京：商务印书馆，2004.

［7］王国维. 人间词话[M]. 陈水云. 校注. 西安：三秦出版社，2020.

［8］王国维. 王国维戏曲论文集[M]. 北京：中国戏剧出版社，1984.

［9］王宏印. 关于中国文化典籍翻译的若干问题与思考[J]. 中国文化研究，2015（2）：59-68.

［10］王宏印. 英译元曲百首[M]. 上海：上海外语教育出版社，2013.

［11］王雪松. 论标点符号与中国现代诗歌节奏的关系[J]. 中国现代文学研究丛刊，2016（3）：158-174.

[12] 王泽龙. 科学思潮与现代汉语诗歌形式变革[J]. 兰州大学学报（社会科学版），2017（5）：1-8.

[13] 吴礼敬. 元散曲英译：回顾与展望[J]. 合肥工业大学学报（社会科学版），2010（5）：115-120.

[14] 许明武，聂炜. 基于语料库的《资治通鉴》英译本语境重构探究之情态动词路径考察——以方志彤、张磊夫译本为例[J]. 外语电化教学，2021（5）：35-40.

[15] 许渊冲. "毛主席诗词" 译文研究[J]. 外国语，1979（1）：11-19，41.

[16] 严云受. 诗词意象的魅力[M]. 合肥：安徽教育出版社，2003.

[17] 杨柳. 论现代派诗人的无题诗创作[J]. 兰州大学学报（社会科学版），2016（1）：13-22.

[17] 袁行霈. 中国诗歌艺术研究（第 3 版）[M]. 北京：北京大学出版社，2009.

[18] 赵成林，张忠智，庄桂英. 词曲传承关系刍议[J]. 江汉论坛，2003（6）：86-89.

[19] 赵义山. 湖南历代散曲创作初论[J]. 中国文学研究，2011（2）：68-73.

[20] 张保红. 论英诗中分行的功能及其在诗歌翻译中的应用[J]. 天津外国语学院学报，2005（3）：6-12.

[21] 张保红. 意象与汉诗英译——以陶渊明诗《归园田居》（其一）英译为例[J]. 解放军外国语学院学报，2005（4）：51-58.

[22] 张积模. 论元曲的翻译[J]. 解放军外国语学院学报，1993（6）：87-92.

[23] 张智中. 汉诗英译美学研究[M]. 北京：商务印书馆，2015.

司空图《诗品》英译比较研究

——以第二十品《形容》为例

张智中

[摘要] 唐末诗人兼诗论家司空图的《诗品》具有很高的审美价值和理论价值，并在中国古代诗歌理论史上因影响巨大而占有重要地位。其中的第二十品《形容》，内容主要涉及诗歌创作中的模仿问题，从而使其有别于其他诸品。因此，本文遴选《形容》一品及其三种英译文本进行比较，借以窥见三位译者在典籍英译方面的策略方法与优劣得失，以期为理想的中国典籍翻译策略与艺术效果寻求借鉴。

[关键词] 司空图《诗品》;《形容》品；英译策略

一、司空图《诗品》及其《形容》品

在中国古代诗歌理论史上，唐代诗人司空图的《诗品》因影响巨大而占有重要地位。"《诗品》正处于中国古典文论独立发展的第三期，上承《尚书》'诗言志'和刘勰的《文心雕龙》的发轫和独立期，下启严羽《沧浪诗话》和叶燮《原诗》的高潮和完成期，最终预示了王国维《人间词话》的出现，即中国古典诗学的终结。"（王宏印，2002：序言2）至于《诗品》的影响和贡献，王宏印将其总结为如下三点：其一，《诗品》创造了一种诗论合一的文本样式，这是前所未有的。其二，《诗品》规范了一些基本的风格类型，强化了

一些典型的诗歌意境。其三，《诗品》强化和固化了中国诗学的符号象征系统，包括自然的和人文的象征系统。再如，有西方学者指出："《二十四诗品》在清代盛极一时，产生了一大批注本与仿作，并经常被一些理论作品提及。自 17 世纪以来，《二十四诗品》被普遍视为唐代最重要的诗歌理论的代表作。"（宇文所安，2003：334-335）

《诗品》的体格独特，语言凝练，充满古典的庄重与生动感。司空图议论与描绘并用，抽象与形象结合，既有抽象的理论思绪，又有形象的想象空间。在风格上，《诗品》空灵疏淡，优美回环，诗句极富哲理，物象淡雅柔美。"就作者而论，由于兼备了诗才和慧眼，就使得司空图的《诗品》有了诗歌和诗歌的品评两重含义。它既是诗又是品：诗中有品，品中有诗；诗品中见品，品诗中见诗。正是司空图《诗品》的二重性，使得许多人对其爱不释手。短短的二十四首四言诗，既有诗的意境和情趣，又有论的哲理和深度。既可以当诗来读，也可以用来品诗。"（王宏印，2002：5）

然而，由于司空图《诗品》中的一些诗句蕴涵丰富、歧义纷出，导致后来众多的注释者各持己见、莫衷一是。同时也为《诗品》的今译和英译带来许多困难和挑战，这是《诗品》研究和翻译之所以困难的首要原因。"另一个原因与作者所采用的四言诗体有关。四言固然有《诗经》遗风，庄重而典雅，但结构单一，篇幅有限，容量太小，要表达复杂的思想和感受，不可能不包括一些有歧义甚或不可理解的诗句。……另一个与之有关的问题是：《诗经》的四言以叙事抒情为主，带有朴素的生活气息和原始的文学意味，而《诗品》却产生了不少范畴化的表达，包括意象的符号化和思想的概念化，而且主要还是在概念化的表达上引起的歧义最多。"（王宏印，2002：6-7）

以上为司空图《诗品》难读难解的客观原因。按照王宏印的观点，主观方面的原因有二：其一，在佛教和道教特别是老庄哲学的影响下，作者经常使用一些哲学术语。如"道""气""真""素""虚"，等等。其二，由于中国古代理论思维的特点和局限，或者由于作者本人对某些问题缺乏透彻的理论思考，有些句子语义模糊而不可解，或因有多解而使人莫衷一是。

在司空图二十四品当中，第二十品《形容》颇有与众不同之处。诚如宇文所安教授所言："本品谈论模仿（mimesis）问题，而不是描绘某种景或情的特质，这使它区别于其他 23 品；后来的批评传统十分重视'神似'（spiritual resemblance）并拒绝表面模仿，这一品就变得意义重大了。"（宇文所安，2003：378）如果说以往的诗歌研究者大都认为《诗品》描述了二十四种诗歌风格的话，严格说来，《形容》一品却与诗歌风格问题无甚干涉，而是关于诗歌表现方法的问题。简而言之，《形容》论述的是形与神的关系。对此，郭绍虞说："总结形容之妙，贵在离形得似。离形，不求貌同；得似正由神合。能如是，庶几形容高手矣。"（郭绍虞，转引自赵永纪，1999：165）

总之，作为一个整体，司空图《诗品》具有很高的学术价值和审美价值，而其中的第二十品《形容》又有独特之处，可以单独研究。因此，本文拟以《形容》为例，来比较研究《诗品》的三种英译文，以窥出三位译者在典籍英译方面采取策略的异同和各自的优劣得失。这三位译者分别是：中国著名翻译家杨宪益（以下简称"杨译"），南开大学外国语学院典籍英译方向博士生导师王宏印（以下简称"王译"），以及美国哈佛大学比较文学系宇文所安（Stephen Owen）教授（以下简称"宇译"）。

二、不同的理解，不同的翻译

中国古诗英译的难度，早已得到众多的译家和译论家的认同。具体到司空图《诗品》的翻译，宇文所安教授说："当你直接用中文阅读这些诗句，你会发现它们以自己的方式构造出完美的意义；可是，一旦你试图翻译它们，完美的意义就支离破碎了。"（宇文所安，2003：333）在此，宇文所安教授强调的是转存原诗诗美的难度和几乎不可能。此时，如果能把翻译和研究结合起来，则译文才有可能取得比较好的效果。在论及现代自由诗如何才能译得具有诗味时，王宏印说："每一首诗几乎都是独特的，在没有认真研究之前，几乎是不能随意决定能否翻译和如何翻译的。意象不同，结构不同，机理不同，只有落实到每一首诗的研究，才能进入真正文学意义上的翻译。"（王宏印，2003）在此方面，宇文所安和王宏印两位教授正是在对司空图《诗品》进行系统研究之后才着手翻译的，而且两位都有西学和汉学的基础，比较文学的意识较浓。这无疑会影响到他们的翻译观念的陈述和具体方法的采用。

中国古诗中的一词多解和一语多解，本来就是一种常见的现象。就以四言形式写成的司空图《诗品》而言，解释的纷杂和注释的不一更是显著。当然，这一点可能也是引起和激发历代学者研究兴趣的原因之一。至于《形容》一品的英译，从译文的分析来看，三位译者在理解上大体相同，但也存在两处重大的差异，即"绝伫灵素，少回清真"和"俱似大道，妙契同尘"。而这两处差异，恰好是涉及诗歌理论的部分。由此可以看出，《诗品》翻译的难点，可能更倾向于其中哲理的把握，而不全在于描绘的生动。下面分而论之。

谈及首两句的理解，宇文所安教授写道："当代多数注家认为'伫'即'积聚'，而我倾向其早期用法即'等待'或'期盼'。'灵素'属于司空图喜欢使用的那种极其含糊的词语，我们无法确定它是一个道家的抽象概念，还是外在世界的事物的特质，或是诗人内在的某种东西。"（宇文所安，2003：377）于是，就带着这种犹豫和不确定性，他将这两句英译为：One awaits the ultimate spiritual purity, / Soon brings back what is pure and genuine。如果将之回译，我们便得到这样一句"现代诗"："一个人等待终极的精神纯洁，并立刻得到纯洁和真诚的东西。"由于译者比较拘泥于原诗的逐字逐句的理解和传译，没有深入这里涉及的创作时主体状态的准备过程，于是译文就带上了一些抽象地谈论修行的味道。就这句诗的语义而言，同义反复的嫌疑正可谓难以避免。

王宏印的翻译基于对原诗的详细注释和分层次的深入理解。他对此有比较详尽的注释：绝：极，尽。伫：伫足，凝神。灵：神气，思绪。素：本性，夙愿。绝伫灵素：尤言尽力凝神思索，展开艺术想象。少：少顷，一会儿。回：回转，此处引申为物象在脑际呈现。清真：即清晰而真切的形象。于是，他将首句译为：Concentration and imagination / Bring about such clear images。比较一下王宏印的今译：

"聚精会神，努力想象，／形象会呈现得清晰生动。"将之作为其英译的回译，正可谓贴切适当、妙合无间。而其中最为重要的，莫过于译者把握住了诗歌创作的主体状态这一透视焦点，因之，译文的意思清晰可辨而毫不含混。

杨宪益作为驰名中外的职业翻译家，自然有其翻译的习惯和处理的方式。杨宪益的译文为：Only the pure of heart / May recapture the Truth. 回译如下："只有内心纯洁，／才能重温真理（大道？）。"值得注意的是，杨译采用的 the Truth，与其下文中的 the great Truth（大道）前后呼应，不加区分，也就是说，杨译把"清真"理解并翻译成汉语的"道"。这在原则上是可以的，但并不尽然。因为这里的"清真"，虽然用的是道家的术语，并含有道家意味，但是，在本质上却是指诗歌创作之道。当然，作为汉语文化中统一的"道"的英译，笔者以为，还是以宇译的 the great Way 和王译的 the Great Tao 更为合乎英译的习惯。杨译的问题在于，在简洁的行文中，几乎是直译汉语字面意思，致使像 the pure of heart 一类有明显中文味道的英文出现。另外，译者似乎忘掉了这是一首诗的开头之句，应该以艺术之道为下面的形容物象做好准备和引入。

就这两句诗的构句方式而言，宇译添加了主语 One，丧失了汉语无主语句的含蓄和朦胧，把"清真"译作 what is pure and genuine，失之抽象和笼统。杨译虽然发挥译语优势，采用英语的无灵主语（inanimate subject），以传译汉语的无主句，但却在原文的理解上存在一定程度的偏离。二者的共同问题，都是没有考虑到一首诗的开端，要契合后面的行文，而不能有太多的跳跃。或者说，这里的"道"，是个二级概念，是创作之道，而不是宇宙之道，不宜过分抽象，以便过渡到下面具体的描写状态。王译正是考虑到作为整体之道，例如在第一品《雄浑》中所谓的进入人体的"真体"，和第二十四品《流动》中所谓的"假体如愚"的道体，有别于作为观察的"道"的体现，如这首诗下面所形容的各种物象的统一，才处理成意象的真切可感，以便为本品后面的"俱似大道"（一级概念）留下余地。就诗歌构成的方式而言，王译以抽象名词 Concentration and imagination

作为句子的无灵主语，这两个单词都是以-ation 为后缀的"动"名词，即其语法功能为名词，却同时具备动词的含义，这样就在短短的第一个诗行中发挥了译语两个方面的优势：英语中无灵主语和"动"名词的使用。而且，这两个单词还押上了尾韵。另外，王译接下来的谓语部分 Bring about such clear images 采取了 images（意象）一词，从而比宇译的 what 短语更加具体、生动、形象。理由同上。

现在我们来看"俱似大道，妙契同尘"的不同理解和翻译。对此两句，宇文所安教授做如下解释："这两句的大体意思是说，或者由于变化，或者由于难以捉摸，或者由于复杂，这些事物（第3—8句）的本质不能轻易地、在表面上被捕捉到。这三个特征使它们看上去就像'道'本身：'道'也是千变万化。要想'形容'这些事物，唯一的方法就是与它们合为一体，取自《老子》的'同尘'一词就暗示了这个意思；也就是要与它们的存在保持原始的契合，而不是去捕捉它们的外在表现。"（宇文所安，2003：378）相应的宇译为：All are like the great Way, / Match their subtle beauty, share their dust. 显而易见，译文采取了直译法：上句的翻译基本上是一对一，下句的 Match 对"契"，their subtle beauty 对"妙"，share their dust 对"同尘"。回译如下："这些都像大道一样，契合其妙，同享其尘。"这里的问题在于，汉语中一个近乎真理性陈述的句子，到英语中却变成了一个祈使句，使得上下脱节，逻辑不能贯通了。

王宏印注释道：俱似大道：犹言山川海洋风云花草都好像有自然之道体现于其中，正所谓万事万物都是自然之道的具体显现。妙契：绝妙的符合。同尘：语出老子，意为大道无形，但与万物有奇妙的契合，化为万物形体而不改变其本质。如此理解，王译如下：—all embodies the Great Tao, / Whose manifestation is manifold。将之回译，便得下文："——这些都是大道的具体体现，而其体现的形式则多种多样。"与宇译相比，王译的处理很果断，他不再犹豫，而是以一个归结性的句子直接陈述道的显现，继之以一个定语从句进一步述说其显现的多样性。在艺术手法上王译显然也大胆灵活得多，其译文追求，不在形似在神似，正是"离形得似"——舍弃了"似"

的假说和"尘"的蒙蔽。不仅如此，王译的 manifestation 和 manifold 还押上了头韵（alliteration），再回顾一下王译首行 Concentration and imagination 所采用的尾韵（end rhyme），我们不免生出感叹：原来王译是充分注意到诗行内部的所谓"行内韵"（internal rhyme）的，从而极大地增进了译诗的节奏感和韵律美。

杨宪益也是用一个句子表现了道的体现，其相应的译文为：All these make up the great Truth / In one subtle medley of dust。假如我们不去死抠陈述中的哲学偏差，可回译如下："所有这些都构成大道（眼前这一切现象就构成了道的全体了吗？）/ 它体现于微妙的一团尘土。"如前所述，Truth 一词的选用虽然与宇译的 Way 和王译的 Tao 明显不同，但在这里仍是可以的。而 medley（混合物；混杂物）一词的使用，虽然有老子"有物浑成，先天地生"的根据，但也是比较拘泥的。一个显著的问题就是：一首诗中的两个"道"字，翻译一模一样。正是在这一点上，可见出杨译和宇译都有拘泥于老子的《道德经》原文的字面比喻，而不能进入超脱字面的诗化处理。尤其是尘土意象的难于舍去，实际上妨碍了将《形容》一品中的美好的诗歌意象与抽象的大道契合化一的语言机制，因而在整体上同样有悖于原文的内在含义和精神实质。宇译似乎对此有所感悟，因而在保留"尘土"意象（share their dust）的同时，用"契合其美妙"（match their subtle beauty）做了补救。

简言之，就"俱似大道，妙契同尘"的三种译文而言，杨译大体上是亦步亦趋，直而译之；王译机动灵活，意而传之；宇译则在执着原意的过程中，有所补救。

三、不可忽视的形式问题

司空图《诗品》是诗歌之品，不能不是诗，也不能不译为诗。在形式上，尤其应当如此。但其中涉及的因素也更多，翻译处理上也更见匠心和个性。"以《诗品》研究为例，文学性的研究要求在翻译上至少要以诗译诗，译诗像诗，诗中见论，论乃是诗。如果不是这样，把《诗品》译得不像诗，成了枯燥的论文，虽然在理论上仍然有其道理，但却背离了文学性翻译的基本原则，背离了中国古典

诗学的文体特点。"（王宏印，2002：序言，4）

　　就译诗诗行的长短安排而言，不难看出，宇译和杨译非常相似：都是长短相间、错落有致。只不过从整体上看，宇译和杨译有时失之过长，例如第11行。但总体说来，杨译诗行比宇译诗行要短促一点，也许是杨译历来的简洁风格所使然。王译诗行则讲究整齐划一、美观大方，而且，将译诗分为三个诗节，既是深刻理解原诗语义结构之后的大胆处理，也便于读者阅读和感受清晰。因此，如果说宇译和杨译的诗行具有参差美和错落美的话，王译诗行则具有一种规整美和醒目美，同时体现了译者控制句子长短的能力，即译入语言的操纵能力。

　　至于诗歌押韵问题，三位译者均采取英语现代自由诗的形式，不追求行尾押韵。就原诗的美学效果而言，这样处理，不能不说是一大损失。因此，如何以最大限度的翻译努力来补救这种损失，使其获得相应的美学效果，则体现出不同的翻译认识水平和对诗歌语言的驾驭能力。在此方面，王译的努力明显要多一些，因而有不同于宇译和杨译的地方：（1）采用行内韵。除了上面提到的两个诗行 Concentration and imagination 和 Whose manifestation is manifold 分别押尾韵和头韵，从而形成行内韵之外，还有其他诗行也构成行内韵，如 Oceans rough and ruffled（行内头韵），And mountains craggy and jagged（行内准韵）。（2）部分诗行押行尾韵。如第五、六行以 -ing 结尾，第七、八行以 -ed 结尾，最后两行以 -ence 结尾。这样一来，王译在韵律方面自然占据一定的优势。

　　形美和音美之外，译诗的文气也起着十分重要的作用。所谓"文气"，就是文章的气脉，指文章或诗篇之气脉的顺畅和贯通。其实，上述译诗的韵律即是增进文气的一个重要手段。此外，文气还包括其他一些方面，比如英诗里面常常运用跨行（enjambment），以增强诗歌之文气。作为英诗之本色和特点，跨行自然构成英诗区别于汉诗的一个重要方面和优势，因此，在汉诗英译时，注意适时运用英诗此一技法，当能增进译诗诗行之间的上下勾连、气脉贯通。我们看到三位译者在各自的译诗当中，都有跨行这一英诗诗法的巧妙运用。比如，宇译的最后两行，杨译的前两行，第九、十行和最后两行，王译则将跨行推到极致：用一个句子贯穿于译诗的首四行，即第一个诗节，从而取得了"先声夺人"的艺术效果。

标点符号的运用，也与文章的气脉息息相关。以此观之，我们可以见出，三位译者在运用跨行之时，行尾常无标点，从而增进了诗行之间相互勾连的力度。此外，宇译和王译破折号的使用也值得注意：破折号表示对以上四个诗行所描述事物的总结和概括，因此有统揽和收束的作用。不同的是，宇译把破折号放在了诗行的末尾，而王译则把破折号放在了诗行的开头，再加上隔行成为单独诗节的处理，破折号的位置尤为突显——自然，这样处理的美学效果应该是不错的。相比之下，杨译未用破折号，显得平淡一些。

另外，原诗第五行到第八行并行列举出"大道"的各种具体体现形式，是《诗品》常见的描述和铺陈部分，与首尾的陈述部分相互促进，连为一体，使全诗脉络贯通、文气浩荡。再看三种译文，不谋而合，都使用了短语结构的破碎法，而没有使用完整的句子进行描述——这是十分难得的。不同的是，宇译和杨译在这四个诗行之前冠以定冠词 The，气象森严，气势顿出。宇译倾向于陈述，结构不整，致使译文在描述生动方面略嫌不足。杨译描述在前，属于常规译法。王译则描述在后，有表语味永之效果。总其效果，王译可以说是别出心裁、独出机杼：在第一个诗节末尾使用冒号，同时在这四个诗行当中使用行内韵和行尾韵，节奏铿然。此外，尾韵采取的现在分词和过去分词也可谓匠心独运：英语的现在分词常表示动作正在进行，过去分词常表示动作已经完成，因而表现出时间、空间之交错变幻、错综纷乱，进而说明"大道"之表现形式的多样性和复杂性。

关于文气的最后一个值得讨论的问题，就是诗歌题目的翻译问题。如果能把诗歌题目与诗行内容贯连起来，上下打通，则又可极大地增进译诗的效果。其实，英诗不仅存在跨行现象，扩而大之，还存在跨节现象和跨题现象。跨题是指诗歌题目与诗歌内容之间所形成的"跨行"现象。可以说，从跨行、跨节到跨题，都是英诗的本色和优势，因此，汉诗英译时可适当注意吸收运用英诗的这些特点。以此观之，三种译文的诗题与诗歌内容之间，似乎都未形成所谓的"跨题"，但细而察之，其中仍有耐品耐嚼之处。宇译诗题为Description，正是原诗《形容》诗题的照直翻译，语义上又无不妥帖，可谓巧合。杨译为 The Vivid Mode（生动品），包含了一定的意译成分和归类现象，正与其司空图《诗品》的总译名 The Twenty-Four Modes of Poetry 遥相呼应，可谓胸有全局。而王译为 Variations in Unity（统一之中的变化），显然是在抛弃原诗题目之后，根据诗歌内容译而出之，体现了一与多、道与物的复杂关系，具有深度暗示作用。这样的题目翻译，最能体现译者的创造性，也最能充分把握原诗的实质和内涵，因而在诗题与诗歌内容之间，文气也最为贯通畅顺、前后呼应。

四、结语

中国古诗英译，如何才能译得好，究竟应该采取什么样的策略和措施，达到什么样的翻译效果？这是一个永远不能穷尽的研究题目。关于这些问题，不同的翻译家和理论家可能见仁见智。这里仅列举几位见解独特者，略加评析，以见这一研究领域的大概，并为进一步整理思路提供借鉴。

关于中西诗歌的对比和翻译，著名古典诗歌翻译家许渊冲教授有一段精辟的论述："中国诗的特点是朦胧，诗句往往没有主语，读者可以想象；主语是男方或是女方，或是双方。中文的动词可以写实，也可以写虚；可以写现在，可以写过去，也可以写将来，但在形式上往往看不出分别。这就是说，中文的内容大于形式，可以说一指二，一中见多。此外，中国的文化传统丰富，往往可以借此说彼，这是中文所有而英文所无的言外之意。而英文的特点是精确，一般说来，句子都有主语、动词；动词时态分明，写实要用陈述语气，写虚要用虚拟语气。这就是说，英文的内容和形式相等，只能说一是一，说二是二。因此，把中文译成英文的时候，要用英文之所长，避英文之所短，也就是说，要发挥译文的优势。英文的优势是精确：主语、谓语、时态、语气都有一定的形式。而中文诗的特点恰恰相反：主语、谓语、词性、时态、语气都不分明。如果把中文诗译得形式上和中文诗一样朦胧，那就是舍己之长，用己之短，不但不能吸收中文的优点，反而使译文变得晦涩难懂了。"（许渊冲，1987）其实，这段话阐述的正是许渊冲教授有名的发挥译语优势论，而这种认识，是建立在深刻的中西诗歌比较之上的，值得译界重视。

作为一个西方学者，宇文所安教授对于中国古典文论和诗歌翻译有其深刻的理解和独到的翻译策略。他基本上把中国文论视为一个迥异于西方的系统，并且在翻译时采用宁拙勿巧的翻译观念，以便使西方读者能从中窥见一点"中文原文的模样"（宇文所安，2003：14）。他说："我的首要目标是给英文读者一双探索中国思想的慧眼，而非优雅的英文。关于一部分术语的最佳英译，已不乏讨论；其实没有什么最佳的翻译，只有好的解说。任何翻译都对原文有所改变，而且，任何一种传统的核心概念和术语的翻译都存在这个问题；这些术语对其文明来说非常重要，它们负载着一个复杂的历史，而且根植于该文明所共享的文本之中。"（宇文所安，2003：15-16）

王宏印则结合自己研究和翻译（包括今译和英译）司空图《诗品》的切身体会和具体做法，提出了新颖的见解。他说："如果把今译视为原诗和英译的一个过渡和中介，则英译理所当然地向着西化的方向要迈一大步。由此造成原诗与英诗之间一种巨大的文化张力，也就是原诗像汉诗，而译诗像英诗。"（王宏印，2002：81-82）王宏印的观点，可以说是把古诗的注释与今译、英译，建立起一个可以互相补充、相互融通的理论系统和实践程序。而他的具体做法，则是在译诗的方向和定位上，采取语言形式上相当的归化策略，以便让中国古代的诗歌翻译以译诗的艺术形式真正进入西方的文学领域。而他选中的范本，正是司空图《诗品》这种诗论结合的形式。

总之，就译诗质量的高下优劣而言，译者对于原诗的理解问题，虽几近老生常谈，却是一个再强调也不过分的问题。中国古代诗歌由于朦胧多解等原因，往往造成译者理解上的极大困难和分歧不一，因此，决定译文质量之优劣高下的首要因素，往往在于译者对于原诗的理解程度。具体到充满魅力同时又令人感到疲于索解的司空图

《诗品》，动手翻译之前认真研究以便透彻理解的必要性和重要性不言而喻。除此之外，不同译者的不同翻译动机、翻译目的、翻译追求和翻译策略等主观因素，也是导致译文差异的重要因素，通过以上对司空图《诗品》三种英译文的比较研究，这点已清晰可见。

参考文献：

[1] 胡晓明. 中国诗学之精神[M]. 南昌：江西人民出版社，2001.

[2] 王宏印. 英诗经典名译评析——从莎士比亚到金斯伯格[M]. 济南：山东大学出版社，2004.

[3] 王宏印.《诗品》注译与司空图诗学研究[M]. 北京：北京图书馆出版社，2002.

[4] 吴建民. 中国古代诗学原理[M]. 北京：人民文学出版社，2001.

[5] 许渊冲. 谈李商隐诗的英译[J]. 外语学刊，1987（3）：71-75.

[6] 杨宪益，Gladys Yang. Poetry and Prose of the Tang and Song[Z]. 北京：中国文学出版社，1984.

[7] 宇文所安. 中国文论：英译与评论[M]. 王柏华，陶庆梅，译. 上海：上海社会科学院出版社，2003.

[8] 赵永纪. 诗论：审美感悟与理性把握的融合[M]. 桂林：广西师范大学出版社，1999.

（本文原载于《天津外国语学院学报》2004 年第 6 期）

王宏印教授译诗艺术刍议

——以《英语诗歌选译》为例

荣立宇

[摘要] 本文简要介绍了王宏印翻译的《英语诗歌选译》一书，从"学者研究与诗人手笔相结合""大众欣赏与小众研究相顾及""经典重译与新诗新译相辉映"三个方面论述了该书的特色，然后重点论述了王宏印译诗艺术的三个特点，即"注重整体，讲究细节""强调创意，以得补失"以及"声韵流转，和谐自然"。

[关键词] 诗歌；翻译；经典；创意

王宏印，笔名朱墨，翻译家，翻译学研究专家，诗人。南开大学外国语学院英语系教授，翻译研究中心副主任，英语语言文学学位点博士生导师，博士后流动站站长。曾任中国典籍翻译研究会会长，中国英汉语比较研究会副会长，中国跨文化交际学会常务理事，中国翻译协会理事、专家会员。王宏印文通哲史，治学严谨，在诸多领域特别是诗歌翻译领域取得了卓越的成就，其译诗自成一家，颇具特色。

2011 年 5 月，王宏印的《英语诗歌选译》（以下简称"《选译》"）由国防工业出版社出版发行。该书是王宏印在多年从事诗歌翻译及研究的基础上精雕细琢、奉献给译界的一部力作，她无疑将会成为我国英诗汉译百花园中一朵艳丽的奇葩。

　　《选译》一书由两个部分组成，即序言、正文。序言部分包括王宏印亲拟的"中外诗歌翻译丛书"总序与本书序言两篇，前者对诗歌翻译的意义、历史、现状及本丛书的编选原则进行了论述，后者则对以英国和美国为主的英语诗歌的伟大传统进行了论述，钩沉史料，提炼精华，亦堪称要文。正文部分按国别编排，分出第一编，英国与爱尔兰诗选，以英国为主，收入两国 11 位诗人的 17 首名篇；第二编，美国与加拿大诗选，以美国为主，收入两国 10 位诗人的作品 138 首（其中迪金森短诗有较大比例）。阅读《选译》，徜徉于诗情画意之间，感受到的是一次英语诗歌的洗礼，一次英诗汉译的学习。总揽全书，《选译》具有以下几个特色。

一、学者研究与诗人手笔相结合

　　诗歌由什么人翻译最为理想，王佐良在《翻译：思考与试笔》一书中给出的回答是，"只有诗人才能把诗译好"（王佐良，1989：54），并进而指出诗人译诗的双赢局面，"译诗是一种双向交流，译者既把自己写诗的经验用于译诗，又从译诗中得到启发"（王佐良，1989：55）。当代著名诗人海岸也主张"诗人译诗，译诗为诗"是最为理想的状态（海岸，2005：27-30）。

　　王宏印以翻译研究方面的学者名世，同时在诸多领域有所建树，如《公孙龙子》《二十四诗品》《红楼梦》，以及石涛、莎士比亚、穆旦、陕北民歌研究，等等。特别是在诗歌研究、诗歌翻译，以及诗歌翻译研究诸方面，已出版《〈红楼梦〉诗词曲赋英译比较研究》《〈诗品〉注译与司空图诗学研究》《穆旦诗英译与解析》《孕育：白蒂诗自选集》《英诗经典名译评析——从莎士比亚到金斯伯格》《新诗话语》及《朱墨诗集》（翻译卷）等著作，可谓成绩斐然。不仅如此，王宏印还是一位优秀的诗人，早在 20 世纪 80 年代末期，便出版了个人诗文集《彼岸集》，后又整理出版了《朱墨诗集》（创作卷），收其十余年来新诗 500 余首，多为首次发表。与王宏印相熟多年的我国著名翻译理论家林克难教授曾对王先生的诗人本色做过深刻的评价，"王宏印本质上是一位诗人，其学术成就的原动力之一在于他对于诗歌的热爱"，可谓一语中的。由此可见，王宏印是典型的学者兼诗人。因此，王宏印翻译的《选译》一书也便具有了"学者研究与诗人手笔相结合"的特色。

二、大众欣赏与小众研究相顾及

《选译》一书的编排可谓别具匠心，除了作者介绍、原诗、译诗三个部分而外，还在每首译诗的后面设计了翻译说明（迪金森译诗部分是整体说明）。在翻译说明部分，译者扼要介绍了原诗的特点、翻译时的注意事项，以及译作如何再现原作等内容，有的甚至列出了分条的处理意见来。如在艾略特（T. S. Eliot）《大风夜狂想曲》（"Rhapsody on a Windy Night"）一诗后面的翻译说明中，王宏印列出9条分条处理意见，分别讨论了原诗的意象和逻辑关系、黏着和连接、意群、命题结构、语势统一、用语的含混性和多重暗示、深度暗示以及译诗如何加以再现等诸多问题。又如在翻译迪金森（Emily Dickinson）小诗时所做的翻译说明中，王宏印列出5条分条处理意见，分别探讨了如何再现诗歌中女性的典型用语，在语言基调上如何保持哲理性强的诗篇的高格调、如何显示抒情性和描写性较强诗篇的灵巧可爱的个性特点，在语义结构上如何保留原诗的着重点，如何处理迪金森诗作中的标点符号，以及如何处理"原诗的写作情况复杂，前后期的习惯并不十分统一"的问题（王宏印，2011：71），等等。通过这些说明性质的文字，读者诸君可以更加深刻地体味到译诗产生过程中译者的匠心独运与奇思流转。我们可以举出迪金森一首不为人特别注意的小诗为例：

We Learn in the Retreating　　退隐时分

We learn in the Retreating　　退隐时分
How vast an one　　巨大的一
Was recently among us—　　和我们在一起
A Perished Sun　　那渐渐遁逝的太阳

Endearing in the departure　　分离时刻

How doubly more	倍加珍惜
Than all the Golden presence	眼前辉煌的金光
It was—before—	已成，往昔

（王宏印，2011：145）

此诗翻译的可注意之点有三：（1）删去了"我们学习"（We learn）这一（非诗化的）层次，让景色直接呈现（但以"退隐"暗示拟人效果）；（2）第二节的前两行，加以重组，使其循序渐进，并与下文自然相接；（3）整个一首诗，用短语形式，模仿迪金森的简洁风格，与汉语诗歌含蓄凝练的传统相通相合。鉴于此，可以说，《选译》一书既满足了普通读者了解、欣赏英语诗歌的需要，也可以供具有一定外语水平的专业人士学习及研究诗歌翻译之用。

三、经典重译与新诗新译相辉映

在"中外诗歌翻译丛书"的总序中，王宏印指出了诗歌经典重译的必要性与必然性。他如此说道：

> 相对于其他文学体裁的翻译，诗歌翻译是更新比较快的一个领域。前人的译本虽然曾经起过不小的作用，有不少值得借鉴的地方，但毋庸置疑，时隔多年，有些语言已经比较陈旧，有些体制和形式也不再符合今人的审美情趣，而有些诗歌的选择也不能完全满足今天读者的阅读兴趣和审美要求，需要重新考虑，刷新翻译。（王宏印，2011：Ⅵ）

在此，笔者不揣浅陋，还想补充一点，即古人云：诗无达诂。一首诗作可以产生多种不同的解读方式，经典诗作尤其如此。因此，经典重译也便具有了为原诗的理解与翻译提供新的角度和切入点的意义。

《选译》中的诗歌经典重译，融汇了王宏印作为学者的研究成果、作为诗人的诗性智慧以及作为艺术家的行文走笔，不仅刷新了前有译本的语言，满足了今天读者的阅读兴趣和审美要求，同时还为经典重读提供了新的视角，如，翻译弗罗斯特（Robert Frost）《投林》（"Come In"）一诗，原诗写得十分隐晦，一直以来存在着多种不同的解读与翻译。特别是题目的理解与译法，以往的译文，有译作"进来"者，有译作"来吧"者。在《选译》中，王宏印根据自己对于全诗意境的把握，认为全诗的意境与《红楼梦》中"好一似食尽鸟投林"一句传达出的凄惨景象十分相仿，于是别出心裁，将题目译为"投林"，从而为此诗的解读与翻译提供了一个崭新的视角。

尽管《选译》以经典重译为主，然而却不限于此，还包含了一部分新诗新译在内。正如先生所说，"在选材上，我们一般鼓励和强调中文名诗精选，即著名诗人的代表作品，但不限于以前的选本——而是鼓励独立选材，别具慧眼，推出好作品，好译品"（王宏印，2011：Ⅶ）。王宏印是国内较早介绍加拿大女诗人白蒂（Patricia Keeney）诗作的译者，1997 年第 2 期的《世界文学》上，曾刊出其注释和翻译的《白蒂诗十首》，后来王宏印又翻译出白蒂诗歌选中译本——《孕育：白蒂诗自选集》。鉴于白蒂诗的艺术价值以及在以前的诗歌翻译选集中介绍较少，特在《选译》一书中加以收录。此外，《选译》一书还收录了弗莱彻（John Gould Fletcher）、卡明斯（E. E. Cummings）、休斯（Longston Hughes）等美国现代诗人的部分作品，而休斯的《我长大了》有译者本人的两个译本，可以参照研究。

以上是《选译》全书的几个特色，至于其中体现出的王宏印译诗艺术的特点，则有以下几个方面。

1. 注重整体，讲究细节

王佐良曾指出，翻译诗歌时，"除了句对句、行对行的忠实外，还应使整篇译文在总的效果上与原文一致"（王佐良，1989：79）。周煦良也认为，在翻译诗歌时，效果是最为重要的。每一首诗歌都有一个主题或中心思想，诗的每一部分、每一句都为这个主题或中心思想服务，只要我们的译诗能够再现原诗的主题效果，可以牺牲某些不重要的比喻、细节，也可以增加一些次要的比喻、细节（周煦良，1984：154-155）。

在注重译诗整体效果这一点上，王宏印的翻译思想可谓与两位先生不谋而合，他在诗歌翻译实践中所注重的正是如何再现原诗整体的意境、气氛和趣味，但也很注意细节的处理，尤其是诗眼的保留。例如，弗罗斯特的名诗《一条未走的路》（"The Road not Taken"），最后一节，译文注意了保持"and I"的语气与位置：

I shall be telling this with a sigh
Somewhere ages and ages hence:
Two roads diverged in a wood, and I
I took the one less traveled by,
And that has made all the difference.
此后不知何年何月置身何处，
我也会长叹一声把此事诉说：
林中有两条路歧出，而我——
我竟把人迹罕至的一条选妥，
一念之间已经是岁月蹉跎。

（王宏印，2011：209）

但在多数情况下，译者关注的是整体效果。例如，丁尼森（Alfred Tennyson）的《歌》（"Song"），原诗是一首催眠曲，带有明显的儿歌性质，语言简单，节奏整齐，译者为了再现原诗的儿歌特色，突破了原文的字句和章法，把重点放在"模仿原诗中诗人对儿子叙述和安慰的语调"上，选取儿童易懂的简单语言，放弃原诗基本为隔行押韵的韵式安排，改为通篇押韵——这种汉语诗歌尤其是汉语儿歌里最为常见的韵脚，从而成功地做到了"使其更加归化到儿歌的趣味和境界"（王宏印，2011：25）。

又如，多布森（Austin Dobson）的《吻》（"A Kiss"），原诗为自由体，但韵脚很密，1、3、4、5、7五句押同一韵脚，2、6、8句三句押另一韵脚，而且原诗中的主题句多有重复，"Rose kissed me today"（今日吻我有玫瑰）一句重复三次，"Will she kiss me tomorrow?"（明日可能吻我醉？）一句重复两遍，在整体感觉上有一波三折、一唱三叹之感，颇具《诗经·国风》中民歌的况味。在传译时，王宏印为了重现原诗的整体效果，再现原诗的民歌味道，一方面保留了原诗主题句的重复，以突出原诗反复咏叹的特色；另一方面，则放弃了原诗的韵式，而采用汉语七言、通篇押韵的诗歌形制，使译诗产生一种中国民歌古风的效果。

在翻译弗莱彻的《流逝的美》（"Fugitive Beauty"）时，译文干脆删掉了原诗前三行开头的三个"As"，变间接陈述事件为直接描写意象，并且使全诗押上通韵，最后以具有回环往复效果的句子"我看见了美，流逝的美"收束，整体效果有如余音绕梁，给读者留下无限的回味。

2. 强调创意，以得补失

弗罗斯特关于诗歌的经典论述，"诗者，译之所失也"（Poetry is what gets lost in translation），指出了诗歌在翻译过程中，一定信息（意美、形美或音美方面）丧失的不可避免性；但换个角度看问题，有所失必有所得。这也正是弗氏在自己的诗歌《一条未走的路》中所昭示的哲理。基于同样道理，苏珊·巴斯奈特（Susan Bassnet）尝云，"诗者，译之非所失也；诗者，恰为译之所得也"（Poetry is not what is lost in translation, it is rather what we gain through translation and translators）（Bassnet，2001：74）。

王宏印对于诗歌翻译中的"得与失"有着深刻的洞察。在译诗过程中，并不斤斤于原诗部分信息的"必然丧失"，而是着意于通过富有创意的再创作，将原诗中丧失的信息，在译入语中予以补偿出来，即"以得补失"。王宏印在《选译》的翻译说明中，曾多次提及"创意"与"补救"，如"困难在于五言的格局和汉语固有词语很难容纳拜伦的诗意，所以一定程度的创意是必须的，一定程度的归化也是允许的"（王宏印，2011：22）；"这里所选的一首《歌》，带有儿歌的性质，所以翻译时有若干创意"（王宏印，2011：25）；"在英文诗歌语义模糊的地方，汉语采用补救的方法，加以创意"（王宏印，2011：36），等等。

落实在实践层面，王宏印的创意包括了两个方面，即译诗形制上的创意与译诗词句上的创意，前者，如将多布森的诗歌《吻》处理成七言通篇押韵的形制，将拜伦（George Gordon Byron）的《那年惜别日》（"When We Two Parted"）翻译成五言排律。后者，如将《吻》诗中的句子"Let it be as it may"译成"姑娘之心秋天云"，实际上是直接套用了一个民间常见的说法，将原本模糊的语义予以明晰化处理；将"But the pleasure gives away/ To a savor of sorrow"译成"乐极终归要生悲，别有一番苦滋味"，这样就"增强了背景和哲理成分，丰富了诗歌的表现力"（王宏印，2011：36）。让我们对照原诗，完整地欣赏一下这首译诗：

A Kiss　　　　　　　　　　　　吻

Rose kissed me today,　　　　　　今日吻我有玫瑰，
Will she kiss me tomorrow?　　　　明日可能吻我醉？
Let it be as it may,　　　　　　　　姑娘之心秋天云，
Rose kissed me today.　　　　　　　今日吻我有玫瑰。
But the pleasure gives away　　　　乐极终归要生悲，
To a savor of sorrow—　　　　　　别有一番苦滋味。
Rose kissed me today—　　　　　　今日吻我有玫瑰，
Will she kiss me tomorrow?　　　　明日可能吻我醉？

　　　　　　　　　　　　　　　　（王宏印，2011：34-35）

3. 声韵流转，和谐自然

许渊冲教授提出的诗歌翻译主张包括"意美""形美"和"意美"三美。诚然，音响效果的美感是诗歌美感的一个重要方面。但是，关于译诗如何再现原诗的音响效果的问题，长期以来，学界一直在不断地尝试和探索中，行人人异，言人人殊。如关于"节奏"的处理，目前存在着三种方式：一是"以顿代步"法，即用汉语的"顿"数代替原诗的"音步"数，而不管其"音节"数，代表人物是屠岸；二是"字数对应"法，即以汉诗的"字"数对应原诗的"音节"数，

而不管其"音步"数，代表人物是梁宗岱；三是"兼顾顿数与字数"法，代表人物是黄杲炘（周向勤，2006：58）。关于"韵律"的处理，有人主张押韵的位置次序都要跟原诗完全一样，或者基本相同；有人主张按一般中国诗的习惯，二、四、六押韵；也有人认为有韵就行，不应拘泥于原诗韵的次序，也不完全遵守中国诗的格式。关于诗歌翻译中的韵式处理问题，辜正坤教授有过非常客观精彩的论述。他认为，完全按照原诗的办法押韵，"利在于尊重了原诗的押韵特点，在音美方面部分地照顾了原诗，其弊则在于此种韵脚可能不为传统的中国读者所熟悉，他们读这样的译诗只感到其形式特别，却并不觉得其韵律美"；而把原诗略做修正按中国的方式押韵，"利在于尊重中国诗的传统，照顾了中国读者的审美习惯，所以往往能在音美方面获得成功；其弊在于未完全按原诗的格式押韵，在音似意义上降低了近似度"（辜正坤，1998：5）。

　　王宏印对于诗歌翻译中音响效果的再现有着深入的研究，对于不同方式各自的利弊也有着非常清晰的认识。因此，王宏印在个人的诗歌翻译实践中，并不自始至终地贯彻某一特定的再现方式，而是在充分理解和深入研究诗歌的基础上，根据不同诗歌的意境、气氛和趣味，灵活地选择不同的方式来赋予译诗以适当的音响效果。如前所述，王宏印在翻译多布森的诗歌《吻》时，将原诗有换韵的自由体诗处理成了一首七言通韵的形制，翻译拜伦的《那年惜别日》时，则以五言排律的形制对译。但是，王宏印并没有把所有译诗的节奏和韵式都做归化处理，而是视具体情况而定，做了多样化的处理。如，叶芝（William Butler Yeats）的《茵尼斯逍遥岛》（"The Lake Isle of Innisfree"），原诗 3 节 12 行，韵式整齐，为 abab，cdcd，efef；译诗基本再现了原诗的交韵韵式（出于避免"以辞害意，以韵害辞"的考量，第二节变原诗的交韵为连续韵）；再如弗罗斯特的《雪花》（"Dust of Snow"），原文 2 节，各 4 行，每行 4—6 个音节不等，韵式为 abab，cdcd；译文不仅完全再现了原诗的交韵韵式，而且还试图用一个汉字对应英语的一个音节（4、5 两行译文字数与原文音节数不一致，乃是出于吸收汉语诗歌营养，适当照顾上下两阕形式统一的考量），取得了很好的音响效果。另外，王宏印还十分注意诗歌音美因素的其他方面。如在译叶芝的《茵尼斯逍遥岛》时，王宏印选用了大量的汉语双声和叠韵词语，如，"逍遥""款款""蛐蛐""啾啾""烁烁""盈盈"等，从而营造了美丽迷人的乡间风光，为译诗增色不少。让我们欣赏一下该诗第二节的译文（原文从略）：

> 那里有我的宁静，让宁静款款滴漏，
> 从晨雾朦胧一直滴漏到蛐蛐啾啾；
> 那里午夜光影烁烁，中午紫气盈盈，
> 黄昏时分红雀的翅膀飞满天空。

（王宏印，2011：65）

四、结语

要之，王宏印的《选译》，具有学者研究与诗人手笔相结合、大众欣赏与小众研究相顾及、经典重译与新诗新译相辉映的特色；而王宏印的译笔则呈现了注重整体，讲究细节；强调创意，以得补失；声韵流转，和谐自然的特点。引用王宏印在弗罗斯特诗歌《一条未走的路》后面的翻译说明中的句子，"一首人诗俱老的诗，没有修养和阅历，只凭语言和技巧，要想翻译好，一切都是徒劳"（王宏印，2011：210）。作诗难，译诗更难，译好诗更是难上加难，可以说《选译》一书，正是饱含了王宏印的深厚修养和丰富阅历，凭借多年翻译与创作的技巧以诗歌的语言精雕细刻的一部精品，值得读者诸君欣赏、珍藏，而其中体现的王宏印的译笔特色值得译界后学借鉴、学习。

参考文献：

[1] Bassnet, Susan. Translating the Seed: Poetry and Translation [A]. Susan Bassnet & Andre Lefevere. Constructing Cultures: Essays on Literary Translation [C]. Shanghai: Shanghai Foreign Languages Education Press, 2001: 57-74.

[2] 辜正坤，译. 莎士比亚十四行诗集[Z]. 北京：北京大学出版社，

1998：5.

[3] 海岸. 诗人译诗，译诗为诗[J]. 中国翻译，2005（6）：27-30.

[4] 王宏印. 英语诗歌选译[Z]. 北京：国防工业出版社，2011.

[5] 王佐良. 翻译：思考与试笔[M]. 北京：外语教学与研究出版社，1989：54-55.

[6] 周向勤. 十四行诗翻译比较谈[J]. 正德学院学报，2006（1）：56-60.

[7] 周煦良. 谈谈翻译诗的几个问题[A]. 中国翻译工作者协会《翻译通讯》编辑部. 翻译研究论文集（下册）[C]. 北京：外语教学与研究出版社，1984：141-158.

（本文原载于《石河子大学学报（哲学社会科学版）》2013 年第 3 期）

妙笔灵动珠联璧合

——王宏印《哈姆雷特》新译本特色和创新研究

王晓农

[摘要] 从基本面貌、翻译原则和语言运用、原文深层理解三个方面考察王宏印的莎剧《哈姆雷特》新汉译本，发现它具有多方面的特色和创新。译者版本体例和翻译方法的革新创造、自然语言运用的融合、可读性与舞台表演效果的兼顾、哲学层面的深层理解与表达、翻译理论的观念启迪都使译本呈现出珠联璧合、文笔灵动、韵味悠长的审美特征以及浓厚的学术气息，在总体风貌、语言运用、文学艺术上达到了很高水平。这部译作标志着莎剧汉译领域新的重要成果，是国内新一代莎剧学者对莎剧研究与汉译版本的新贡献。

[关键词]《哈姆雷特》；汉译本；创新；莎剧

一、引言

凡文学和文化经典皆是全人类共同的精神财富。莎剧作为文学和文化经典，自问世以来的大部分时间里稳居世界文学中心。其代表作 *The Tragedy of Hamlet, Prince of Denmark*（下文简称"*Hamlet*"）是一部深刻反映时代面貌、具有强烈反封建意识的人文哲理悲剧（朱维之等，2011：91），它悲壮而不悲观的基调和现代人在精神上有着沟通。莎士比亚在中国的传播以莎剧故事改写本的形态始于清末。我国莎剧研究与翻译百年来已取得较丰厚成果，*Hamlet* 汉译本已有几十个。*Hamlet* 汉译阅读本系统中最早的是田汉 1921 年经日译本转译的《哈孟雷特》（孟昭毅、李载道，2005：609）。20 世纪 20 年代，胡适呼吁学界翻译莎士比亚全集，30 年代，在鲁迅等人的进一步号召下，国内掀起了一股译莎浪潮，出现了一批卓有成就的莎剧研究专家和译家。20 世纪莎剧汉译形成了散体派和诗体派，前者如朱生豪、梁实秋，后者如孙大雨、卞之琳。诸多译本交相辉映、各具特色，总体上以朱生豪、梁实秋和方平的全译本最广为人知（王宏印，2011a：162）。上海外语教育出版社 2012 年出版了王宏印《哈姆雷特》译评本。与以前主要的译本相比，该译本呈现出一些鲜明特色和创新，值得研究和介绍。[①]本文从基本面貌、翻译原则和语言运用、原文深层理解三个方面，结合部分典型译例，初步探讨该译本的特色和主要创新点。

二、译本的基本面貌

译本是英汉对照"翻译专业名著名译研读本"丛书之一种。该丛书的一大特色是译文部分穿插名家点评，有的译者兼做点评者，例如王先生这个译本（下文简称"译者"和"译本"），这也许更能帮助读者理解、体会译文背后的点滴考量。书名舍原著全译名《丹麦王子哈姆雷特的悲剧》而取更为通俗、大众化的《哈姆雷特》。除出版前言外，译本内容见表 1。

表 1　译本内容项目和要点

内容项目	要点	页码
译者序言	莎剧人文价值、前人译本评价、翻译原则	ii-xxvii
剧中人物	英汉对照剧中人物表、地点	/
故事梗概	《哈姆雷特》故事	1
译本正文	英汉对照	2-257
页边评点	语言点及其艺术处理等说明	2-257
剧本注释	理解原作可能的困难及版本差异等说明	259-282
参考文献	部分英文和中文相关文献	283-284
译者后记	翻译历程、原本、评点和注释说明	285-289

　　译者长序重温了莎剧的人文价值和重读莎剧的时代意义，分析了前人主要译本的得失，阐明了自己的翻译原则等问题。从剧中人物表可看到，译者的专名汉译既力求基本沿用成译、易于辨认，又使译名具有一定暗示意义。例如，虽沿用了过去一些译法，但基于文学表现及褒贬、人物性别等因素对有些译名进行了改译，如新王"克牢荻斯"（有"牢房"之意，寓"丹麦是一座监狱"）；地名"哀尔新诺"（寓"该地发生了一些哀伤的事件，但有个新的承诺"）。译者自20世纪80年代开始翻译诗歌，1999年就开始运用翻译加评析的体例（王宏印，2012：13-19）。译者借鉴中国古代小说的评点传统，形成了一种新的文学批评样式。页边评点主要采用随文评点，侧重翻译的语言点及艺术处理，兼顾了科学性、趣味性、系统性和理论性。剧本注释主要解决理解原作可能的困难及版本差异等问题。后记可让读者体会到译者翻译的心路历程。译者从2001年下半年开始到2011年7月7日写完后记乃最终完成，可谓"披阅十载，增删五次"。后记还说明了莎剧的原本（主要是1997年牛津版莎剧系列的Q2版 *Hamlet*）及对译本评点具体任务和要点的一些考虑。此外，译本提供了故事梗概和参考文献等必要的补充性资料。译者序言、页边评点、参考文献、后记等都是以前的莎剧译本所不具备的，此版本特征构成了该译本在莎剧汉译版本学方面的特色和创新，体现了译者在丛书框架内帮助广大青年学生和一般读者阅读、理解和欣赏莎翁作品的努力。

三、翻译原则和语言特色、创新

　　王宏印（2010：225）认为，名著复译应在对原文理解和翻译方法及效果追求等方面有所超越，不能原地踏步、徘徊不前；尽管译者可参照前人译本，但不能有太多借鉴，也不必有意绕开原译以求新奇，而是要使整部译作呈现出自己的面貌。译本就是上述主张的实践成果。

　　（一）基本翻译原则

　　译者目的是为今日之多数读者提供一个供阅读的文学剧本全译本，充分体现原作文学成就，同时尽可能兼顾舞台效果。根据译者序言（莎士比亚，2012：xi-xxiv）^②，我们可知译者的一些基本翻译原则。译者认为，在可读性上应努力使译文流畅、自然、优美，符合莎剧风格和思想倾向，给人以艺术准确而完整的感觉；在可理解性上，译文需增加简明扼要的背景、典故、语言点的提示以满足一般读者阅读需要；在可欣赏性上，还应有必要的评析和鉴赏文字。应在语义翻译基础上灵活汉译素体诗，放宽翻译限制，不再拘泥于音步和顿数，而是适当讲究节奏感和音节轻重、控制句子转行和长短，使其匀称、美观、自然，关注译文本身的文学性、表现力、个性化等实际艺术效果。译文应在一定程度上容纳社会方言、地域方言（但方言的地方性不太强，可为全民所理解），可使文学语言（包括汉语古典戏曲、小说语言元素）适当进入译文，借此使各种语言元素融合为一种比较和谐的戏剧文学语言。译者基于以上提出三条翻译原则，一是文体对应与风格模仿的和谐关系，二是表现手法与戏剧语言的交融状态，三是深度暗示和文化解读的相辅相成。为确保翻译原则的稳定基础，译者在翻译中努力做到对原作有自己的独特发现和理解，在整体策略和方法上给人以焕然一新的审美感觉，不是对前人译本特点和译法的结合，而是有更合理和合乎理想的总体追求。下面主要从人物语言、宫廷语言与民歌和台词与动作配合等方面进行评析。

（二）译本的语言特色与创新

1. 人物语言

译者考虑到莎剧的语言基调和多样化风格，注重风格模仿，译文或雅或俗，或哲理或抒情，巧妙运用自然汉语资源，通过各种自然汉语变体之间恰当的张力，使人物语言呈现出区别性，让各自身份特点易于辨认，充分表现了人物性格。例如，新王宠臣玻罗涅斯为人精于世故、处世老到，下面两例中他的台词具有长辈教训晚辈的特点。例 1 译文的表达有意凸显了生活经验和民间格言，又体现了说话者故作一本正经、堆砌词藻给人带来啰唆之感。例 2 译文中，一句"大男人岂能没有点那个"生动而充分表达了说话人的意图，读来不禁令人莞尔。

例1（37）
有多少钱办多大事；不要穿
奇装异服；讲究，而不俗气。
······
不要向人借钱，也不要借钱给别人，
因为借出的账难要，借人的钱理短。

例2（63）
是心性放浪中的风流倜傥，
是青春冲动时的野性未驯
——大男人岂能没有点那个。

　　哈姆雷特在不同场合对不同对象的话语表现出不同的语言特征，例如对奸王的嘲讽，对王后的指责，对奥菲利雅的言不由衷，对挚友的坦率打趣，对玻罗涅斯、罗森克兰茨等人的挖苦，对掘墓人的调侃，等等。译文充分再现了主人公在不同场合中的语言特征，使其契合具体的语境和听话人。例如第3幕第2场对奸王和第3幕第2场对罗森克兰茨说的话，译文中用了"天下无贼"和"煞煞气，放放血"等说法。

　　表现手法是王先生提出的一个文学翻译手法概念。在表现手法上可化古语为新奇，纳方言于可感，借外文以含沙，使三者有机统一于具有时代性、个性化和表现力的个人写作中（王宏印，2011b：5）。自然汉语如社会方言、地方方言和口语、民歌的恰当运用，及对中国古典小说和戏剧表达的借鉴，使译文既符合语言规范，又突显个性、生活、神采、趣味，上文译例已涉及这类例子。再如"想咋样，就咋样""公子哥儿""魔鬼般的速度""懒驴就是打死了也跟不上趟""阴谋诡计、争强好胜，断送了多少性命，到头来，机关算尽，算计者也死于非命"，等等，使译文富有鲜活性、时代性、个性化、表现力。

　　2. 宫廷语言与民歌
　　莎剧中不同人物和场合的语言往往形成鲜明对照，例如宫廷和民间语言的张力。莎剧素体诗大致分上中下三格。宫廷语言多是上格，出自帝王将相之口，用于气氛庄重的礼仪性场合。译本素体诗汉译采用宽式对应法，在一段诗体的容量里按诗行排列，转行自然，大体整齐，有不少汉语辞趣，比较自由伸展。译文注意了散体本身的节奏感和散文韵味、对白中地道口语的进入及韵体诗汉译韵脚等问题，对语言的自然音节和诗行排列的视觉美感效果比较讲究。例3是第1幕第2场新王的一段念词：

例3（15）
仁兄哈姆雷特先王新晏驾。
他的音容犹在，众人难免
内心充满悲痛，举国上下
一起致哀，着实不胜伤悲；
然而，人性须受制于理性，
怀念亲人莫忘了节哀励志，
也莫忘记我们自己的义务。
寡人之嫂，如今已是王后，
与寡人共同治理这多事的国家；
寡人新欢总有些郁郁寡欢，
一面得意，一面要低眉顺眼。
丧礼藏欢娱，新婚含悲戚，
却正是喜忧参半，轻重难权。

例3原文用排比、对仗等文学修辞手段，字里行间透露出新王精明、圆滑、诡秘的性格，表里不一的心理以及不失庄重的语言特点。译文主要采用书面语及古汉语词汇，如"仁兄""晏驾"，也有些口语，如"寡人""着实"。译文诗行整齐，不仅语义传达准确，而且排比、对仗的运用使译文表现力很强，与说话人身份地位和场合极为吻合。

Hamlet 中的民歌与宫廷语言形成了鲜明对比。例如，奥菲利雅

的民歌不仅给沉闷的宫廷生活吹入新鲜的气息，且哀婉动人，融合了对恋人的思念、对父亲的哀悼及对兄长警告的恐惧感，催人泪下。其歌谣看似疯癫，实则充满内涵和象征意义。高贵身份与民歌俗语的对比，极大增强了原剧的悲剧感染力。不同于素体诗，要在简短的歌谣译文里表现唱者失常的状态并不简单，因为运用粗鄙俚俗的词语和华丽堂皇的修辞都不适合，需将二者巧妙结合并进行适当创造。这部分民歌按内容和场合可分三部分，主要面对的分别是王后、国王和兄长。例如，第一部分的两节和第二部分第一节：

例 4（183-185）
你的真心儿我怎知晓？
毕竟是心儿你另一条。
头戴贝壳帽脚蹬草鞋，
你手提着一根手杖拐。

情郎他死了，好姑娘，
他死了，好你个情郎，
他头上长着草青青，
脚底下一块石碑重。

……
他殓衾遮体白呀如雪，
遍体撒满了小呀白花，
坟上无人把那泪水洒呀——
真心爱他就该泪如雨下。

第一部分第一节译文人称由"他"改为"你"，使唱者的抱怨更直截了当，而面对王后询问，第二节人称又回到"他"，但抱怨之情不减；第二行"好你个情郎"译出了唱者无限的哀和怨，暗含对父亲、王后和王子的三重指涉。第二部分第一节契合其父死后没有体面葬礼的事实。译文保留了绝大多数意象，再现了一些形式特征，如结构重复、节奏和韵律，同时又吸收汉语民歌元素，实现了文学性、艺术性、音乐性和表演性的高度统一。

3. 台词与动作的配合

戏剧语言即表演性、动作性语言和表现性、个性化语言的综合，让观众、读者通过语言就可以识别人物的身份、职业、美丑、男女，由此跟踪戏剧冲突的情节进程，甚至想象出舞台上正发生的事情（xxiv）。前人译文或多或少照顾到这一点，但都没有译得特别透彻，不能和场面上人物身份、动作和心情很好地配合。译本在这一点上有所突破，这里略举两例。第 5 幕第 1 场中，掘墓人一边刨地，一面哼出来先后两节民谣，译文是：

例 5（217）
年轻时候我爱偷情，爱偷情，
那感觉真是甜蜜蜜，甜蜜蜜。
光阴流逝——我——没长进，没长进，
我感觉——那是——没意思，没意思。
……
时光的脚步溜过来，溜过来，
一把将我给抓起来，抓起来，
一下抛我到土里去，土里去，
好像我不是土里来，土里来。

译者采用汉语民歌手法重复每行行尾的三个字，让掘墓人的唱和掘土扬土动作搭配起来。若无这样的重复，不但和动作难以协调，台词本身也失去了民歌特征。第 3 幕第 2 场里伶琉的一段台词是模仿准备投毒杀人的动作和心态。原文是双行韵，译文变通为通韵，采用仿拟法，以两行三字结构和四行行内断句及行内押韵为主，也吸取一点中文戏剧语言元素，很有表现力和表演性：

例 6（135）

心计黑，手段狠，药性毒，时机巧。

快行事，莫迟疑，天不知，地不晓。

夜半采来毒药草，熬成毒药一小勺。

赫卡歹咒语念三遭，再把药汤摇三摇，

毒性魔力发挥了，要命的毒性发作了，

不管活着有多好，即刻把你的小命要。

四、对原作的深层理解

（一）哲学和宗教解读

莎剧中大量引用《圣经》典故进行人类文化源头和人本性的深度暗示，频繁回溯到古希腊罗马神话作为叙事原型和影射框架，使用大量双关、警句、成语等构建能指所指错位式的意义勾连。译本对此进行了深刻的哲学和宗教内涵挖掘。上例 5 中"土里去"和"土里来"包含了《圣经》里关于人是从土里来还要回到土里去的隐喻。再如第 4 幕第 2 场的对话：

例 7（171）

罗：殿下，您得告诉我们遗体在哪里，然后再跟我们回到国王那里去。

哈：遗体和国王在一起，可国王还在等遗体呢。国王是一个——

罗：一个——一个什么？殿下。

哈：一个异体。

联系译文另一处关于国王的讨论，译文不仅说明了"本体"（无规定性，如乞丐无荣华和野心）和"异体"（有规定性，如帝王有荣华和野心）的关系，而且"遗体"（先王遗体和玻罗涅斯遗体都和国王有关）所暗示的国王（因双重罪过）必死的意象及弗洛伊德学说所谓"杀（叔）父（因）娶母"的情结变体也明晰了（xxvi）。"异体"和"本体"的同类关系，"异体"和"一体"（参见"夫妻本来是一体"的说法，指新王和王后的关系）的联合关系，都在三个同音汉语词组中得到完整体现。剧中最重要的几个人物及其关系就和几个最重要的哲学概念联系在一起，形成一个有相当深度和广度的思想符号体系（xxvi）。

译者对第 3 幕第 1 场那段著名独白的首行 "To be, or not to be, that is the question" 的汉译更能说明问题。译者认为，该句从语法和哲学存在论角度看有三个层次的含义：一是宇宙观层次，指人乃至万物的终极存在或不存在；二是个人形体存在层次，指具体的个人的存在方式，即生存还是毁灭的生死问题；三是人的存在的精神层次，指个人是否能够按照自己的存在方式生活下去，能否保持自我与尊严或心灵是否高贵的问题（267）。前人对本句存在十几种译法，多数只译出了三个层次中的一个或两个，鲜有三者毕现者。译得较重要且最好的可能还是朱生豪的"生存还是毁灭，这是一个值得考虑的问题"，它带有很大的悲剧暗示，但也只译出了两个层次含义。译者采用了一个具有比较大的中国文化背景的说法，译成"活人呢，还是不活？这就是问题哪！"（111）这个译文是基于北方（尤其陕北）的一种民间说法，即动词"活人"，包含"活得像一个人""活得要挺直腰板""活得要活到你的自然的寿命"等意思（v），涵盖了上述三个层次的含义，这是译本在原文理解和表达上的一个突破。

（二）翻译理论启迪

译者在序言和后记中讨论了莎剧汉译的一些理论问题，更可贵的是对翻译问题进行了深刻的人类学思考，引申出了一套新的翻译本体论。译者（xxvii）认为，翻译所据本体自然是莎翁原作，而且在严格意义上只有一个，但每个译者所据的原本在版本学意义上却并非都是如此；莎剧原本也有异体，而那些被遗忘或从未被发现的异体就是遗体，而相对于本体，任何译作都是异体，那些曾一度存在过甚至轰动一时的译本因后来被逐渐遗忘而成了遗体；新译作为新的异体，以其中所含的翻译理念和文学范式更新为标志，寄托着最本质的存在价值；不过，每一个新的译者，都企图使自己的翻译变成永恒的一体，即从旧译中汲取营养，在新的生命中保有传统的生机。这是翻译事业新陈代谢推陈出新的规律。因此，所谓翻译不过是由本体到异体的转化，以至于逐渐变为遗体的过程；所谓一体，倘有的话，只不过指面向终结的翻译全过程而一时尚不曾中断而已。这段论述对于深刻认识翻译中原作和译作，初译、重译和复译的关系极有启发性，值得我们进一步研究。

五、结语

在外国文学汉译中寻求创新，尤其是表现形式上的创新，而非固守习见与惯例做法，具有重要意义。纵观整个译文，众多新鲜要素、新鲜的审美感受、多方面的突破，令人耳目一新。译文翻译方法的革新创造、文体对应与风格模仿的和谐、表现手法与戏剧语言的交融、哲学和文化深度暗示与文化解读的相辅相成、翻译理论的观念启迪等，体现了译者的进取精神。译文格局上匀称、美观、自然，不仅语义、内涵准确，个性化突出，而且与角色情绪和动作配合无间，实现了文学性和表演性的高度融合，尤其在自然汉语运用上，包括社会方言（如阶层、职业方言）、地方方言（如俗语、土语）和文学语言（如古典戏曲、小说语言），使译文鲜活而有表现力、个性化、风格化，充满活力，强化了舞台表演效果，总体上提升了译本的文学艺术品格，体现了译者精湛的语言运用艺术，使整部译作呈现出珠联璧合、文笔灵动、韵味悠长的审美特征以及浓厚的学术气息，在事理、语言、风貌上达到了很高的艺术水平，真可谓"妙笔灵动，珠联璧合"。这部译作的出版标志着中国莎剧汉译领域新的重要成果，是国内新一代莎剧学者对莎剧研究与汉译版本的新贡献。

注释：

①限于篇幅，本文不拟对朱生豪、梁实秋、卞之琳、方平等译本进行比较分析。关于这几部译本的基本情况参见李春江《译不尽的莎士比亚——莎剧汉译研究》（天津社会科学院出版社，2010）。

②本文引自该译本的观点和译例在下文中仅给出页码，例如下文的"（37）"，指在译本的第37页。

参考文献：

[1] 孟昭毅，李载道. 中国翻译文学史[M]. 北京：北京大学出版社，2005.

[2] [英] 莎士比亚. 《哈姆雷特》[M]. 王宏印，译评. 上海：上海外语教育出版社，2012.

[3] 王宏印. 遇之匪深，即之愈希——我的诗词翻译道路和几点思考[J]. 山东外语教学，2012（3）：13-19.

[4] 王宏印. 世界文化典籍汉译[M]. 北京：外语教学与研究出版社，2011a.

[5] 王宏印. 朱墨诗集（创作卷）[M]. 西安：世界图书出版西安有限公司，2011b.

[6] 王宏印. 文学翻译批评论稿（第二版）[M]. 上海：上海外语教育出版社，2010.

[7] 朱维之，赵澧，黄晋凯. 外国文学简编（欧美部分）（第六版）[M]. 北京：中国人民大学出版社，2011.

（本文原载于《西安外国语大学学报》2014 年第 2 期）

从《中国古今民歌选译》看王宏印的
民歌研究与翻译

潘帅英

[摘要] 王宏印的《中国古今民歌选译》集我国各族民歌的翻译和解析于一书，熔诗人译诗和研究型翻译于一炉，不仅对民歌的翻译研究具有很高的学术价值，而且对中国古今民歌艺术的对外文化交流和传播也有筚路蓝缕之功。本文围绕这部中国古今民歌专集的英译与解析的几个问题探讨王宏印的民歌研究与翻译，以促进我国民歌翻译与研究。

[关键词] 民族诗歌；诗人译诗；研究型翻译；翻译型研究

引言

民间诗歌即民歌，是民族文学的源头，也是文学交流和文学翻译的源头（王宏印，2014：1），蕴含着中华各民族集体智慧的古今民歌是中华各民族的文化和文学珍宝，具有丰富的历史文化价值、民俗文化价值、人类学诗学价值和文学鉴赏价值。民歌译介是中国经典文化走向世界舞台不可或缺的重要一环，具有重大理论意义和实践价值。然而，与汉诗相比，我国古今民歌向国外介绍得比较少。系统地介绍中国古今民歌的英译本当数《中国古今民歌选译》一书（梁高燕，2016：135）。

王宏印的《中国古今民歌选译》（2014）一书由商务印书馆出版，

书中遴选了 106 首古今民歌进行英译并一一解析，是目前包含各时期、各民族、各地区民歌较多，英译译例涵盖范围较广的唯一中国古今民歌英译选译本。它不仅开启了向西方英语世界介绍中国古今民歌的序幕，也为我国民歌翻译及研究提供了良好的素材，开辟了崭新的领域。这是一部集翻译与解析于一体的著作，以翻译为研究手段，又以解析和阐释为翻译基础，二者相辅相成，呈现方式独特。书的内容编排新颖别致，简洁大方，颇具趣味性和学术性，是一部不可多得的民歌翻译研究著作。本文就其特点做如下介绍。

一、解析系统细腻，剖析富有深度

王宏印对中国古今民歌的解析具有宏观上系统详尽，微观上细腻周到的特点。主要通过两种途径进行剖析，一是序言中的全面性概述和阐释，一是分散在每首民歌英译文后的解析。这两种阐释方式相得益彰，浑然一体。在长达万字的序言中，王宏印对民歌的起源和历史渊源，研究民歌的缘由及选本的方法，民歌翻译的方法、技巧、策略等诸方面进行了全面的梳理和研究。

对民歌的研究和解析是随着一首首民歌逐步撒播在全书当中的。尽管各篇之间看上去彼此独立，但对古今民歌的细致解析却是系统的。在论述翻译技巧和策略时中西合璧，充分体现了传播中华文化，促进中西文化交流的愿景。具体到每一首民歌，解析并不是分点式的条分缕析，而是从民歌的历史文化背景、语言修辞特点、民歌与民歌之间的文化艺术渊源，到翻译策略上中西文化思维火花的碰撞、民歌及民歌翻译的艺术特色等展开剖析，为中国古今民歌及其英译提供了一个开放的阐释空间。

首先，这本书不仅仅是关于中国古今民歌的英文选译本，其中对于每一首民歌的背景知识都加以介绍，又像是关于民歌基本常识的小型百科全书。请看《弹歌》的背景知识解析：

　　　　据说这是中国最早的而且是最简单的一首民歌，两言，分两节，标题疑为后人所加。主题有三解：其一，表示守灵；其二，表示狩猎；其三，表示奏乐。大意是：把竹子截断，用弦

续上两端，制成弹弓，发射泥制的弹丸，驱赶或击射鸟兽，或以之保护亲人的尸首。这里取前两意。（王宏印，2014：1）

这段简短的文字中交代了这首民歌在文学史上的地位、语言结构和特点、后代文人创作加工的痕迹、文人学者对其做出的不同阐释、民歌的意蕴内涵，最后点明译者自己的观点和立场。解析全面透彻，言简意赅，细致周到。

本书解析的细腻深刻处，主要体现在作者对具体民歌的字义诗旨的阐释上。民歌的主要特点是含蓄性、委婉性、隐喻性。若没有解析做帮助，其微妙的意境，一般读者恐难完全理解。作为一名诗人、翻译家、学者，王宏印对书中每一首民歌的思想和艺术，从历史、文化、比较文学、诗学、心理学等多种视角，做了深入细致的探究，使读者既能够领悟民歌体现的思想内涵，又能够了解译者翻译民歌的心理过程，从而进一步理解译者采用的翻译方法和策略。如，民歌《长歌行》的英译标题是"The Sunflowers"。在解析中，作者交代了标题英译之所以选择这首诗的主要意象"葵"，是因为《长歌行》是一种乐府曲调名，至今已无意义，故而略去不译，改用意象"葵"作为标题，可以马上获得与梵高的名画《向日葵》一样的联想。由此，读者也许能够理解译者以西寓中的苦心。这首民歌中最后两句"百川东到海，何时复西归？少壮不努力，老大徒伤悲！"与英文标题表达的意蕴是否一致呢？译者随后解析道：葵的衰败和人生的衰老是一个意思，而东流水也象征时间与生命的流逝。所以，整首诗的主要意象都统一了。至此，译者不仅交代了英译标题的原因、联想意义、象征意义，还点出了整首诗的主旨。最后，译者又通过自己的创作把最后两句的英译"So is life, which will be miserable with age. If youth makes no effort and achievements."回译成两句新诗"生命亦如此，随年衰而悲苦，假如年轻时不下功夫，无成就！"进一步阐释了英译警句的意义。整个解析过程层层推进、丝丝入扣。

二、翻译形神兼备，再现艺术精华

《中国古今民歌选译》有两个目标或愿景：对内展现古今民歌魅力，对外介绍我国古今民歌艺术成就。因此，在解析的基础上，对于民歌的翻译，王宏印有一个很宽阔的视野，不仅仅局限于把民歌的翻译看作在语言层面上进行的语言转换活动，而且最终要实现文化传播和文化交流的使命。因此，他将民歌的英译视为艺术的再创造。对于每一首民歌，他都是带着很深的感情去翻译的，力求形神兼备，意境重现，充分再现每一首民歌的艺术魅力。民歌的"情真"，最甚莫过于儿歌（王宏印，2014：18）。以昆明地区的两首儿歌为例来看王宏印民歌翻译的形与神：

斗虫虫　　　　　　　　**Crickets Fighting**

斗叽叽，斗虫虫，　　　Crickets fighting, crickets fighting,

虫虫咬着手，　　　　　Could it be biting, take care!

叽！叮着！叮着！　　　Your finger, take care, care!

嘟！飞掉了。　　　　　And all disappear!

飞鱼　　　　　　　　　**Flying Fish**

飞鱼飞鱼飞飞　　　　　Flying fish, fish flying,

一起一起归归。　　　　Together, we're flying.

尾巴尾巴翘翘，　　　　Tail fin up, tail fin up,

一起一起跳跳。　　　　Together we jump up.

（王宏印，2014：15）

第一首儿歌《斗虫虫》的语言特点和结构是：一二三五言都有，虽不押韵，但叠字、叠词使得这首儿歌趣味性十足，拟声词又使这首儿歌音乐性和节奏感极强。英译文中第一行"crickets fighting"重复，"fighting"与第二行中"biting"押尾韵，第二行和第三行"take care"及"care"重复，"care"与"disappear"押尾韵，重复和押韵使英译充满节奏感和音乐性，童趣跃然纸上，妙趣横生。第二首儿歌《飞鱼》两句一段，不仅押韵，而且叠字、叠词，节奏是二二二，富有韵味。英译文工整对仗，头韵和尾韵也使得英译充满诗味、韵味和趣味。这两首儿歌的英译可谓形神兼备，堪称妙译。

民歌之所以"情真"，是由于民歌的表现手法多种多样：比兴、夸张、重叠、谐音双关、隐喻，等等。揭露性或抨击性的时政歌谣，常用谐音、隐语。情歌中常用双关语。儿歌中常用拟人化手法。纳西族的相会调，在大量运用谐音的同时，通篇以物拟人，如用蜂花、鱼水相会，比喻男女间的爱情。翻译民歌首先要找准其诗眼。如果一首诗的要点是双关，那就要设法解决这一关键问题。以《这般心事有谁知》《子夜歌》《青青河畔草》为例，来看民歌中谐音双关的妙译：

这般心事有谁知　Could My Wordless Work Be Seen?

不写情词不写诗，Not a love letter is written to you.

一方素帕寄心知。Merely a handkerchief is sent, though.

心知接了颠倒看，You may read it, say, upside down:

横也**丝**来竖也**丝**，And it is full of woven **silk/sick**.

这般心事有谁知？Could my wordless work be seen?

子夜歌　　　　　　Song of Miss Ziye

始欲识郎时，I would rather you, from the very beginning,

两心望如一。Share everything with me—of one heart.

理**丝**入残机，Now I collect my **silk-thoughts** on the loom,

何悟不成**匹**。And know that we are not, perhaps, a good **match**.

（王宏印，2014：91）

《这般心事有谁知》是首山歌，流行于明朝时期桐城一带。"横也丝来竖也丝"中的"丝"字采用的是双关修辞表现手法，与"思"

谐音，体现了少女借一方素帕表达对心上人的思念之情。谐音双关是这首民歌的主要语言修辞手法，也是这首民歌翻译中的重点和难点，英译采用两个押头韵和尾韵的单词 silk/sick 并列的形式，巧妙地译出了"丝"寓意"思"的意境。丝绸之路（Silk Road）是西方英语世界读者都熟悉的，他们想必可知少女所寄的 handkerchief is made of "silk"，同时，这位思念心上人的少女内心 is "sick" for love。

《子夜歌》据说是晋朝一位名叫"子夜"的女子所作，南朝时流行于长江下游。这首民歌的妙处同样是双关。"丝"字体现的一语双关，既是"丝"又是"思"，所以英语采用拼合的方法，创造一个"丝-思"合写的字在织布的机子上（I collect my silk-thoughts on the loom），仍然是可以让英文读者理解的。最后一行的"匹"字也是双关，"匹布"和"匹配"，英文采用 match（有"匹配""佳偶"之意），语义较为明显，不会产生歧义，巧妙再现了"匹"的语义双关。

《这般心事有谁知》和《子夜歌》中的"丝"字采用了两种不同的翻译方法，分别为 silk/sick 并列的形式和 silk-thoughts 合写的处理方法，都生动再现了汉语谐音字一语双关的妙处。

青青河畔草   The Green Grasses Grow by the Riverside

青青河畔草， The green grasses grow by the riverside;

郁郁园中柳。 Wait, beyond the willow in the garden,

盈盈楼上女， A lady shows herself up by the window

皎皎当户牖。 High on the top floor of the house.

娥娥红粉妆， Slim is she, who dresses herself in red,

纤纤出素手。 And puts forth her slender hands, slender hands.

昔为娼家女， Was she once a singsong girl, I wonder?

今为荡子妇。 Is now her husband away from home,

荡子行不归， Away for so long and, perhaps forever?

空床难独守。 And she is now all alone in the room.

（王宏印，2014：16-17）

　　《青青河畔草》这首古诗中值得注意的是，"Wait, beyond the willow in the garden"（等一等，那院中的柳树后面）这一句暗示了"柳树"的"留"，以及观看者的心态。英译文的"wait"与"willow"巧妙地再现了汉语民歌中谐音字"柳"含蓄委婉地寓意"留"的意境。

　　书中 106 首民歌在英译过程中不仅体现了汉语民歌中最具特色的语言文化因素，而且在整体上和语言策略上不逾矩于英语的书写和表现要求，可谓形神兼备，再现了中国古今民歌的艺术精华。

三、诗人译诗，译诗为诗；研究型翻译，翻译型研究

　　王宏印不仅是一名翻译家、翻译理论家，而且还是一位诗人，笔名朱墨，著有诗集《彼岸集：旅美散记》、《朱墨诗集》（创作卷）、《朱墨诗集》（续集）、《朱墨诗集》（翻译卷）；译诗著作有《英诗经典名译评析——从莎士比亚到金斯伯格》《英译元曲百首》《弗罗斯特诗歌精译》《迪金森诗歌精译 200 首》；关于诗歌研究方面的专著有《新诗话语》《意象的萌发》《诗与翻译》等。长期以来，王宏印已经形成写诗、译诗并孜孜不倦进行新诗创作的习惯。近年来，在教授他为博士研究生专门开设的"文学翻译批评与诗歌翻译"这门课程时，他自己创作和翻译的诗歌往往成为课堂教学的生动引例。他对民歌、诗歌的理解之全面，剖析之深刻，是他积年累月探索研究的结果。

　　所谓诗人译诗，译诗为诗，即"以诗译诗，要求译文首先应是一首诗，即要具备诗的特征和特质"（赵彦春，2007：23）。王宏印的诗人身份，决定了他的诗化翻译原则，即大写意翻译，或曰表现手法不斤斤计较于个别细节，包括标题的改动和重新命名，以及对原文本的整理，以追求译文的对应关系和实际的传达效果（王宏印，2014：21）。例如《枯鱼过河泣》这首民歌：

枯鱼过河泣	**The Fish's Lesson**
枯鱼过河泣，	The fish in the dry land,
何时悔复及！	Too late to be regretful.

作书与鲂鱮，　　He told the other fish
相教慎莫入。　　To be careful of going.

（王宏印，2014：28）

这首民歌采用了拟人的表现手法，通过枯鱼过河"泣"和"悔"这种心情和心理状态，转而作书与鲂和鱮这两种鱼，告诫它们小心过河。这种拟人的写作手法是民歌的语言特色之一，生动形象，发人深省。过于复杂的鱼类可能会冲淡主题，无论是"枯鱼"还是"鲂"与"鱮"，英译出具体的鱼类名称也许不能说明什么问题，也不是诗要表现的重点。而且，"枯鱼"不能译成"死鱼"，否则就没有意义了。因此，"枯鱼"译成"晾在干滩上的鱼"（The fish in the dry land），其处境自然明白。"鲂"与"鱮"是相对于"枯鱼"而言的其他的鱼，因此，只需译为"the other fish"。至于"作书"怎么处理，译者内心发起疑问，"言之成理一定要写信吗？在鱼是不大可能的"（王宏印，2014：22），只要说明是其他的鱼也就够了。标题"The Fish's Lesson"为点睛之笔，与文中的"泣""悔""作书""教"等动词表达的语义遥相呼应，把整首诗的要意彰显了出来。所以，译者采用的是大体对应的诗学翻译法。其翻译效果如何？译者又将这首英译民歌回译了出来：

鱼之教训

晾在干滩上的鱼，
后悔已为之晚矣。
它告诉其他的鱼，
出入要小心翼翼。

（王宏印，2014：28）

回译浅显易懂，明白晓畅。关于这首采用拟人手法的民歌，译者不仅采用诗化的翻译方法译成英文，而且又通过回译创作出一首浅显易懂的白话现代新诗，可谓一举两得。

　　《中国古今民歌选译》作为解析与翻译的统一，它首先体现为作者/译者对民歌蕴含的思想艺术的深入探究，用翻译再现民歌语言的活泼灵动、含蓄委婉、诙谐可爱、妙趣横生；其次也体现为对民歌翻译的研究——语言修辞、形式格律、意象，等等。而这一研究，用王宏印自己的话来说，就是独特的"翻译型研究"（王宏印，2002：3）。他在《〈诗品〉注译与司空图诗学研究》的序言中曾解释说：

　　　　何谓"翻译型研究"？那就是"以某一种文化经典为对象，参照其他相关文献，通过文本翻译（注释是翻译的基础）进行作者思想挖掘和理论系统化整理性质的研究。它的基本特点可以说不是脱离文本而空言理论，或离开翻译而奢谈创造。但是又何以称得上是研究呢？因为它并不是一部所谓的语言转换，或止于语言转换式的翻译，而是企图通过翻译寻找某种有价值的东西。其基本做法是，在翻译中注入译者（即研究者）自身的理念和追求，参照东西方相关文类的典型模式进行某种程度的融合和创造。使经典文本的思想和艺术的总体倾向发生从古代向现代的转移，从中文向外文的变形，也即是有限度地离开原文，做一点"创造性叛逆"，或曰传统文论的现代阐释。

　　　　　　　　　　　　　　　　　　　　　　　（王宏印，2002：3）

　　文学翻译家吕同六也讨论过翻译与研究的关系："文学翻译离不开文学研究，研究也需要翻译。两者之间的关系是你中有我，我中有你，互相促进，相辅相成。"他还认为，"在某种意义上说，翻译的过程，实际上也是研究的过程"。（许钧，2003：86-87）余光中认为，"译者必须也是一位学者。他可以不落言筌，可以述而不作，却不能没有学问；不过他的学问已经化在他的译文里了。有些译者在译文之后另加注解，以补不足，而便读者，便有学者气象。译者如果通不过学者这一关，终难服人"（余光中，2002：172）。从这种意义上来说，《中国古今民歌选译》实际上就是研究型翻译，一种以坚实的研究为基础的翻译。

　　书中的长序充分体现了研究型翻译和翻译型研究的特色，以《击壤歌》为例说明如下：

击壤歌	**The Song of Beating the Ground**
日出而作，	The sun up, I work.
日入而息；	The sun down, I rest.
凿井而饮，	I dig a well for drink,
耕田而食。	And I till the land for food.
帝力于我何有哉！	What have I to do with the kingdom?
	（trans. Wang Hongyin）

We rise at sunrise,

We rest at sunset,

Dig wells and drink,

Till our fields and eat;

What is the strength of the emperor to us?

（trans. James Legge）

Sun up; work

Sundown; to rest

Dig well and drink of the water

Dig field; eat of the grain

Imperial power is? And to us what is it?

（trans. Ezra Pound）

（王宏印，2014：11-12）

　　《击壤歌》是古代先民一面干活、一面用农具捣着地面而唱的歌，中外三位译者采用的翻译方法各异，著名汉学家理雅各（James Legge）运用的是规整的现代英译句式进行翻译，王宏印和庞德（Ezra

Pound）则用简单的语法形式组句。在人称词的使用上，理雅各和庞德均使用的是表示集体的 we/us。对此，王宏印的分析和解释是："翻译也要从用词开始，体现原始语言的'拙'，而不能一上手就翻译成流畅的现代英语，翻译采用原始的语言素材，以至为简单的语法形式进行构句，直至最后形成完整的句子。至于用单数第一人称 I，其实也是包含在'渗透率'的众数以内的意思，而不一定要用集体的 we——也许在语言上，个体人称的产生早于众数人称。"（王宏印，2014：11）译者译诗的过程也是对这首古诗的研究过程，译者基于细致缜密的分析和研究进行英译，英译之后又举出其他两位英语世界译者的英译文进行比读，可见作为一名诗人、翻译家、翻译理论家，王宏印对"诗人译诗，译诗为诗"理念的坚守。本书既是一种翻译型研究，也是一种研究型翻译。

四、结语

《中国古今民歌选译》是一部新颖独特、兼具翻译和研究双重价值的译著。换句话说，它既是一部具有一定学术深度的民歌研究专著，同时又是一部译笔优美的汉英对照中国古今民歌诗集，开辟了一条翻译与研究相结合的崭新研究路径，对国内的诗歌研究，尤其是民歌研究颇富启发意义。

当然，正如王宏印自己所说，这并不意味着这本书完美无缺。选材的不广泛和不平衡是不可避免的，例如，由于资料和时间的限制，反映各族人民生活的范围自然不够广泛，婚丧嫁娶等仪式化的歌曲很少涉及，而劳动民歌的种类也没有来得及照顾周全，牧歌、采茶歌、劳动号子等，都无法一一兼顾。此外，关于陕北民歌，因为之前作者已经有了《西北回响》，所以本书基本上没有重复涉及。在翻译上，本书对民族韵律的体现是很弱的。实际上，中国民歌不仅有丰富多变的押韵方式，而且还有特殊的不同于诗歌创作的押韵格局。但是，王宏印的翻译原则是中诗西化，古诗现代化，所以韵脚的体现不是考虑的重点和努力的主要目标。偶尔的趁韵并非着意的追求，而是机缘所致。

总而言之，《中国古今民歌选译》是一部难得的好书，它译析兼备，学术性和趣味性兼具，很可能成为民歌翻译和研究的奠基之作。事实上，这本书自出版后已经受到读者的欢迎和好评。笔者相信这部中国古今民歌选译著作对弘扬我国民歌艺术成就，向西方世界译介我国古今民歌艺术，以及促进国内外学者开展我国民歌翻译与研究，都具有十分重要的意义。

参考文献：

[1] 梁高燕. 论中国古今民歌英译三原则[J]. 音乐探索，2016（2）：135.

[2] 王宏印. 中国古今民歌选译[M]. 北京：商务印书馆，2014.

[3] 王宏印.《诗品》注译与司空图诗学研究[M]. 北京：北京图书馆出版社，2002.

[4] 许钧. 翻译论[M]. 武汉：湖北教育出版社，2003.

[5] 余光中. 余光中谈翻译[M]. 北京：中国对外翻译出版公司，2002.

[6] 赵彦春. 翻译诗学散论[M]. 青岛：青岛出版社，2007.

（本文原载于《东方翻译》2017 年第 5 期）

中编　王宏印翻译研究评述

《文学翻译批评论稿》评析

陈大亮

一

王宏印的新著《文学翻译批评论稿》（以下简称"《论稿》"）已经与广大读者见面了。这本书由上海外语教育出版社于 2006 年 2 月出版，是外教社翻译研究丛书编委会隆重推出的系列理论专著之一。杨自俭为《论稿》作序，后跟作者前言，正文部分共分九章内容。其中第一、二两章是作者写作此书的心路历程的显示，包括建立文学翻译批评的条件设想与从文学批评到文学翻译批评的理论准备两大部分。前者早在作者旧著《〈红楼梦〉诗词曲赋翻译比较研究》（陕西师范大学出版社，2001）的前言部分就有概要的论述，其中隐含着作者写作《论稿》的原始动因；后者则包含作者对当前翻译批评现状的分析，对西方文学批评概念的渊源追溯和理论改造，完成了从文学批评到翻译批评的理论转型，因此这一部分在整本书中占有不可或缺的地位。其后的七章全面论述了翻译批评的性质、类型与功能，翻译批评的主体、方法与操作程序，翻译批评的原则、标准与分级评价，翻译批评的文本、文体与互文性，翻译批评与文化参与，翻译批评的写作问题，以及翻译批评的学科地位与前景展望七方面的内容。本书在写作上的另一大特色是每章正文后附录的设定，内容涉及习见翻译批评类型、文学风格之分类参照、文学翻译笔法、诗歌翻译批评参照标准等十四大类。这些附录融知识性、趣味性、创新性于一体，具有明显的实践指向作用，与各章正文中的批评理论有机地融为一体，使本书既有很高的理论品位，又有很强的实践指导意义，读起来显得别具一格，充满趣味。

二

《论稿》的出版标志着我国翻译批评研究在原有基础上又取得了新的发展。与国内其他翻译批评著作相比，《论稿》涵盖了理论批评（theoretical criticism of criticism）中的批评本论（theories of criticism）与批评分论（critical theories）两大分支，可以说建立了比较全面的翻译批评学科理论体系①。之所以这样说，是因为这本书超越了对个别作品的评价，而进入对整个文学翻译批评活动本身的思考，寻求更为普遍的翻译批评规律和原理，建立了文学翻译批评作为一门学科应该具备的构架和机理，体现了作者想把文学翻译批评建设成翻译学下面的一门分支学科所做出的积极努力。这本批评理论专著的出版证明了文学翻译批评既不是文学理论的附庸，也不是文学批评的寄生物，它具有自己的理论体系和方法论原则，是采用一种特殊的概念框架（a specific conceptual framework）来论述翻译批评的一门独立学科②。从这种意义上说，《论稿》作者为推动一门新学科的诞生所做出的理论上的探索是令人钦佩的。

学术研究贵在创新，但创新并不意味着抛弃传统；理解传统意味着要具备历史意识（historical sense），历史意识又包含对过去与现在的深切领悟③。这样一种链条关系说明了传统与创新的关系。同样的道理，在考察《论稿》的创新之处时，既要有历史意识，又要有当代意识，如果不历时、共时地与其他作家相比较，我们就没办法知道他的创新点。本着这样一种精神，下面从《论稿》中撷取五个方面以透视作者的学术创新之处。

1. 文学翻译批评的性质

只要留意一下国内翻译批评的现状就会发现，人们心目中的翻译批评只限于对译作的评价，而且总是摆脱不了挑错式的语言批评。其实，语言层面的纠错批评只不过是最低层次的一种狭义的批评，翻译批评的内涵远远超越了语言批评。让我们先来看看一些批评大家怎么说的吧。法国批评家斯达尔夫人认为，批评的特殊使命是使创造的天才得以再生，在斯达尔夫人看来，批评就是一种钦佩行为（布莱，1993：17）。加拿大批评家弗莱说："我所说的批评，是指涉及文学的全部研究和鉴赏活动。"（弗莱，2006：4）莱斯说："翻译批评是建设性的，我们的首要原则就是要把单纯根据语言错误判断翻译的做法排除在外。"（Reiss，2004：15）由此可见，批评的概念远不限于语言层面的错误分析，它的内涵要丰富得多。

鉴于人们对批评概念理解的偏差，从语源上追溯"批评"的演变并从学理上界定翻译批评的性质就成了翻译批评首先要面对的问题。《论稿》作者从希腊语的源头开始追索，对"批评"概念的几个意义进行综合分类，得到三组概念或功能：（1）甄别纠正功能；（2）评价判断功能；（3）评论理论功能。作者认为，其中第一种功能是最基本的，是狭义上的批评，但在后来的批评中逐渐淡化或消退。后两种中的评论与理论功能属于较高层次的批评，前者带有针对个案的性质，后者则具有抽象思辨的性质。这样三个层次都能做到的文学批评，就是最圆满地实现了文学批评的全部意义了（第18—19 页）。批评的理论功能具有抽象思辨的性质，包含审美判断向纯理论思维的体系性创造转化和升华的过程，因而引发了作者进一步对翻译批评性质的理论思考。

对于"什么是翻译批评"问题，国内学者的观点并不统一，多数人认为，翻译批评就是对译作的评价。这种界定未免过于笼统简单，没有体现出翻译批评质的规定性特征。莱斯等人对翻译文本类型的区分和纽马克的文学翻译与非文学翻译的划分让我们意识到，文学翻译批评与非文学翻译批评在性质、方法、标准、效果评价等方面表现出明显的区别性特征。《论稿》作者把文学翻译批评的性质界定为"一门实证性的知性审美认知活动"（第 46 页）。这种高度概括性的语言浓缩了文学翻译批评的实践性本质、实证基础、知性认识、审美研究四个方面的本质特征。这种定位既有理论根据而又别具一格，皆有来历而又别具面目。首先，翻译批评需要实证基础，这里的"实证"源于孔德，应该理解为 empirical research，体现了翻译批评"经验事实"的一面，这一点与霍姆斯的"翻译研究是一门经验主义学科"的观点大体相同。此外，从"批评"概念的词源上我们知道，"批评"具有"鉴定""校订""考证"等意义。因此，翻译批评的实证基础也包括批评家需要做版本学、校勘学、考据学的工作，以便为翻译批评提供可靠的基础。其次，"知性"概念来源于康德哲学，它处于感性与理性之间，这里是指建立在人的感性基础上的一种具有实践指向的认知活动，具有顿悟的性质。再次，文学翻译批评是审美鉴赏与研究相结合的高级活动。正如别林斯基所说，"确定一部作品的美学优点的程度，应该是批评的第一要务。当一部作品经受不住美学的评论时，它就已经不值得做历史的批评了"（李国华，2004：53）。别林斯基的观点对那种消解文学性、解构经典性、泛化意识形态批评的偏颇批评倾向有很大的启发意义。至于翻译批评的实践性品质，那是不言而喻的，这里不再赘言。

作者对文学翻译批评的认识可以说是从本体论的理论高度回答了文学翻译批评自身的问题，是对各种具体翻译批评的抽象与概括，揭示了具体翻译现象背后的共同规律。应该说明的一点是，作者在界定文学翻译批评性质时运用的是理论描述而不是硬性规定的方法，它从多角度逐渐逼近批评的本体，但并没有把它僵化为一种固定不变的本质，而是让文学翻译批评理论为翻译批评的实践而敞开，使其在无蔽状态中显示自身的存在和力量。

2. 文学翻译批评的方法与操作程序

贝尔曼认为，科学的翻译批评应当是一种自省的，能以其自身特点为批评主体的，产生自身的方法论的评论方式，它不仅要产生自身的方法论，而且还试图将方法论建立在明晰的，有关语言、文本及翻译的理论基础之上（许钧，2004：205）。贝尔曼的观点无疑蕴含着真知灼见，但翻译批评要建立自身的方法论谈何容易。威尔斯曾分析过翻译批评的处境："由于缺乏合适的方法论标准，翻译批评实践直到现在都局限于对某些明显的词法或句法的失误现象的讨论，因而陷入了错误分析的领域。"（Wilss，2001：217）翻译批评的确缺乏系统的严格的方法论参照，或与语言学上的错误分析混为一谈，或与翻译理论不加区分，或直接搬用西方的文学批评方法，没有形成自身独立的方法论。

《论稿》作者从这些现状出发，认真研究了西方文学批评的各种方法及其对于翻译批评的鉴戒意义，然后，从考察传统的科学的实证研究和人文学科的解释学方法论在前提上的各自的缺陷和优势入手，寻求人文学科与自然科学方法论相结合的途径，提出了"五个结合"的方法论命题。尤其可贵的是，作者在提出了五条翻译批评方法的基本原则和十条可供选择和自由结合的具体方法以后，并没有用抽象的原则和具体方法的讨论终止他的探索，而是进一步寻求操作的程序化的思路。在此基础上，作者分析了纽马克关于翻译批评程序的经典论述，肯定了纽马克的理论创新，批评了他存在的几个问题，并对其有价值的过度翻译（over-translation）与欠额翻译（under-translation）以及评价方法上的分析性（analytical approach）与功能性（functional approach）等重要问题进行新的评价和阐释。最后，作者提出了自己的文学翻译批评操作程序，把我们带到翻译批评方法论中更精微的层面。具体说来，作者从研读原作开始讲起，中间经过研读译作、对比研究、效果评价、价值判断一直到评论角度，形成了一个有机的具体操作系统。

可以从一般原则、具体方法、操作程序三个层面对作者提出的批评方法进行评价。在一般原则层面上，作者提出的人文学科与自然科学方法论的"五个结合"的方法论命题打破了科学与人文的相互对立，从理论上支持了取样法、量化法以及模型法在翻译批评中的合理性，有力地推动了翻译批评方法朝着科学化以及多样化发展。在具体方法层面上，作者提出了十种翻译批评基本方法，扩大了原有的翻译批评方法类型，为翻译批评的个案研究提供了方法论基础。在操作程序层面，作者提出了"效果评价"的概念，以区别于事先设定的固定不变的翻译标准，并把效果评价的内涵分解为原作效果与译作效果、总体效果与局部效果、内在效果与外在效果三对子概念，为制定译作质量评价提供了依据。此外，在评论角度方面，作者提出的译作的语言、文学、文化影响三大要素，避免了单从语言的忠实度上评判译作的片面化倾向，从理论上支持了像林纾、庞德的翻译在文学和文化交流传播中所起的巨大作用。

　　3．译作质量分级评价体系

　　翻译质量是翻译批评中的核心问题，如何制定科学合理的翻译质量评估体系是翻译批评研究中最重要而且也是最为困难的问题之一。莱斯的《翻译批评：潜力与局限》是翻译批评的重要文献，她所提出文本类型、文本的语言因素以及非语言要素三大类别为制定客观的批评标准提供了理论基础，然而令人感到遗憾的是，莱斯并没有提出如何根据不同的文本类型制定具体可操作的译作质量评估体系。

　　德国翻译理论家豪斯（House）提出了翻译质量评估的功能语言学模式，她认为，"等值概念也是翻译批评的基础，是评价翻译质量的根本标准"（辜正坤、史忠义，2006：254）。由于豪斯模式的基本概念就是对等（equivalence），因此，对译文和原文的"非对称"（mismatches）和"误译"（errors）非常重视，而忽视了文本意义的重要性。正因为如此，她的翻译评估模式受到了不少批评（张美芳，2005：30）。尽管豪斯后来修改了她的质量评估模式，引进了"语域"（register）和"文类"（genre）概念，区分了"显性翻译"（overt translation）与"隐性翻译"（covert translation）两种翻译方法，补充了"文化过滤"概念，但由于豪斯仍坚持她的翻译批评对等观念，所以当社会、文化、历史等外部因素介入时，翻译质量评估就很难进行。司显柱（2005）对豪斯的模式也提出了两点批评：一是参数设置不够合理，运行步骤有待优化；二是缺乏分析和发掘文本意义/功能的参数。

　　由此可见，西方语言学质量评估模式在语言文本分析方面有其优势和可取之处，但当涉及译作的审美特征以及语言外等文化因素时则表现出很大的局限性。与西方的翻译质量评估模式相比，《论稿》作者立足于国学理论，合理借鉴了西方的文本类型理论，提出了具有国学特色的翻译质量评估体系。作者以新的思维视角对传统的翻译标准进行重新改造，并把抽象的理论原则具体化为可以操作的翻译批评标准。例如"化境"问题，钱锺书提出的"化境"理论包含十分丰富的形而上思想，他本人后来对这一理论进行修改，不再把"化境"看作标准。但是，如果想把"化境"当作翻译批评标准，就必须对它进行改造，使之由抽象的理论转化为具体的标准。具体说来，作者把一元模式的"化境"与中国文学艺术的意境联系起来，将其具体化为语言因素融合、文学因素融合、文化因素融合三种视域。用同样的办法，作者对中国传统的二元模式"神似、形似"与三元模式"信、达、雅"进行转换和改造，为下文设定具体的工作标准做好了理论准备。

在标准问题上，作者从语言要素、思想倾向、文化张力、文体对应、风格类型、审美趣味六个方面界定了翻译批评标准的工作定义。这样做的优点是把抽象的标准具体化了，提出一定量的具体评判项目，而且每个具体项目都具有可操作性和可量化性。在改造传统的翻译标准、设定具体翻译批评标准的基础上，作者受中国传统文论中"九品中正"模式的启发，综合了传统译论、文论和艺术鉴赏中的标准体系，借鉴了西方译论中的文本类型理论，考虑到诗歌、散文、小说、戏剧等文学样式，结合了效果评价等要素，确立了译作质量多级标准，在每一级中又可细化为上、中、下三品，每一级、每一类都有具体的指标。为了能形象直观地说明文学翻译批评分级评价的情况，作者不仅以简洁的语言逐一说明了它们在文学翻译批评中的各项指标，而且还在附录中建立了一个英汉汉英文学翻译分级参照表，把自己提出的理论付诸实践，对于一些著名的译作提出自己的批评意见。从这个分级表上，一方面可以看出作者对各种翻译作品的深刻理解，另一方面也可以看出作者严谨科学的治学精神。这种评价体系在国内翻译批评界还属首创，值得推广和借鉴。

4. 互文性理论与翻译批评

互文性在翻译研究中是比较薄弱的一个环节，多数文章仍在概念上兜圈子，没有完成从哲学、文学向翻译领域的改造和转换。在互文性方面虽有一些研究成果，但基本上局限于纯理论的探讨，把互文性理论运用到翻译批评领域的文章可以说是微乎其微。《论稿》作者把互文性作为一种翻译批评方法提出，列入十大批评方法之一，把互文性从原来的哲学或文艺学的纯理论层面过渡到方法上的探讨，中间凝聚着作者对它的创造性思考和方法论改造，作者提出的共时性、历时性、转换性三层互文关系为翻译的互文性研究提供了思路和方法。这种结构性的划分把互文性问题的讨论引向了深入，随之产生了一系列具有启发性的问题，并在后面的章节的另一轮循环逐步加深和解决。这里，作者对互文性的探讨紧密地与翻译问题结合了起来，把互文性概念引入翻译中来。

首先，作者从原文与译文之间构成的共时性互文关系中，论证了原文与译文之间具有原发与派生的单向和平行的双重互文性质。这种观点一方面说明了从原文到译文在翻译方向上的单向性和不可逆转性，另一方面也暗示了译文与原文是一种平等互补的关系，翻译批评应该把译文当作独立的生命来看待，它在异域文化中和原文遥相呼应，它在译语文化的多元系统中担负着文化传播与交流的使命。其次，作者通过对历时性和转换性互文关系的考察，提出在从原文到译文的转换过程中，由于文化错位和读者阅读语境的变化，原文中的互文性就可以允许有省略、转化、淡化、加注等形式的操作机制，以求得译文的可读性。再次，作者总结出译文中的互文性的三种表现形态，具体化为三种体现，即原文文学性的体现、译文翻译性的动态体现、阅读的接受性体现。最后，作者就互文性与读者阅读提出了三点意见，进一步丰富了互文性与翻译批评的内容。

如果用作者的互文性研究成果来考察哈蒂姆（Hatim）的互文性理论，就可以发现后者的理论缺陷。哈蒂姆（2001：134-136）所提出的"互文性参引的识别与转移"一节内容本应是互文性翻译的核心问题，但他的讲解却过于笼统、模糊，对于转换中的关键问题只是以问题形式出现，没有提供解决的方案。他在第134页设计了一个"从源语语篇到译语语篇的互文性参引"图表，这个表只分析了源语文本与目标语文本各自的历时性互文关系，缺乏共时性与转换性互文关系的分析，造成源语文本的互文性与目的语文本的互文性"两张皮"现象。由于深受对等观念的影响，他在谈到原文与译文互文转换程序时，只把重点放在原文的词、短语、小句、语篇等互文性信号在译文中相对应地再现与保留问题，正如他所说的那样，"这些成分的价值要尽可能在译文中保留"（Hatim，2001：135）。当然，他也意识到原文中某些互文现象不能全部保留，某些方面必须弃之不译，不过，对他来说，这只是一种偏爱性选择的先后次序问题。

5．文化背景变量下的文学翻译批评

传统批评往往局限于文本批评与译者批评的狭小圈子，忽视了翻译批评的社会文化参照因素，缺乏把翻译批评纳入跨文化交际的社会大背景中考察的宏观意识。《论稿》作者把翻译批评与文化参与和文化交流联系起来的研究成果，使这本书的重要性愈显突出，其中最为重要而又独具特色的研究成果包括占本复原、文化态势、往复翻译三个方面。

古本复原是一个新的翻译概念，目前有关的理论探讨尚未发现。作者运用了文物考古学与知识考古学的双重研究方法，以《元朝秘史》为例来说明这部蒙古族的历史著作的翻译和复原情况。作者根据所掌握的有关历史研究文献，对古本复原在理论上总结出了三条探索性结论，在复原条件上做出五条推测性说明。古本复原理论的提出和发展，为翻译研究引进了一个新的翻译类型，有助于推动某些重大历史典籍的重新发现，其翻译研究则有在原本缺失条件下探讨翻译本体失落的重大意义，因而有很高的学术研究价值。

在文学翻译批评的背景变量中，文化态势是影响翻译的一个重要因素，翻译研究的文化转向把影响翻译的政治、文化、意识形态等社会历史因素揭示出来，翻译成了再现权力斗争的场所。因此，文化与意识形态介入翻译批评已是一个不可回避的问题，对这一问题的探讨也就显得特别重要。作者针对国内学界的一些误解，提出文化态势上的"强势文化"必须具有的三个条件，即是历史渊源、综合实力和心理认同的统一体。这种文化视野中的翻译研究，既有其跨文化交际学的理论基础，又有文化理论上的严格界定，有利于增强民族自信心和凝聚力。接着作者运用文化态势概念进一步考察翻译的文化交流过程中的互动方式和介入机制问题，其中作者特别强调了民族文学翻译的重要性，指出民族文学长期以来被边缘化的落后状态，希望能引起学界的重视。

　　往复翻译是文化介入方式中的一种奇特的翻译现象，指的是中文典籍翻译中经历的"中文—英文—中文"的往复循环。作者认为，这种往复翻译具有与转译、复译、重译、顺译、逆译、回译不同的三个特点（参见第 186 页）。往复翻译由于在原文本外附有大量的注释与说明，在回译成中文的时候就有了异域文化的色彩，使原文的思想价值在往复翻译中不断地增添新的价值，作者由此得出"往复翻译"对于中国文化典籍翻译、传统文化研究以及翻译学建设的三点认识意义。必须强调指出，往复翻译在典籍翻译的研究中占有十分重要的位置，它一方面把中国的古典文化推向世界，另一方面又深受西学的影响，在异域文化中得到重新改造和包装，然后再返回本土。在这样的来来往往中，文化典籍不断被赋予新的生命形式，焕发出现代性的生机，有力地推动了社会文明的进步。

三

　　正如杨自俭在《论稿》序言中所说："我们的翻译批评很弱，文学翻译批评似乎更弱。"虽然翻译批评拥有悠久的历史，但一直没有建立系统的翻译批评理论体系，缺乏对翻译批评规律性的理论探索。在这样一种背景下，《论稿》作者可以凭借的理论资源毕竟有限，因此，这本书在所谈问题的深度和系统性方面也存在着一些不足之处。首先，《论稿》在写法上借鉴了后现代拼贴式写作技巧，使一些问题点到为止，没能进一步展开。如在"翻译批评的基本方法举例"一节中，作者对"细读法"的讲解仅限于"细读法"的来源及优越性，而没有具体告诉读者怎样把这种方法运用于翻译批评中；在介绍"阐释法"时，作者只提出了问题而没有提供解决问题的方法。这种过于简单化的介绍使"细读法"与"阐释法"丧失其方法论的实际指导意义。其次，作者在建构文学翻译批评理论体系时部分章节的内容安排有待商榷，如第四章，作者把翻译批评的主体与方法同操作程序放在一章内论述似有不太合理之处。此外，作者在谈到文学翻译批评家应当具备的七个条件时，中间穿插了五条关于"文化认知回归"的讨论。虽然作者对这段插入做了交代，但笔者以为，既然这里的"文化问题"不是作为一个与语言平行的单独因素提出的，也不是语言中文化词语的翻译问题，而是在一个更大的文学翻译背景下讨论文学翻译本身的一个问题，那么是否可以考虑把这部分内容安排到第七章"文学翻译批评与文化参与"中去呢？当然，作者之所以这么安排，自然有他的道理，笔者只是和作者商榷，况且所提疑问也未必正确。

注释

①刘若愚把批评分为理论批评和实践批评两大类，前者又分为批评本论和批评分论，后者又细分为诠释与评价。笔者在这里借用了刘若愚的术语，具体参见刘若愚《中国文学理论》。

②特殊的概念框架（a specific conceptual framework）出自加拿大批评理论家弗莱（Frye），他认为，这种框架并不等于文学自身，但也不是文学之外的某种东西。弗莱显然是在强调文学批评的自主性。笔者在这里借用这一术语指称翻译批评可以作为一门独立的分支学科而获得自己的自主性。关于自主性问题，贝尔曼也认为，翻译批评作为"大写的批评"具有建构性与自治性两大特征，具体参见许钧《当代法国翻译理论》第 255 页。

③historical sense 出自 T. S.艾略特的《传统与个人才能》（"Tradition and the Individual Talent"）以及赵毅衡编选《新批评文集》第 28 页。

参考文献：

[1] Eliot, T. S. Tradition and the Individual Talent[A]. Contemporary Literary Criticism: Literary and Cultural Studies[C]. 4th edition. Edited by Robert Con Davis & Ronald Schleifer. London: Addison Wesley Longman, Inc., 1998.

[2] Hatim, B. & Mason, I. Discourse and the Translator[M]. Shanghai: Shanghai Foreign Language Education Press, 2001.

[3] Reiss, K. Translation Criticism: The Potentials & Limitations[M]. Shanghai: Shanghai Foreign Language Education Press, 2004.

[4] Wilss, W. The Science of Translation: Problems and Methods[M]. Shanghai: Shanghai Foreign Language Education Press, 2001.

[5] 别林斯基. 论《莫斯科观察家》的批评及文学意见[A]. 李国华. 文学批评名篇选读[C]. 保定：河北大学出版社，2004.

[6] 布莱. 批评意识[M]. 郭宏安，译. 南昌：百花洲文艺出版社，1993.

[7] 弗莱. 批评的解剖[M]. 陈慧，等译. 天津：百花文艺出版社，2006.

[8] 豪斯. 翻译批评：分析与评价[A]. 辜正坤，史忠义，主编. 国际翻译学新探[C]. 天津：百花文艺出版社，2006.

[9] 李国华，主编. 文学批评名篇选读[C]. 保定：河北大学出版社，2004.

[10] 刘若愚. 中国文学理论[M]. 杜国清，译. 南京：江苏教育出版社，2005.

[11] 司显柱. 朱莉安·豪斯的"翻译质量评估模式"批评[J]. 外语教学，2005（3）：79-84.

[12] 王宏印. 文学翻译批评论稿[M]. 上海：上海外语教育出版社，2006.

[13] 许钧，主编. 当代法国翻译理论[C]. 武汉：湖北教育出版社，2004.

[14] 张美芳. 翻译研究的功能途径[M]. 上海：上海外语教育出版社，2005.

（本文原载于《中国翻译》2007 年第 2 期）

西学与国学融会贯通研究与鉴赏相辅相成

——《文学翻译批评论稿》评介

王洪涛

[摘要] 王宏印的专著《文学翻译批评论稿》在对中西哲学、文论和译论进行相互阐发的基础上，既对文学翻译批评的基本理论问题做了深入的思考，又对该学科前沿的许多学术热点问题做了系统的观照，特别是对当前林林总总的各种文学翻译批评现象进行了批判性的综合审视，由此提出了研究性和鉴赏性相结合的文学翻译批评概念，从而构建出自己独特的文学翻译批评理论框架，是我国译学研究领域，特别是文学翻译批评领域一部不可多得的力作。

[关键词] 文学翻译；翻译批评；译学研究

世纪之交以来，中国的翻译批评研究、文学翻译批评研究得到了长足的发展，出现了一批富有创见的理论成果，其中王宏印的专著《文学翻译批评论稿》（上海外语教育出版社，2006）（以下简称"《论稿》"）便是一部不可多得的力作。该著融汇了作者王宏印数十年来潜心中外文学经典作品翻译与中西翻译理论研究的独到心得和真知灼见，为我国文学翻译批评研究，乃至宏观意义上的译学研究开辟了一条切实稳健的全新道路。

《论稿》全书内容丰赡，结构缜密，共涵盖九大部分，依次涉及建立文学翻译批评的条件和设想，从文学批评到文学翻译批评的转化，翻译批评的性质、类型与功用，翻译批评的主体、方法与操作程序，翻译批评的原则、标准与评级，翻译批评的文本、文体与互文性，文学翻译批评与文化参与，文学翻译批评的写作类型，翻译批评的学科地位与前景展望。全书九个部分之间层层推进、节节相扣，形成一个逻辑严密、构思精巧的完整体系。

《论稿》在对中西哲学、文论和译论进行相互阐发的基础上，既对文学翻译批评的基本理论问题做了深入的思考，又对该学科前沿的许多学术热点问题做了系统的观照，特别是对当前林林总总的各种文学翻译批评现象进行了批判性的综合审视，由此提出了研究性和鉴赏性相结合的文学翻译批评概念，从而构建出自己独特的文学翻译批评理论框架。纵览全书，《论稿》表现出四大特点：西学与国学的融会贯通；基础与前沿的并举兼容；研究与鉴赏的相辅相成；批判与建构的互鉴共生。

一、西学与国学的融会贯通

西学与国学之间的融会贯通是许多中国学人希冀达到的一种境界，这在《论稿》一书中有着非常完美的体现。首先，著者以西方的文学理论，尤其是以西方的文学批评理论为参照，搭建起一个周密圆通、逻辑科学的理论体系；而在具体问题的论证上，著者又巧妙、娴熟地从中国传统文论中征引了大量的论点和材料，并且在章节的安排和写作的笔调上透露出浓郁的国学味道，从而使得《论稿》全书呈现出一种西学与国学有机会通的典型特色。无论是从当代西方的文学批评流派切入中国的文学翻译批评问题，还是从佛克马、蚁布思有关西方自然科学和人文科学研究方法的论断到对翻译批评基本方法的探讨，抑或是从西方修辞学的角度过渡到翻译批评的文本问题，《论稿》全书都呈现出一种西学的骨架和机理。同时，这种宏大的西学理论框架内部又有机地融入了国学的思想和素材，以前文提到的对文本问题的探讨为例，著者的切入点是西方修辞学的研究对象，而在阐述完文本的性质后，著者则笔锋一转，巧妙而恰当地征引了周振甫等中国学者对《文心雕龙》文本类型的论述，即有关"有韵文/无韵文""经类文体/史类文体/文学文体"的区分与定义

（王宏印，2006：137-140），诸如此类西学理论与国学思想相互交融与勾连的例子在《论稿》中俯拾皆是。另外，著者虽然深谙西方哲思与文论，但其具体的谋篇布局和运笔措词却又精巧细致、流畅灵动，用著者自己的话来讲，"如果说，本书的整体框架显示出西学和文学批评的骨架的话，那么，在各章的布局、行文和笔调上，则显示出明显可感的中文写法和国学味道"（王宏印，2006：11）。

再者，《论稿》西学与国学之间的融会贯通还集中体现在著者所着力推介和实践的"中西学术交汇语境下的中国翻译批评发展策略"之中，其主旨则是倡导中国传统译论与西方现代译论，乃至国学与西学之间的相互阐发、相互论证。对于中国的译学建设，或者说是具体到此处所涉及的翻译批评的学科建设而言，如何实现中西译论，乃至中西学术资源之间的有机结合是一个意义和难度同样之大的核心课题。那么究竟如何消除二者之间或互相抵制或貌合神离的隔离状态，进而实现中西译论之间真正的有机结合呢？目前似乎尚无切实有效的办法。鉴于此，王宏印认为抽象而笼统地谈论中西结合是无用的，甚至援用已有的体用关系模式来套用也是无益的："在这里我提出一个基本思路，即借助比较文学的研究思路，提出在中国传统译论和西方现代译论交融的过程中，进行理论上的相互阐发，相互论证，以期对中西译论的认识在学术互动中得以加深和扩展。"（王宏印，2006：42）王宏印不仅详细论述了实施其"中西学术交汇语境下的中国翻译批评发展策略"的具体步骤和细则，而且身体力行地率先示范，例如《论稿》中对于翻译批评标准的厘定以及对于翻译中文体变异问题的阐述等都是生动的例子（王宏印，2006：122-125；155-160）。事实上，《论稿》全书就是著者王宏印实践其"中西学术交汇语境下的中国翻译批评发展策略"进而将西学与国学结合在一起的最好例证。

二、基础与前沿的并举兼容

《论稿》一书的另一鲜明特色是基础与前沿的并举兼容，或者说是其中既有对学科基本理论问题的探索，又有对学科前沿学术热点问题的观照。一方面，《论稿》以九章二十余节的篇幅详细、深入地探索了文学翻译批评学科方方面面的基本理论问题。如果对《论稿》所探讨的这些文学翻译批评学科的基本理论加以梳理和阐释的话，那么它们则依次分别涉及文学翻译批评（下文均简称"翻译批评"）的本体论问题，如翻译批评的概念、性质与特点；翻译批评的认识论问题，如翻译批评的类型与角度；翻译批评的方法论问题，如翻译批评的原则、方法与操作程序；翻译批评的价值论问题，如翻译批评的功用、标准与评级；翻译批评的主体问题，如翻译批评者的主体认知因素；翻译批评的客体问题，如翻译批评的文本、文体与互文性；翻译批评的主客互动问题，如文学翻译批评与文化参与；等等。因此，《论稿》一书所涉及的文学翻译批评的本体论、认识论、方法论、价值论、主体、客体、主客互动等维度基本上已囊括了文学翻译批评这门学科的所有基本理论问题，其涵盖之宽广、剖析之深入，令人折服。

不仅如此，《论稿》在探讨文学翻译批评基本理论问题的同时，也敏锐地关注着中西方翻译学研究发展的最新学术动态，突出表现在该著对当代西方（以及中国）学术思潮的吸纳和批判上。当代西方文论在研究重点上发生了两次重要的历史性转移，第一次是从重点研究作家转移到重点研究作品文本，第二次则是从重点研究文本转移到重点研究读者和接受（朱立元，1997：4）；而当代西方的翻译学研究风潮正从规范走向描写，从语言走向文化。基于对以上当代西方文论以及翻译学理论最新发展的深刻认识，著者以极大的学术魄力前瞻性地提出了当前翻译批评思潮的三个转向：从作者中心和译者中心转向读者中心的讨论，落实到读者反应的基点上；从艺术鉴赏型和科学分析型转向文化评论型的批评，以文化批评为重点；从规定性和描写性转向解释性的理论说明，但目前仍然以描述性为基本方式（王宏印，2006：36-39）。另外，针对席卷当前翻译学研究领域各个角落的文化转向风潮，著者保持了清醒的认识，比如对于人云亦云且似乎无所不在的"文化"，著者做了深刻的剖析，将其划分为作为文明单元的文化、作为文学内容的文化、作为语言信息的文化、作为文本意义的文化以及作为翻译对象的文化五种；在此基础上，犀利地批判了当前的西方文化中心论："国内不少学者不假思索地把中华文化一概视为'弱势文化'，和西方的'强势文化'相对应，试图说明中西文化交流问题……这是有问题的。我们认为文化态势应是包括历史渊源、综合实力（当前势力）和心理认同的统一体，这样就在交往理论上避免了看问题的片面性和只认势力不看精神和资源的势力观点和庸俗观点。"（王宏印，2006：180）

三、研究与鉴赏的相辅相成

研究与鉴赏的相辅相成，或者说研究与鉴赏相结合，是王宏印在《论稿》中提出来的一种全新的文学翻译批评概念，这集中体现在《论稿》一书的篇章结构和写作思路之中，也体现在王宏印对文学翻译批评学科建设的认识之中。所谓研究，指的主要是一种对学科基本原理的推演式、思辨性探索，或者说是一种形而上的理论思考。就《论稿》一书的整体结构或构思而言，从其第一章对建立文学翻译批评的设想到第二章过渡性的理论准备，到其后六章对文学翻译批评基本概念的逐一详细论述，再到最后第九章对翻译批评学科的前景展望，整部书稿本身就是一个层层推演、环环相扣、前后通达的思辨过程，代表了一种精细谨严的研究。而这种精细谨严的研究表现到著者对文学翻译批评基本概念的阐述中则更为突出。如上文所述，《论稿》对文学翻译批评的性质、类型、功用、原则、标准、方法等基本概念都逐一做了深入的追索和论述，此处且以"批评"一词为例：著者在讨论这一概念时并没有对其下一个简单的定义了事，而是从古代希腊语和拉丁语中该词的原始意义追索开来，顺流而下甄别了近代欧洲英法德等民族语言中该词的含义，然后考察了现代西方文论中"批评"一词的内涵，进而将"批评"一词的丰富含义全面地揭示出来（王宏印，2006：14-20），其考证之细致、论述之深入，令人叹服。可以说，正是著者对文学翻译批评基本原理、基本概念近乎思辨式的剖析和阐述赋予了《论稿》一书鲜明的研究特色。

所谓鉴赏，是由文学翻译批评本身的性质和特点决定的。王宏印认为，文学翻译批评是一门实证性的知性的审美认知活动，而翻

译批评是需要实证基础的："翻译批评始终是带有个案性质的研究
活动，它是一步也离不开对象化的实践的，也是一点儿也不允许缺
乏实证基础的。"（王宏印，2006：46-48）正因为如此，《论稿》一书
虽然对文学翻译批评的基本原理和基本概念做了大量形而上的玄
思，但这些玄思却是建立在广泛的形而下的实证研究，或者说鉴赏
活动基础之上的。另外，由于著者本人常年从事文学翻译实践，移
译了大量的中西文学经典作品，因此，在其具体的行文过程中，对
于具体文学翻译实践的征引和讨论比比皆是，诸如杨译及霍译《红
楼梦》、金译及萧译《尤利西斯》、朱生豪翻译的莎剧、林纾翻译的
西方小说，等等，往往是信手拈来。更为重要的是，著者为了照顾
到文学翻译批评实证性的鉴赏层面，特意在每一章的后面增设了附
录，而这些附录从"习见翻译批评类型"到"英汉汉英文学翻译分
级试评"再到"文学翻译笔法十忌"等，无一不对文学翻译鉴赏活
动具有直接的指导价值。此处仅以"习见翻译批评类型"为例：著
者将眼下形形色色的翻译批评类型概括为印象式、偏见式、概念式、
含混式、平均式、正误式、比例式、挑错式、提高式、创作式十种，
并对每一种翻译批评类型的特点和弊端进行了入木三分的揭露，因
此对于具体的翻译鉴赏活动具有极高的警示和指导价值。概言之，
正是出于对文学翻译批评学科建设双重任务的认识，著者提出了研
究与鉴赏相辅相成（或称"结合"）的路子，而《论稿》本身也恰恰
体现了这一特色。

四、批判与建构的互鉴共生

批判与建构的互鉴共生，是《论稿》的又一鲜明特征。作为一
部有力度的文学翻译批评专著，《论稿》有破有立，破立结合，在批
判旧习与时弊的基础上构建了自己独特的文学翻译批评理论框架，
走的是一条批判与建构互鉴共生的路子。对于翻译批评领域旧习与
时弊的批判，王宏印曾毫不隐讳地坦言："在兼顾评判传统和继承传
统的同时，我们一方面借鉴了传统译论的概念和习惯问题，另一方
面也毫不回避传统翻译批评的弊病和陋习，给予它们适当的批评和
提醒。而在观照现实问题的时候，不可避免地要借助理论性的设定，

给予富于理论思考的回答，但同时也在不得已时直接针对若干实际做法和非规范现象，对它们加以有节制的学术的抨击。"（王宏印，2006：11）诚如著者所言，《论稿》本身的批判力度的确是有目共睹的。一个极为显见的例子是上文提到过的附录部分，其中的许多类列，诸如"文学翻译笔法十忌""女性主义文学及其翻译批评误区""习见文学翻译批评十大结语关键词"等就是对文学翻译批评领域内的败笔、寡见与陋习进行的切入要害的揭露和抨击。更为重要的是，《论稿》对于中国的学术研究现状以及中国传统翻译批评的劣势进行了深刻的反思和剖析。比如，著者认为中国目前的学术研究缺乏学术规范、缺乏可资借鉴的理论来源、缺乏必要的沟通与借鉴；而中国传统翻译批评又存在着基本事实不清、无原文译文参照、鉴赏与批评不分、以随笔代论文等问题——所有这些认识无不切中时弊、发人深省。

　　批判的目的是建构。在批判中国当前学术研究现状的基础上，著者提出了中国传统译论和西方现代译论之间相互阐发，相互论证，以促进中国现代译论，包括中国翻译批评理论发展的策略。同样道理，著者在剖析中国传统翻译批评劣势的基础上，全面提出了自己构建文学翻译批评学科的思路：（1）直接继承中国传统文学翻译批评的优良传统；（2）积极借鉴西方文学翻译批评资料中的优良传统；（3）认真吸取和总结近世以来西方文学汉译批评的经验和教训；（4）大量吸收和借鉴中外文论和翻译理论的研究成果；（5）认真组织和参加经典译作的译评工作（王宏印，2006：229）。从宏观上来讲，著者提出这种建构思路的目的是，促使文学翻译批评与中外文学、比较文学、世界文学、翻译文学，与中外典籍翻译，与中西文论，与译介学，与中国翻译学以及世界翻译学的总体构想和发展前景发生广泛密切的关系，从而在兼收并蓄、左右逢源的基础上，确立自己的学科地位，并赢得进一步发展的契机。上述这些文学翻译批评学科的建构策略和思路，是王宏印在长年从事中外文学翻译实践和中西翻译理论研究的过程中，在对中国文学翻译批评发展现状进行深刻反思的基础上提出来的，其实际操作价值和理论启发意义，不可低估。因此，批判是建构的基础和途径，建构是批判的目的和结果，而建构所形成的操作程序、评级标准乃至整个的理论框架反过来又为批判提供了更加有效的工具，由此便构成了《论稿》批判与建构之间互鉴共生的鲜明特色。

概言之，西学与国学的融会贯通，基础与前沿的并举兼容，研究与鉴赏的相辅相成，批判与建构的互鉴共生一起塑成了《论稿》一书别具一格的风骨和特色，也使得该著成为我国译学研究领域，特别是文学翻译批评领域一部不可多得的力作。杨自俭教授对于《论稿》一书有着非常客观的认识和中肯的评价："王宏印教授熟知中外文论，又有翻译实践、教学与理论研究的经验与积累，因此他能借鉴文学批评建设的路子来构想文学翻译批评的建设……这部著作的出版一定会对文学翻译批评和译学建设起到很好的推动作用。"（杨自俭，2006：5）诚如杨教授所言，《论稿》的著者王宏印多年来一直以跨文化研究（心理学、传通学）与比较研究（哲学、语言学、文学）为基础进行中外文学翻译与中西翻译理论的教学与研究，而《论稿》一书就是王宏印结合自己多年来从事文学翻译实践与批评的经验，历经数载精心为翻译学方向博士生撰写的一部教材，同时也是其尝试建立新译学的最新成果之一。王宏印在《论稿》的结语中满怀期待地写道："虽然文学翻译批评至今仍然是一个荆棘和花草并存、阳光与风雨共生的园地，但是只要我们勤于开垦，善于经营，这片今日仍然荒芜的园地上就一定会长出健壮的果树，开出美丽的花朵，结出丰硕的果实来。"（王宏印，2006：230）我们相信，有了王宏印这样辛勤的拓荒者，有了《论稿》这棵健壮蓬勃的果树，在不久的将来，文学翻译批评的园地里必定会百花齐放，硕果累累。

参考文献：

[1] Bassnett, Susan and André Lefevere. Translation, History and Culture[C]. London and New York: Pinter Publishers, 1990.

[2] Hermans, Theo. The Manipulation of Literature: Studies of Literary Translation[C]. New York: St. Martin's Press, 1985.

［3］Rose, Marilyn Gaddis. Translation and Literary Criticism: Translation as Analysis［M］. Manchester: St. Jerome Publishing, 1997.

［4］胡经之，王岳川. 文艺学美学方法论［M］. 北京：北京大学出版社，1994.

［5］姜治文，文军. 翻译批评论［Z］. 重庆：重庆大学出版社，1999.

［6］王宏印. 文学翻译批评论稿［M］. 上海：上海外语教育出版社，2006.

［7］王宏印. 中国传统译论经典诠释——从道安到傅雷［M］. 武汉：湖北教育出版社，2002.

［8］杨自俭. 简论翻译批评：《文学翻译批评论稿》序［A］. 王宏印. 文学翻译批评论稿［M］. 上海：上海外语教育出版社，2006.

［9］朱立元. 当代西方文艺理论［Z］. 上海：华东师范大学出版社，1997.

（本文原载于《外语与外语教学》2007 年第 9 期）

采撷经典之花兮，以酿造吾人之蜜

——读王宏印《中外文学经典翻译教程》

吕敏宏

翻译教程是翻译教学活动的重要纽带。目前我国高校英语专业使用的翻译教程，在选材和内容上应用翻译和文学翻译并存，专业倾向明确的文学翻译教程尚不多见。近日，南开大学外国语学院博士生导师王宏印编著的《中外文学经典翻译教程》已由高等教育出版社出版。该教程集作者数十年翻译研究与教学之经验，荟萃古今中外的名篇佳译之精华，堪称新时期翻译教程推陈出新的力作。

该教程依照散文、小说、诗歌和戏剧四种文学体裁分为四大板块，每一板块分为古典和现代两部分，以章列出。每一章里又分为经典赏析和翻译实习两个小节。该教程涵盖了文学的各个体裁，选取了古今中外之名篇佳译，跨越了广阔的时空和地域，涉猎了文学翻译多个层面的内容。全书布局宏伟、构思精巧，堪称一部真正意义的文学翻译教科书。品读该教程，有以下三点，印象颇深。

一、宗旨正大立意深远

近年来，在译界同人的努力下，翻译学科建设发展迅猛，独立的翻译学科已具雏形，在翻译学科涵盖的翻译史、翻译理论、翻译批评和翻译教学四个方面研究成果令人瞩目。在翻译史方面，不仅有中外翻译通史的系统研究，如马祖毅的《中国翻译史》和谭载喜的《西方翻译史》，而且有从古代到现代的系统梳理，以及翻译分类史的研究，如孟昭毅、李载道的《中国翻译文学史》，谢天振、查明建的《中国现代翻译文学史（1898—1949）》，王建开的《五四以来我国英美文学作品译介史 1919—1949》等。在翻译理论方面，我们逐渐转变了重技巧、轻理论的传统观念，一方面引进西方翻译理论，如上海外语教育出版社推出的英文原版"西方翻译理论丛书"以及湖北教育出版社出版的"西方翻译理论丛书"；另一方面，我们系统梳理和完善了中国的传统译论，如陈福康的《中国译学理论史稿》以及王宏印的《中国传统译论》。在翻译批评方面，我们逐渐摒弃了印象式、灵感式、挑错式的批评方法，并将其置于广阔的社会历史语境之中，从更加宏观的角度探讨翻译及翻译批评，如王宏印的《文学翻译批评论稿》、杨晓荣的《翻译批评导论》等。在翻译教学方面，只要在中国学术期刊网上输入"翻译教学"主题词，从 1990 年至2007 年，竟有 1488 篇论文题目映入眼帘。各式各样的翻译教程相继发行，更有张美芳、穆雷两部专门研究翻译教材的专著。

　　虽然翻译学学科建设成绩斐然，但距离完备、独立的学科体系仍有一定差距，尤其在翻译人才培养和翻译教学方面发展缓慢，远远不能适应经济及社会发展的需要，"八千万学子习外语，翻译人才缺九成"（赵婧等，2007）。实用翻译人才匮乏，高质量的文学翻译人才也后继无人，人民文学出版社外文编辑室主任刘开华感叹道："现在要找好的翻译真难。"（李洋，2005）翻译教学改革迫在眉睫。外语专业重"工具"、轻"文化"的人才培养目标，重外语、轻汉语的培养模式，重语言、轻文学的课程设置等都值得我们反思。

　　翻译教学是翻译学学科体系的重要组成部分，担负着发展学科和培养人才的双重任务。翻译教学是一个涉及学科建设、课程设置、教材编写、教师培养、教学方法研究等方面的系统工程。从学科建设而言，能够进入课堂的学科才能成为完备的学科体系。"不能或尚未进入教学体系的学科，无论其自我感觉多么重要也是虚幻的，而不具备独立科学基础和独特的学科体系的课程设置，无论宣称是什么样的改革和创新，也是虚妄和缺乏根据的。"（王宏印，2007：教程前言，1）翻译教学理论本身就是一门学问，因此，我们必须以人才培养和学科建设为出发点，进行翻译教学理论研究，探索课程设置、教材编撰、教学方法等，把翻译学科理论和翻译教学理论的最新理论成果引入课堂，并落实到每个教学环节中。

教材编写是翻译教学的重要环节。教材编写须在翻译教学理论的指导下，教材内容要引入学科的最新理论成果，编写体例必须依照一定的教学模式和教学方法。纵观我国近半个世纪已出版的翻译教材，虽数量多达115种（张美芳，2001：53），但质量却良莠不齐，真正优秀的寥寥无几。更重要的是，大多数翻译教材的内容借句论技，只有"技"层面的论述，而没有"道"层面的解析（许钧，2002：256）。

王宏印根据自己多年的潜心研究及教学经验，总结出"理论—鉴赏—技法—习作"的教学模式。该模式以文学鉴赏为出发点，比较文学为途径，将文学史和翻译史、文学理论和翻译理论、文学批评和翻译批评有机结合，并通过翻译实习和训练，最终达到提高学生文学鉴赏能力和翻译实践能力的目的，探索出了一种"读写相结合"的翻译教学理论和与之相应的教学实践模式。编者以篇章为单位进行评析和论说，在经典赏析小节，重点培养学生通盘考察篇章的文本意识和文学鉴赏能力；在翻译实习小节，重点培养学生的写作能力和自我评价能力。由于文学翻译在某种意义上说是一种基于原作的二度创作，具有很大的创造性，对学生的写作能力和自我评价能力的培养就显得尤为重要。

编者站在学科建设和人才培养的高度，以培养翻译人才的综合素质和完善翻译学科体系为最高目标，可谓宗旨正大、立意深远，从而为该教程的编写构筑了力求反映翻译学科理论和教学特色的一个更高的起点。

二、选材经典论说精到

学习文学经典，是融人文精神于教育，使学生感悟文学翻译之道，提升人文素质的必经之路。朱自清曾说，"在中等以上的教育里，经典训练应该是一个必要的项目。经典训练的价值不在实用，而在文化。"（朱自清，2004：自序，1）王宏印在书中也指出，"不懂得古典就是不懂得传统，而不了解现代就是不了解发展与创新"（王宏印，2007：绪论，5）。阅读经典，给人以文化的熏陶。在广袤的古今中外文学经典中，编者以独到雅致的眼光，精心采撷了文学经典的名篇佳译，体现出编者"（文学）作者以人文关怀为终极价值"（王宏印，2007：绪论，5）的文学观。

王宏印在翻译理论尤其是传统译论及翻译批评方面，研究成果丰硕，在翻译实践及翻译教学方面经验丰富，为该教程的编写提供了广阔的学术视野。该教程绪论、各篇章之导读以及译文评析三个部分的论述，言简意赅，论说精到，行文严密，充分显现出编者深厚的文学及翻译理论功底。

编者在前言中交代了本书的成书过程和指导思想，洋洋洒洒十二页的绪论高度浓缩了文学与翻译的关系问题。他认为，文本最终可划分为五种基本文体，并在此基础上专门探讨了文学文本，并按照散文、小说、诗歌、戏剧这一文学类型学上的基本文类划分，对之一一做了简明扼要的说明，澄清了文学类型的划分、古典与现代的区分、汉译与英译的关系、典范与实习的关系等问题，最后对教材的编写体例做了详细的说明。整个绪论，逻辑清晰，浑然一体，是对整部教材绝好的导读。

在该教材三十二篇导读和十六篇译作评析中，编者赋予了该教材另一大特色，即将文学批评、文学翻译批评与文学翻译有机结合起来，将文学修养的提高、语言表达能力的提高，以及翻译能力的提高有机地结合起来，没有一般教科书的那种死板的说教，有的却是精到而深入的论说和剖析，以一种舒缓的语调，娓娓道来。行文流畅而优美，一股学术散文的馥郁，沁人心脾，使读者在阅读该教材时，犹如聆听一位学者的演讲，不知不觉便随着他走入文学及文学翻译的艺术殿堂，饱浸文学知识的同时，获启语言表达和翻译技巧而浑然不觉。

散文是百文之王，中英文散文在分类、布局和语言运用上均有不同，表现出文化心态上的差异，但都强调营造一种独特的韵味，散文翻译的要点，就是要深入体会作者在写作技巧上流露出的独特的表述习惯和行文韵味，从而通过选词、立句、谋篇使原文风格得以传神地传达。以现代散文翻译一章中的名篇《荷塘月色》为例，编者没有只停留在大多数批评者对景物描写所流露出闲适和惬意之情的表层理解上，而是引入精神分析的创作原理，从更深的层次分析了那美好而诱人的荷塘里，那清凉如水的月光下所深藏的"死亡情结"（王宏印，2007：54），并且以独特的眼光和见解，从文中所引的《采莲赋》和《西洲曲》里品味出朱自清的古典文学情结，并且看到了这一古典文学情结对朱自清这篇现代散文的纯洁性的破坏，而非人云亦云地盛赞朱自清的优美文笔，其深厚的文学批评之功见诸笔端。在接着的译文评析中，编者或先由宏观的说理而后转入微观的剖析，或先由微观的剖析而后转入宏观的说理，论证翔实，令人信服。如第一段译文的评析，编者先宏观说理后微观剖析，先总结道，"汉译英的第一个要点，而且是最基本的训练，是要把句子'立'起来"（王宏印，2007：58），接着编者逐句分析了译文是如何立句的；又如，译文第二段的评析，编者先微观剖析后宏观说理，在字句的微观剖析后，编者总结道，"好的散文和诗歌一样，有一种延迟的审美效果；翻译也一样，不能直，不能快，不能一览无余，而要曲径通幽，使读者有回味的余地"（王宏印，2007：58），这种宏观说理和微观剖析相结合的评析方法，使得翻译技巧分析更加透彻，文学翻译批评更加深入，且二者融合得天衣无缝。

对于小说翻译的评析，编者以互文的角度不仅从字句层面，更从意义深层进行剖析，使读者将原文鉴赏和译文赏析紧密结合。读者有时会忘记是在读一本翻译教程，而宛如在阅读一本中文的文论著作，这样既提高了文学鉴赏能力又能意会到译者的翻译策略与技巧，收获巨大。编者强调了译者须具备的"文本意识"，而评析的重点在于篇章的"文气畅达"，以霍克斯译《红楼梦》为例，霍克斯在翻译《红楼梦》第一回讲到石头乃是女娲补天时所剩的一块石头，因而通得灵性。霍克斯在"灵性已通"之后根据后文提示，增加了一句"It could move about at will and could grow or shrink to any size it wanted"，为下文的"缩成扇坠大小的可佩可拿"打下伏笔。从技巧上来说，此乃增译。但编者并没有止于技巧层面的"增译"之说，而是将读者引入更高的文本意识层面，从而将翻译理论化入对译文的评析之中，浑然一体。大段的景色和场面的描写是小说艺术的特色之一。我们知道，汉语重意合，较多无主句，因此，在景色和场面的描写中常使用较长的句子，语义层次模糊。而英语重形合、重逻辑条理，在翻译时译者需充分考虑到英汉语的不同点，译文才能做到语义层次清晰，画面感强。艺术是相通的。为了使读者更好地理解这一点，在给贾平凹的小说《五魁》做翻译提示时，编者将翻译的技巧、策略与西画和中国山水画的笔法相比拟，提醒读者汉语重"散点透视"、英语重"焦点透视"，"汉语更加倾向于自由游走于不同的场合和人称的视野中，而英语的角度则比较明确而固定"。浅入深出，通晓易懂。

　　诗歌是重意象、重情感的文字艺术。诗歌翻译保持原诗的意象和逻辑关系非常重要，现代诗歌尤其如此。以英国著名诗人艾略特的一首《大风夜狂想曲》为例，编者对小到标点符号，大到诗节的连贯处理，通过精细的剖析，一方面阐明了现代诗歌意象丰富，常常利用语义的含混性和多重暗示激发读者联想的特点，同时将翻译技巧展示给读者，如，在什么情况下须保持原诗的命题结构及相似连接，免遭汉语习惯说法的破坏；为什么要保持原诗的语势统一及形式美；如何保留原诗语义的含混性和多重暗示。其中，现代诗歌理论及现代诗歌的翻译理论自然混成，尤其重要的是在评析的最后，编者从中总结出了现代诗歌翻译的五点注意事项（王宏印，2006：245），尤其发人深省。

　　总之，该教程融学术性、知识性、实践性于一体，翻阅该教程，原文译文皆美文，经典之气扑鼻而来。编者匠心独运之构思，卓有见解之论述，令人叹服。

三、教研贯通相得益彰

　　该教程是编者二十多年翻译理论研究和教学实践的结晶。早在1989 年，王宏印就编写出版了《英汉翻译综合教程》。该教程是当时国内少有的几部融翻译理论和翻译实践为一体的翻译教材之一，他提出了"创作—翻译"理论系统和实践模式的雏形，并采用了理论探讨、技法实习和译作欣赏的编写体例。之后他又编写了《古诗文英译选析》和《世界名作汉译选析》，分别考察了中国古典文学的外译以及世界文学经典的汉译，采用了一种原文本注释和译文本解析相配合的编写方式。2006 年，编者在给博士生授课讲义的基础上，撰写了《文学翻译批评论稿》，以翻译理论、翻译批评和翻译史的相互关系为出发点，借鉴文学批评的研究模式来建构文学翻译批评，探索了一条将理论批评与鉴赏相结合的道路。如果说《英汉翻译综合教程》是"创作—翻译"系统和实践模式的雏形，那么眼前的这部《中外文学经典翻译教程》则经过了编者二十多年来的实践与思考，其编写内容和体例已日臻完善，逐渐奠定了一种理论与实践相结合、文学批评与文学翻译相融合、文学翻译与翻译文学相渗透的翻译研究途径和翻译教学模式。

王宏印数十年如一日，以一种"持续的努力和尝试精神"，踏实地实践着"学术理念的落实和教学实践的更新过程"，研究有感而发，深入透彻；教学有的放矢，认真求实。面对当今高校"重科研、轻教学"的浮躁环境，他的这种教研贯通，相互促进的"做学问"的方法或许会给我们年轻人更多的启迪。

该教程涵盖了文学的各个体裁，但由于戏剧只能以"幕"为单元取材，内容较多，戏剧翻译占去近半篇幅，使得该教材的结构不够平衡。一本教材的教学效果如何，还有待使用者的努力和评判。使用该教程时，要注意课程衔接。本教程适合于高级翻译教学，要求学生具有基本的英语和汉语阅读、写作和翻译能力，基本的翻译理论及中外文学作品知识和文学批评知识。因此，该课程宜安排在学生学完普通翻译教程，具备基本的翻译素质之后。该教程涉及文学和翻译领域，要求老师知识面广，且具有一定的翻译理论研究及翻译实践，要求学生务必进行研究性学习，要求师生之间加强互动讨论，以期达到更好的教学效果。

读到该教程编选的温源宁《吴宓先生其人——一位学者和博雅之士》一文，不觉想起吴宓在 1925 年为清华大学留美预备部高年级及国学研究院开设的"翻译术"课程（英译汉），现录其精义如下：

　　视翻译为一种文学上的艺术，由练习而得之的方法，专取英文之诗文名篇杰作及报章公文等译为中文，而合于信、达、雅之标准。先讲授翻译之原理，略述前人之学说，继以练习，注重下列三事为翻译必经之步骤：（一）完全了解原文；（二）以译文表达之，而不失原意；（三）润色译文，使成为精美流畅之文字。（黄延复，1990：46）

我们看到，王宏印编著的《中外文学经典翻译教程》和吴宓的翻译术讲义在编写理念上不谋而合。最后冒昧地改用吴宓翻译的法国诗人谢尼耶《创造》一诗中的诗句，"采撷经典之花兮，以酿造吾人之蜜"，愿"读者能把它当作一只船，航到经典的海里去"（朱自清，2004：自序，3），在经典鉴赏和翻译练习的过程中，汲取更多的养分，提升自己的翻译综合素质，为成为合格的翻译人才打下坚实的基础。

参考文献：

　　[1] 黄延复. 吴宓先生与清华[A]. 第一届吴宓学术讨论会论文选集[C]. 西安：陕西人民教育出版社，1990：16-62.

　　[2] 李洋. 文学翻译何以后继乏人[N]. 北京日报，2005-3-8.

　　[3] 王宏印. 中外文学经典翻译教程[M]. 北京：高等教育出版社，2007.

　　[4] 王宏印. 英汉翻译综合教程[M]. 西安：陕西师范大学出版社，1998.

　　[5] 许钧. 译事探索与译学思考[M]. 北京：外语教学与研究出版社，2002.

　　[6] 张美芳. 中国英汉翻译教材研究（1949—1998）[M]. 上海：上海外语教育出版社，2001.

　　[7] 赵婧，杜婷. 反差：八千万学子习外语，翻译人才缺九成[N]. 光明日报，2006-3-27.

　　[8] 朱自清. 经典常谈[M]. 北京：生活·读书·新知三联书店，2004.

在诗中聆听歌的回音

——评《西北回响》兼论陕北民歌的翻译

李林波

[摘要] 陕北民歌独特的情、调、词决定了陕北民歌的翻译是一个通过各种途径、运用多种技巧在丧失和获得中达成平衡的过程。《西北回响》是王宏印翻译的一本一百多首陕北民歌的英译集，它不回避翻译中歌唱元素和乡土文化必然会有所损失的事实，对细节进行多种方式的补偿和再现，力图反映出陕北民歌的基本面貌。《西北回响》体现了一定程度的文学化倾向，这在某种意义上也指示出陕北民歌翻译的另一种可行途径，即从演唱文本到阅读文本的迁移。

[关键词] 陕北民歌；翻译；《西北回响》

《西北回响：汉英对照新旧陕北民歌》是王宏印在 9 年内累积翻译出来的一本陕北民歌集。书中以英汉对照的方式收录了 105 首陕北民歌。在此之前，虽然有《蓝花花》等个别歌曲被改编翻译，但陕北民歌翻译基本上还是一个空白。这本英译集的出版是陕北民歌向外翻译传播的首创。本文将从翻译原则、方法、效果等多方面来对这个译本做出分析和赏析，并通过对此个案的分析探讨陕北民歌翻译中的普遍性问题。

一、整体编排与设计

在讨论之前，首先要区分两个概念：歌词文本翻译和演唱文本翻译，也就是歌曲翻译家薛范（2002：38）对歌词翻译和歌曲翻译的区分。歌词文本的翻译以文字文本为主，对是否符合原歌曲的曲调不做考虑或者作为次要因素考虑，翻译注重文本自身的音韵特点和意境的完整，更接近于诗歌的翻译。演唱文本的翻译则要求歌词的译文和原曲调相匹配，文字的停顿、重音、字数完全要和曲调一致。歌词文本的译本既可以作为独立的阅读文本，又可以作为演唱文本的基础。在《西北回响》的前言中，译者认为，从总体上，这些"译文的表现比一般所谓的歌要多一些诗味，但比诗词要通俗一点"（王宏印，2009：8）。在一些译文的"翻译提示"中，则多次提到了"阅读性"。可见，这个译本基本上接近于歌词文本的翻译，它重视的是文本独立的美学价值。下面将从歌曲的选择和分类、译本的体制和效果设计等方面来分析它的总体特征。

（一）歌曲的选择和分类

在前言中，译者详细阐述了他在歌曲的取舍上的原则和考虑，强调其注重的是歌曲文本在反映陕北人民生存状态和精神气质方面的代表性，以及对黄土和黄河文化的表现力。依据这个原则，译本选取了在题材、时代等层面上涵盖面宽、代表性强的 105 首陕北民歌。

上百首的陕北民歌编成集子，必然要解决归类或排序的问题。如果按照一般的歌本设计，完全可以按照歌曲的字母顺序或者其他标准进行排列，但《西北回响》既然定位于一个具有完整的阅读性的文本，在结构上就对系统性和层次性考虑得更多，因此，歌曲的分类就比较重要。陕北民歌并没有统一的分类标准，按照功能可以分为劳动歌、仪式歌、社火歌、信天游等几大类，其中信天游数量最多。按照内容可以分为爱情、苦难、逗趣、喊号子等几类，其中爱情歌曲最多。因此，按照任何一类较常见的分类，都面临着数量极不平衡的问题。为了解决这个问题，《西北回响》并没有采用常见的分类标准，而是以主题为标准，以内容为核心，将 105 首歌分为黄河颂、西北剪影、穷苦的日子、多彩的爱情、思念的痛苦、秧歌词调、流浪岁月、火红的旗帜、走进新时代、唱不完的信天游 10 类。

这 10 类不但涵盖了已有的分类标准，而且还包括了新民歌和仿民歌，因此更完整地反映了世代流传、不断充实的陕北民歌的新旧面貌。

在歌曲版本的选择上，因为大多陕北民歌具有即兴创作和即兴演唱的特点，兴即歌至，即所谓"信天游"，其传承也多以口头传唱为主，所以，许多陕北民歌有不同的版本。如著名的《蓝花花》至少有四个版本，《走西口》则多达七个甚至更多的版本。作为一个书面的、向外推介的文本，译本在歌曲的版本选择上以其影响力和完整性为基本原则。影响力是指以最为著名的、被广泛接受的版本为主，整体性则指歌词文本在内容和故事性上的完整，因此，有个别的歌词文本事实上是几个零散片段的合成体，有的则经过了删节或是重复从而使歌曲的主题更为突出，精华部分更得到强调。这是一种具有整理和编辑性质的歌词记录方法，能够保证每首歌的歌词单独成一个叙事或抒情单元，增强了故事性，从而增加了阅读性。

（二）译本的体制与风格

理想的译本应该告诉读者与译本相关的一系列重要信息，包括译本的选择、翻译的过程及方法、预期的效果等，《西北回响》在这个意义上是一个很完整的译本。它由四部分组成：（1）前言：交代了待译歌曲的选择、翻译动机、翻译原则等前期准备信息及总体计划；（2）主体：105 首民歌，每一首由汉语歌词（包括方言注释）、英译歌词、翻译提示组成，翻译提示包括歌曲的重点、翻译重点和难点、翻译方法及效果等；（3）后记：长达一万六千多字的后记结合实例详细地分析了歌词文本中五个方面的翻译问题和方法，从词汇、修辞、意境、文体、文化等多层面分析了陕北民歌的重要特征及其翻译要领和方法；（4）附录：最后以 8 首译者创作的陕北组诗作为这个译本的结束，从翻译到创作，译者的情感得到延伸和凝聚，也是民歌文学化翻译的一个醒目收尾。这样的体制安排让读者不仅能欣赏翻译文本，而且能够了解到整个翻译过程中的设计、权衡、取舍、协调等种种因素，从译本向前向后延伸，满足了一般读者和研究型读者的阅读需求。

在风格上，译者提出了两个关键词"平直"与"放逸"。所谓平直，一是指语言的质朴，二是指语言的自然。也就是说，要重现陕北民歌语言自身的质朴特征，但不能出现造作和生硬的翻译痕迹，即使新奇之处也要自然而为之。所谓放逸，就是放得开，指的是不拘泥于原文中的一些形式和用词上的细节，对整体的风格与意境成竹在胸，具体细节层面的操作则以庖丁解牛般的自由与自在为理想，讲究转换中的灵与巧，不斤斤计较于片言只字的得与失。这两个词的结合，一方面说明翻译的责任，另一方面体现了翻译的魅力。

对译本效果和风格的预设决定了如何翻译，接下来将与具体的实例相结合来分析译本采取了什么样的策略与方法来达到这种效果。

二、策略与方法

如果不考虑曲调因素，歌词文本就类似于诗歌文本，它也包含了音、形、意三个层面，以下对《西北回响》的分析将从这三个方面来进行。

（一）音

为了分析的方便，可将陕北民歌的歌词中的"音"分为两个部分，一为可诵读部分，包括节奏和韵律；一为可演唱部分，包括号子、垫字、装饰性音节等。后者在歌词文本的翻译中，可根据需要适当保留或删除，以保证文本的流畅性和整体性。在《西北回响》中，垫字与装饰性的音节大多删去。垫字如"快铺起（那个）来打场（啊）来（呀）来打场"（《秋收》）中括号内的部分，装饰性音节如"我和我那个妹妹（呀，哎咳哟哎哟哟哟）/（哎咦哟哟）双双骑上马"（《哪搭搭也不如咱山沟沟好》）中括号内的部分。但有少数歌词中的装饰性音节仍以英语常用的装饰性音节来替代，保持一定的演唱性。如"曾巴巴依巴依巴依巴依巴曾"（《挂红灯》）这类节奏明快、感染力强的音节用英文中有类似效果的"lalalalala..."这样的装饰性音节替代。但总体而言，这一类音节的保留会阻碍阅读的流畅性和文本的一体性，因此常省略不译。

对于节奏和韵律，该译本则给予非常周全和细致的考虑，灵活运用英语自身的优势和资源加以再造或补偿。下面将从音节重叠（叠词与叠字）、拟声、押韵、节奏等方面来分析。叠词与叠字是陕北方言的一个重要特色（汪东峰，2003：117），民歌创作者对它们也是信手拈来、钟爱有加，陕北民歌因此更加活泼生动、韵趣横生。音节重叠通常有"AA"（壳壳、盅盅）、"ABB"（泪蛋蛋、毛眼眼）和"A 格 BB"（蓝格莹莹、软格溜溜）等形式。但遗憾的是，英语中并没有对应的表现手法，在翻译中音节重叠所造成的效果只能失去。但了解其价值的译者会运用译语自身的手段加以补偿。如"山丹丹开花红艳艳"（《想延安》）中，"红艳艳"三字尽显花儿的绚烂，但英文即便借用彭斯的"red red"似的表达法也无法形成这种自然、生动、口语化的效果，因此，译文中用了"How red is the Morningstar lily"，用感叹的语气来补偿词汇层面上的损失。

再看拟声词的运用。拟声词在汉语和英语中有各自不同的形式，有时候可以找到大致的对应词汇来加以再现。如"一头毛驴踢塌踢塌踢（呀呼咳），/踢塌踢塌踢塌踢（呀呼咳）"（《走绛州》）中，拟声词形象地模拟了毛驴走路，蹄子击地有声的节奏，译文用了英语的拟声词"A donkey goes clip-clop-clip-clop and,/ Clip-clop-clip-clop-clip-clop and clip-clop"生动地将这一声音效果再现出来。但是有的时候却并没有对应的拟声词，只有通过其他音响手段加以补偿，如《走绛州》的第一节"一根扁担软溜溜的溜（呀呼咳），/软溜软溜软溜软溜溜（呀呼咳）"中，"软溜溜"既摹写出了形态，又模拟出了声效，英文中难以找出能与之相媲美的对应表达法，译为"A shoulder-pole is so soft and springy,/ So soft and springy, so soft and springy"，用嘶嘶作响的"s"音来模拟扁担颤动时的响声，也是一种求全不能而另辟蹊径加以补偿的处理方法。

在韵律方面，陕北民歌按照陕北方言很多都押尾韵，如"满（啦）天（哎咳）星（哎咳）一（啦）颗颗（哎）明，/天底下我就挑下了妹妹（呀）你一人"中，"明"和"人"在陕北方言中押"ng"的韵。对于押韵，译文并没有刻意去追求，一方面因为兼顾音和意的译文往往要放弃音而顾意，一味强调押韵往往会因韵害义；另一方面，陕北民歌之押韵，乃是民间传唱中自然形成的，而译文也强调语言的自然，避免造作与生造，因此，《西北回响》中的韵律追求语言自然地流动生成，避免雕琢拼凑之嫌。如《东方红》中，用[ai][n][ŋ]的尾韵，造成雄浑、激越的效果。在《黄河情歌》中，结尾则多用[əu]音来表示悠长的离愁别绪。这都是译笔所到，音韵自出之例。对于能达意但不能押韵之处，则顺其自然，以保留语言的朴素和自然为重。

　　节奏与其他声音特征一样，是和语言为一体的。汉语转换为英语，汉语的节奏必然会丧失，要表现出合适的节奏，也只能根据英语的语音规范再造。一般情况下，译文与原文在节奏舒缓、急促这样的基本特征上是一致的，但其具体表现手段却各有所长。如《祈雨调》，原文每一句的字数从 7 个字到 11 个字不等，整体上每一句的节奏都大体相似，但在视觉上并不整齐。译文则设计成抑扬格与扬抑格相错的整齐句式，烘托出一种类似于念咒或读经般的神圣、庄严效果。再如《木夯号子》，原文以"号一号二号三呀么再来着"收尾，节奏明快、整齐，动作性强，但英文直译只会增加许多音节而导致冗长与无意义，因此，译文为了再现这种节奏感，在语言形式上做了调整，用"Ram and tamp,/ Ram and tamp,/ And once again!"这样的三个短句来模拟原文的"号一号二号三"，营造出和原文类似的动态效果。

　　通过以上分析可以看出，陕北民歌中生动活泼、活灵活现的语音特征不可复制，只能通过译语自有的手段灵活变通，加以再造或补偿，以期失之东隅，收之桑榆。

　　（二）形

　　形式方面的特征主要体现在篇和句两个层面。在篇章的层面，主要包括谋篇布局、叙述视角、引语形式等方面。《西北回响》在篇章结构上体现了译语文本的整体性。这种整体性与原歌词文本会有差别，它有时是在损失之后的补偿，有时是在新的语言资源中的建构。如《过黄河》中，原文在第一节和第二节的末尾出现了"过黄河呀，过黄河呀"这样的背景性呼号，但是译本因为主要以阅读为主，这句背景性呼号放在原来位置上会削弱其原有的感染力和雄浑感。因此，在译本中，这一句被置于第一、第二和第三节的句首，从而一开始就营造出一种宏伟的气势，使主题更为突出。因为民歌的即兴创作的特点，在叙述视角上会有一些不规整和随意的地方，译文会出于篇章完整的考虑对之做出适当调节。如《崖畔上开花崖畔上红》是一首男女对唱的情歌，但原歌词中并没有表明角色分工，译文不但明确地注明了男声和女声的角色划分，而且还根据英文的构篇方式，将最后一节的男性视角转换为男女共同的演唱，和第一节的合唱遥相呼应，也使对唱的形式更加合理。此外，译文还将一些间接引语或自由直接引语处理为直接引语，使对话的情境更为真切，语气更为强烈，故事性增强。篇章方面的调整还体现在一些细节层面，比如《想情郎》一歌，主角张彩霞的名字第一次出现时是"彩霞"，但在第二节中却出现了"张彩霞"这样的全名。在译文中，第一次出现时用了全名，以后全用"Caixia"或"she"，更符合英语的表达习惯和逻辑顺序。

在句子层面，主要包括句长、节长等视觉层面的形式特征，和对仗、排比等修辞层面的形式特征。形式的意义在于它有助于主题的表达。对仗句和排比句有利于烘托气氛，在译文中也基本上用同样的语言手段来达到类似效果。如《黄河源头》中精彩的对仗："浑格嘟嘟地流呀流，流千年积怨。/甜格润润地飞呀飞，飞千里万里"，形式比较整齐，情绪饱满。译文为：

> Its muddy water flows through a thousand years,
> Through ups and downs, and odds and ends.
> Its big waves push ahead for a thousand miles,
> By leaps and bounds, and twists and turns.

从原文直译，不但"浑格嘟嘟""甜格润润"这样的叠词难以处理，而且在语义上也有飘忽不定、逻辑模糊的难点。译文巧妙地调整了词的位置，有效运用了英语自身的词汇和语音优势，在逻辑和意义上做了清晰化处理。译文不仅形式上极为工整，而且意境更为宏伟、沧桑，堪称典范。

在句长和节长上，译文基本上与原文一致，但有时候也会根据情绪的自然流动适当调整，从而使情绪更加饱满，叙述更为完整。如《想情郎》第一节：

> 杏花村有个姑娘名叫彩霞，
> 彩霞她会种地又会绣花。
> 绣得那个人会笑，水会流，
> 绣得那个鸟会飞，鱼儿会游。

译文为：

> A girl named Zhang Caixia,
> Who lives in the Apricot Village.
> Who is good at farming, and
> Her Embroider is special.
>
> The figure she embroiderd smiles,
> The river she embroideded flows,
> The bird she embroidered flies,
> And the fish she embroidered swims.

原文中一句扩充为两句，因此一节扩充为两节。对比汉英两个文本之后我们可以发现，译文的叙事性更为充分，故事性大大增强。第二节对原文的细节加以放大，用排比的句式将彩霞的绣艺描绘得活灵活现，动感十足，文字的表现充满张力。反过来，有时候出于气氛和意境的考虑，句子也会缩短。如《打樱桃》中最后一节：

> 站在（的那个）坡上瞭（呀）瞭一个瞭，

瞭不见那山长（勒）着好樱桃。

（哎嗨哟）咱两人相跟上走上走上那一遭（哎）。

译文中除去垫字和演唱中的装饰音，三句的字数分别为9、10、13，在演唱中，最后一句拉长，抒情性加强。但是作为一个阅读文本，也可以有其他更适合于视觉美感的考虑。译文调节了句长，变为：

We stand high on the hillock and look yonder,

We see nowhere grows the cherry tree.

But we go together all the way.

译文和原文呈相反的梯形结构，语句长度递减，语调越来越轻快，以此暗示心情的轻快和喜悦；同时在视觉上又表现出了男女二人并肩而去、渐行渐远的画面感。

（三）意

音、形、意三者中，意是最为核心的要素。即兴创作、口头传唱的陕北民歌，其歌词具有随意、模糊、简洁的特点，为了能准确地传情达意，在翻译中经常需要做明晰化处理。比如，比兴是陕北民歌的一大特色，但在很多比兴单元中，上句和下句之间的联系非常模糊。如"羊羔羔吃奶弹（着）蹄蹄，/苦命人找不下好（着）伙计"（《苦命人找不下好伙计》），轻轻踢动着后蹄吃奶的羊羔这个意象，和后面的苦命人找不到伴侣的事实之间的联系是什么？作为一个阅读文本而言，其中省略的东西太多了。因此，译文将其联系明晰化，译为"A sucking lamb wants a mastos breast./ And an ill-fated life wants a male mate"，删去了"弹蹄"的动作，抓住了两句中的共同点，比兴关系得到彰显。同样的例子如"六月的日头腊月的风，/老祖先留下个人爱人"（《老祖先留下个人爱人》）译为"The sunny day in June and windy day in December, / That man comes to love woman is by human nature"。译文增加了"by human nature"就使上下句之间的比兴关系合情合理，而不是风马牛不相及。这两个例子中的译法一为删、一为增，可见译无定法。语义清晰化的处理法还出现在歌名的翻译中。大多数的标题都采取了直译法，但有时当原标题有不甚贴切之处时，会做调整。如《小寡妇上坟》的内容是一个青年寡妇在丈夫坟前的哭诉，因此，译文改为"A Young Widow Crying on Her Husband's Grave"，用"crying"一词点明主题。再如《翻身道情》的歌名中，"翻身"直译会增加不合适的意象，"道情"作为一种民歌体裁名称直译无意义，因此译为"A Song of Liberation"，是一种凸显主题、明晰语义的处理法。此外，当歌词中出现逻辑不合理的地方，也会在语义上加以调整，使其清楚、合理，如《绣金匾》中有一句"金匾绣的红"。金匾为红底金字，"绣的红"在逻辑上不通，因此，译为"And we embroider red banners with best manners"，删去了"红"字，也不在颜色上纠缠，视角一转，用"专心"（专心亦即红心）来表达，音与意一举两得。

陕北民歌反映了陕北的民风、民俗、民情等民间文化特色（辛雪峰，2003：23），陕北方言是其重要载体。方言除了能够传达意思，还能够表现浓郁的乡土气息，如"光景""神神""碱畔""挨头子受背兴"等。但这类词所负载的乡土气息不可译，只能舍弃。但译者指出，还有一些方言能够反映陕北人特殊的认知方式，如将太阳称作"阳婆婆"（《打樱桃》），具有独特的文化价值，应该保留。因此，将之译为"the Granny Sun"，而不是"the sun"，慈爱的女性形象的太阳显得更为亲切、温暖。陕北民歌的民间文化特色还体现在其称谓上，如"二妹子""三哥哥""干妹妹"等，这些都无法直译，但译文也并没有简单地都处理为"you""I"等，而是根据对话、气氛、篇章等需要，在不同地方处理为不同的对应称呼"you""I""my dear""my love""we"，等等，以整体的构思指导细节的处理。还有一些或实或虚的地名，译文也根据其重要性和地位做出相应的不同处理。如著名的民歌《三十里铺》中，"三十里铺"不但是一个现在仍然存在的实际地名，而且是一个关键词，因此，译文标题直译为"The Thirty-mile Village"，而在第一节中译为"It is a village thirty miles from the city"作为对它进一步的解释。而如"三边"（《走三边》）这样现在已经不再使用的简称，则意译为"the Old Frontiers"，强化了沧桑、苦难的主题。还有一些虚实无从考证也无须考证、在歌中也没有关键性作用的地名，则将其淡化或者省略，如"送情郎，送在五里桥……/送情郎，送在柳树墩"（《妹妹永远是哥哥的人》）中，"五里桥"与"柳树墩"换成"六里桥"或"柳树洼"也不会造成重要区别，只是说明送别之远。因此，译文分别用了"the Bridge""the Willow"这样的概略法来译，避免写实的译法对语言的顺畅和简洁造成不必要的干扰，但保持了"桥""柳"这两个有文化含义的意象。

在音、形、意三者当中，意的可译性最强。即便如此，通过对译本的阅读和分析，我们看到，可译性最强并不意味着直译的可行性最强。译者仍然要在成熟的整体性把握之下，对细节进行灵活的操作，才能够将丰富多彩、情真意切的陕北民歌魅力不减地介绍给英语读者。

三、两条道路与一个目标

西安音乐学院 2009 年 10 月组织了一次陕北民歌翻译研讨会，会上邀请民歌演唱家用英语来演唱一些陕北民歌，为此需要翻译出一些可演唱的陕北民歌。这种翻译就是本文前面所说的演唱文本的翻译。可以说，对于歌曲翻译而言，演唱文本的翻译应该更符合其本体，而歌词文本的翻译则是其变体或者是基础。但如果将陕北民歌的全部价值予以考虑，我们就可以看出两种翻译各自的优势与不足。

陕北民歌具有双重价值：一是其作为歌曲的价值，二是其作为文本的价值。前者体现了演唱性，后者体现了阅读性。对于演唱文本的翻译而言，音和形的方面都要合乎原歌曲的特征，而语意的传达必须迎合音和形的限制，那么就不可避免地出现凑韵、凑音、凑节奏的现象，意需要妥协于音和形。而对于歌词文本的翻译而言，意是构成译文本美学价值的最核心的要素，音和形次之。歌词的内容和意义能够获得充分的自由加以再现，但去除了曲调，其损失也显而易见。

《西北回响》的译者王宏印在后记中提到，对一些演唱性音节的删减导致了"演唱性向文学的阅读性的滑落"（王宏印，2009：133）。译者用"滑落"一词表示对这种改变的无奈和惋惜。就第一种价值而言，译本演唱性的削弱，的确是一种滑落，而就第二种价值而言，译文不但调动英语的诗歌手段，在音、形、意三个层面对损失进行了多种手段的积极补偿，而且，译本中许多歌曲的完整性、故事性、逻辑性都得到了完善。因此，其负载信息增加，可以看作对陕北民歌在阅读性上的一种提升。同时，这个译本也可以作为一个演唱文本的基础。目前译本中有一些歌，如《走西口》，基本上可以根据原曲演唱，其他大多数在根据原曲调加工和完善后，也可以变为演唱文本。

无论哪种翻译方法，都是一个在音、形、意之间寻求平衡、妥协的过程。诗歌诗歌，诗即是歌，歌即是诗。在陕北民歌的翻译中我们可以看出，在音、形、意三个要素之间，往左走就是歌，往右走就是诗。我们或许可以将陕北民歌的译本据此理解为两种可能的存在形态，一为歌，一为诗。本雅明将各种语言看作纯语言这个完整花瓶的一个个碎片，那么如果说陕北民歌是一个完整花瓶的话，译歌与译诗就是它的不同碎片，二者相结合更接近陕北民歌的全貌。

如果说陕北民歌的翻译注定是一种丧失，但又绝对是一种必要的丧失。反过来看，也未尝不是一种获得。通过译者的创造性劳动和艺术化的努力，在保持原有民歌魅力的基础上，又将英文的语言魅力和英语诗歌的一些可以容纳的要素融化于其中，使陕北民歌在英文翻译的文本里，获得了第二次生命。正如赵季平在序言中所说，"中国不仅经济要走出去，文化也要走出去"（王宏印，2009：133）。在"世界的"背景之下，"民族的"愈显其珍贵。让我们把陕北民歌的翻译看作它生命中的一个部分，通过翻译这个再创作的阶段，它失去了一些，但获得了更多。

参考文献：

[1] 汪东锋. 陕北民歌的选词与叠音艺术谫论[J]. 广西社会科学，2003（10）：117-119.

　[2] 王宏印. 西北回响：汉英对照新旧陕北民歌[M]. 北京：文化艺术出版社，2009.

　[3] 辛雪峰. 陕北民歌中的民俗事象考察[J]. 交响，2003（1）：21-26.

　[4] 薛范. 歌曲翻译探索与实践[M]. 武汉：湖北教育出版社，2002.

　　（本文原载于《交响——西安音乐学院学报》2009 年第 4 期）

诗人的译作，译者的诗歌

——评王宏印教授《朱墨诗集》

荣立宇

[摘要] 本文简要介绍了王宏印的新作《朱墨诗集》(含创作卷和翻译卷) 一书，从"题材多样""思想深沉""音韵自然"三个方面论述了王宏印诗作的特点，以"注重整体""强调创意""音韵自然"三个方面概括了王宏印译诗的特色，最后指出，创作卷、翻译卷两卷有如太极中的两仪和谐地结合在《朱墨诗集》这个完整的太极图谱中。

[关键词] 诗歌；创作；翻译；《朱墨诗集》

　　王宏印，笔名朱墨，翻译家，翻译学研究专家，诗人。南开大学外国语学院英语系教授，翻译研究中心主任，英语语言文学学位点博士生导师，博士后流动站站长。曾任中华典籍翻译研究会会长，中国英汉语比较研究会副会长，中国跨文化交际学会常务理事，中国翻译协会理事、专家会员。王宏印以翻译研究学者名世，同时在诸多领域有所建树，如《公孙龙子》《二十四诗品》《红楼梦》及石涛、莎士比亚、穆旦、陕北民歌研究，等等。特别是在诗歌研究、诗歌翻译，以及诗歌翻译研究诸方面，已出版《〈红楼梦〉诗词曲赋英译比较研究》《〈诗品〉注译与司空图诗学研究》《穆旦诗英译与解析》《孕育：白蒂诗自选集》《英诗经典名译评析——从莎士比亚到

金斯伯格》《新诗话语》等著作，可谓成绩斐然。不仅如此，王宏印
还是一位优秀的诗人，早在20世纪80年代末期，便出版了个人诗
文集《彼岸集》，并且时有新诗发表。可以说，王宏印是典型的学者
兼诗人，或曰学者型诗人，或曰诗人型学者。2011年7月，王宏印
的新作《朱墨诗集》由中国出版集团世界图书出版公司出版发行。
该书是王宏印在多年从事诗歌创作与诗歌翻译及其研究的基础上精
雕细琢、倾力奉献给诗界、译界的一部力作。诗集包括创作卷、翻
译卷两部分，两卷书犹如一对艳丽的姊妹花各自盛放在我国诗歌及
诗歌翻译的百花园中。阅读《朱墨诗集》，徜徉于诗情画意之间，感
受到的是一次中国新诗的洗礼，一次汉诗英译的学习。如今试评之。

一、《朱墨诗集》（创作卷）

《朱墨诗集》（创作卷）按作者创作诗歌的时间先后为序编排，
分为四个部分，即第一辑"飞翔颂"（1983—2000）；第二辑"津门
岁月"（2000—2005）；第三辑"理解草原"（2005—2009），以及第
四辑"古老的智慧"（2009—2010），收录诗歌约500首。最后附有
英诗自译作品数首。其中，《陕北组诗》曾发表于陕北民歌英译集《西
北回响》的附录部分；《大地之魂》《华山组诗》曾发表于作者第一
个诗文集《彼岸集》；《若有所失》一首曾于2003年发表在《国际汉
语诗坛》第29期；《穆旦印象》一诗发表在《穆旦诗英译与解析》
附录中；《都市深夜》一首刊登于《天津现当代诗选》；《英雄》《冰
的幻觉》曾于2003年发表于天津作协办的《青春阅读》；《红楼梦
吟》诸首发表于《〈红楼梦〉诗词曲赋英译比较研究》一书中；其余
都是初次发表，值得读者期待。王宏印虽然尝试过旧体诗的创作，
但很快放弃。之后以不写格律诗为原则。综观王宏印诗作，具有以
下几个特色。

1. 题材多样

《朱墨诗集》（创作卷）中的作品题材多样，有描写亲情者，如
《写在母亲节》《儿子：十七岁》；有描画风物者，如《陕北组诗》《华
山组诗》《关中的雪：旧时院落》《乡音：再感受》等；有旅途记游
者，如《山东记游》《石家庄印象》《苏州小品》《烟台威海行》《福

建之旅》《三峡所见》《草原风情》《雪域》《重访草原》《春节：绍兴—杭州行》等；有探索哲理者，如《飞沫集》《哲人小传》；有鉴赏艺术者，如《民乐组诗》《大地之魂：拟晁海画意诗作》《晁海画意》《罗丹的艺术》等。这些作品所表达者或是诗人对于生活的无比热爱，或是对于世道人情的无限悲悯，或是对于故土风物的一往情深，或是对于国外风情的片刻玩味，或是对于哲理名家的重新思索，或是对于艺术门类的体察洞悉，或是对于祖国大好河山的热情讴歌，抑或是对于祖国人文景观的高声颂扬等。这些诗歌作品如实地记录下了王宏印人生各个阶段不同时期的生活经历与心路历程，或者情真意切，或者哲思深沉，或者见解独到，或者慧眼颇具，都是十分优秀的作品。读之，让人有所感，有所思，有所悟，收获匪浅，受益良多。

2. 思想深沉

《朱墨诗集》（创作卷）中 500 余首诗歌包含了早期的哲理诗、具象诗以及后来的现代派诗歌。哲理诗主要集中在《飞沫集》中，如第七首，"记忆的筛子/盛着痛苦与欢乐/漏掉了太多的平淡"（王宏印，2011a：4），第十五首，"花儿着意的/其实是自己的美/却在无意间/装扮了江山"（王宏印，2011a：5）等，通过诗人的手笔，深沉的哲理于平实的生活中间凸显出来，散发出诗性智慧的光芒。具象诗是诗集中一道靓丽的风景，如《猢狲愁》一首的开头，众多数量词分散错落，犹如猢狲零散错落地出现在山坡的不同地点，颇具画面感；《千尺幢》一首，右半边"自古华山一条路"犹如一条小路蜿蜒，左半边，诗人登山时的所思所想，几乎与之平行同样崎岖，让读者产生了身临其境的阅读效果。诗集中包含最多的则是现代派诗歌作品，这部分诗作技法老道，思想十分深沉。如《普陀之旅》一首，"你从你的方舟看我，我从我的方舟看你"（王宏印，2011a：346），蕴含着主体间性的思想，"被颠簸与浊浪扰着"含有"苦海无边"的深意，"啊，我们都在旅途中希冀"一面道出了世人的生活状态，又与《等待戈多》一剧的精神相暗合。再如《碧嫫：舞之魂——献给杨丽萍》一首，"你用舞旋划出一串轮回"（王宏印，2011a：233），佛教的思想随"轮回"一词而出，"从开始到另一个开始"（王宏印，2011a：233）反映了艺术的本真状态，"而你搅彻文明的中央/像漩涡，或旋风起舞"则是杨丽萍舞蹈艺术对于学院派舞蹈路数的成功消解。

3. 音韵自然

在诗歌的音响效果方面，王宏印十分讲究音韵自然。但就韵律这一点而言，王宏印并不刻意追求韵脚的整齐划一，而是根据诗意，依据作诗时的行文走笔，因地制宜，能押即押，不强求，以免因韵害辞，影响诗意。而且押韵也不仅限于尾韵，适当采用头韵和行间韵。因此，其诗作的音韵效果和谐自然，不牵强，不做作。《诗集》中的作品有通篇押韵者，如《玉女峰》《京胡》《回忆（局部）》《乡情》《一头大象告诉我们什么》等，但大部分诗歌作品或随时换韵或无韵，如《你若是一只鸟》，通篇基本押"ao"韵，然而收尾两句"为我的枯萎而叹息/为我的死亡而哭泣"（王宏印，2011a：69），陡然一变，以低回的"i"韵传达出一种忧思伤感的情绪。再如《碧嫫：舞之魂——献给杨丽萍》一首，全诗 5 个小节，1、2、3、5 小节不设韵脚，而第 4 小节，"像蜻蜓吸附在叶尖/流云漂浮在山巅，或/孔雀开屏在眼前——/你本是一只绿腰的孔雀啊/造化赐你到人间"（王宏印，2011a：233），"尖""巅""前""间"韵脚的密集安排装点"蜻蜓""流云""孔雀"三个密集设置的优美意象，意象美与音响美完美结合，颇令人玩味。除了韵律以外，王宏印还通过拟声字、词语重复和词语的特殊处理效果等手段，来营造诗歌音响效果上的美感。如《猢狲愁》一首，"好快活"重复两次，又添加了"嗨，嗨嗨""哈，哈哈"等拟声词，使得该诗产生了民歌唱诵般的音乐美，读之产生的感觉，与倾听刘欢演绎的《好汉歌》十分相仿。如《三弦》开头的"叮叮叮叮叮"，描摹三弦的声音，《京胡》一首中的"京腔京腔京京腔"再现京剧中锣鼓家伙的声响，在切题的同时又具有一定的音响意义。再如《蔡琴》一首，"仍然像年轻时倚在窗上相思/或思乡"（王宏印，2011a：140），诗人通过"相思"和"思乡"在音节上的颠倒，然后并置，产生了很好的音响效果，令读者读之不忘。

二、《朱墨诗集》（翻译卷）

《朱墨诗集》（翻译卷）包括五个部分，即魏晋诗两家、唐诗五十家新译、宋元明清词十一家、《红楼梦》诗词一家、现代词三家，共收录王宏印中诗英译作品 282 首，其中涉及魏晋以及唐宋元明清的诸多著名诗人诗作直至近代的鲁迅、毛泽东和于右任的诗歌作品。其中的毛泽东诗词英译为精选集，于右任诗词英译开国人英译于右任诗歌之先河。虽然选诗不成系统，但译者还是在前言中为此梳理出了脉络，即从处于五言诗格律成熟开端的阮籍和陶渊明诗，到作为五言七言格律诗高潮和完成的唐诗，到变整齐为错落更加讲究押韵和歌唱性的宋词，曲牌混杂、格调下降的元曲，再到清代艺术高峰《红楼梦》中的诗词曲赋，最终归结于现代身份地位有别、古典诗词功底深厚的三位大家——鲁迅、毛泽东和于右任。作为翻译卷的一大亮点，唐诗、宋词的翻译部分还设置了回译。综观王宏印的译诗，具有如下特色。

1. 注重整体

王佐良曾指出，翻译诗歌时，"除了句对句、行对行的忠实外，还应使整篇译文在总的效果上与原文一致"（王佐良，1989：79）。周煦良也认为，在翻译诗歌时，效果是最为重要的。每一首诗歌都有一个主题或中心思想，诗的每一部分、每一句都为这个主题或中心思想服务，只要我们的译诗能够再现原诗的主题效果，可以牺牲某些不重要的比喻、细节，也可以增加一些次要的比喻、细节（周煦良，1984：154-155）。在注重译诗整体效果这一点上，王宏印的翻译思想可谓与两位先生不谋而合，他在诗歌翻译实践中特别注重诗歌整体效果的再现，如元稹《离思》（四）一首，原诗"除却巫山不是云"一句，"巫山云"有典，直译会让译诗读者颇费思量而不解，加注则有碍于读者的阅读，于是，王宏印将此一句处理为"Non-other Goddess than you are/ You're mine—who else could be"（王宏印，2011b：152），省去巫山，直言女神，诗人心中的"女神"又与"巫山女神"相脉通，乃出于注重译诗整体效果计。再如金昌绪的《春怨》后两句，"啼时惊妾梦，不得到辽西"。其中"辽西"一语在中国文化中泛指边陲之地，倘若直译，读者不解之，于是王宏印加以变通，将到辽西的深意予以明显化，在翻译中将女主角身在边疆的丈夫交代出来，亦是不拘小节，注重译诗的整体效果的表现。

2. 强调创意

弗罗斯特（Robert Frost）关于诗歌的经典论述，"诗者，译之所失也"，指出了诗歌在翻译过程中，一定信息（意美、形美或音美方面）丧失的不可避免性。但有所失必有所得，所以苏珊·巴斯奈特（Susan Bassnet）尝言，"诗者，译之非所失也；诗者，恰为译之所得也"（海岸，2005：27）。王宏印对于诗歌翻译中的"得与失"有着深刻的洞察，在译诗过程中，十分强调创意。如李清照的《一剪梅》（离愁）一首最后，"此情无计可消除，才下眉头，却上心头"一句，王宏印的译文为"No way to remove it, no way/ You conceal it from the face/ And it caresses you in the heart"（王宏印，2011a：198），翻译回中文便成了"你在表情上掩饰它/它却在你的心里亲吻你"。如此一来，原诗"下眉头"与"上心头"的意象以"掩饰"与"亲吻"的生动场景替换之，这使得诗中女子离愁不欲人知的婉转心绪与愁绪中带有甜情的细腻心态跃然纸上，正与徐志摩所言之"蜜甜的忧愁"相暗合，颇得创译之妙。再如刘禹锡之《竹枝词》最后两句，"东边日出西边雨，道是无晴却有晴"，其中"晴"字与"情"字谐音，这一点在英语中不能再现，于是王宏印将其处理为"How about you—do you love me through foul and fail?"（王宏印，2011a，102），回译为"你怎样啊：你爱我无论是晴还是阴？"，绕开了不可译的谐音，创造了新的表达模式，而且颇得诗趣。

3. 音韵自然

音响效果的美感是诗歌美感的一个重要方面。但是，关于译诗如何再现原诗的音响效果的问题，长期以来，学界一直在不断地尝试和探索，行人人异，言人人殊。王宏印对于诗歌翻译中音响效果的再现有着自己的看法。他认为，诗歌的美感在韵律方面的体现只占一小部分，译诗当然应该尽量再现原诗的意境、气氛、趣味，至于押韵，则是能押即押，不能将韵律做绝对化、机械化处理，避免因韵而害辞。所以王宏印的译诗中对于韵律的处理颇为灵活，译诗中虽然也有韵脚规律的作品，如杜甫的绝句"两个黄鹂鸣翠柳"一首，王宏印译诗的韵式为 aaba，白居易的《暮江吟》一首，译诗韵式为 abcb 等，但大多都是随机押韵、因地制宜的，而且在押韵方面也不限于尾韵，还包括了头韵，如 "How about you—do you love me through **foul and fair**（道是无晴却有晴）"（王宏印，2011a：102）、"Plums begin to taste **sweet and sour**（梅子留酸软齿牙）"（王宏印，2011a：207）等。如果把韵式规整的译作比作"方九里，旁三门，国中九经九纬，经涂九轨"的中原王城建制的话，那么王宏印的译作则可比作"依山就水，不拘一格，顺势而建，曲径通幽"的丽江街景。另是一种布局，别然一番美感。王宏印的这种韵律处理方式的好处是避免了译诗中因韵害辞的情况，从而将译者更多的注意力转向原诗意境、气氛、趣味的再现以及诗歌节奏方面的考量。

三、总评

综上，分而评之，王宏印的诗作具有"题材多样、思想深沉与音韵自然"的特点，其译作则具有"注重整体、强调创意与音韵自然"的特色。总而言之，《朱墨诗集》两个部分，一为创作，一为翻译，貌似隔阂，实则脉通。首先，《朱墨诗集》（翻译卷）前言交代了王宏印译诗遵循的基本原则，"中诗西化，古诗今化，含蓄美化"（王宏印，2011b：3），如此"三化"，王宏印在诗歌翻译中的创造性或曰创作性的适当发挥尽在其中；其次，《朱墨诗集》在编排上匠心独运，创作卷篇末部分附加了个人诗歌作品的数首自译，翻译卷唐诗与宋词部分设计了诗歌作品的回译。这样的设置一方面反映了诗人译者翻译研究专家的学术底色，另一方面在一定程度上增加了《朱墨诗集》一书的学术研究价值。自译和回译是翻译研究中十分重要的课题，回译涉及原诗到译诗然后再次返回原诗的过程中原诗意义的增减与形式的变迁，以及整个过程中创造性或曰创作性的发挥与控制；而自译则反映出身兼作者与译者的诗人在翻译自己作品的过程中翻译与创作的微妙互动关系。此外，创作与翻译的脉通还体现在译者的诗学理念在作诗与译诗中会有一致的外在表现，如王宏印对于音韵自然的追究便体现在他的诗作和译作之中。质言之，《朱墨诗集》创作卷与翻译卷一方面各具特色，另一方面又彼此关联。两卷书有如太极中的阴阳两极，一方面黑白分明，另一方面却是彼此脉通，你中有我、我中有你，完美和谐地结合在《朱墨诗集》这个完整的太极图谱中。王佐良在《翻译：思考与试笔》一书中曾指出诗人译诗的双赢局面，"译诗是一种双向交流，译者既把自己写诗的经验用于译诗，又从译诗中得到启发"（王佐良，1989：55）。王宏印的《朱墨诗集》恰恰是这种双赢局面的完美体现。

参考文献：

[1] 海岸. 诗人译诗，译诗为诗[J]. 中国翻译，2005（6）：27-30.

[2] 王宏印. 朱墨诗集（创作卷）[M]. 北京：国防工业出版社，2011a.

[3] 王宏印. 朱墨诗集（翻译卷）[M]. 北京：国防工业出版社，2011b.

[4] 王佐良. 翻译：思考与试笔[M]. 北京：外语教学与研究出版社，1989.

[5] 周煦良. 谈谈翻译诗的几个问题[A]. 中国翻译工作者协会《翻译通讯》编辑部. 翻译研究论文集（下册）[C]. 北京：外语教学与研究出版社，1984：141-158.

（本文原载于《外语艺术教育研究》2013 年第 4 期）

庄谐韵散融一体，论疏评点铸新译

——王宏印新译《哈姆雷特》评析

王洪涛

[摘要] 作为一种典型的原作生命之"再生"形式，文学经典的重译实现了原作生命在译语崭新文化语境中的进一步延续。王宏印的《哈姆雷特》新译本以译者对原作的全新理解为基础，通过富有新意的翻译策略和方法，实现了对这一经典剧作的成功重译，整部译作呈现出庄严典雅与诙谐俚俗巧妙交融的语言文字特色、韵体素体与散体对白恰当对应的文体艺术风格、论疏导读与讽喻评点多策并用的文化诠释架构，给人焕然一新的审美体验。

[关键词]《哈姆雷特》新译；语言风格；文体对应；文化诠释

引言

作为英国剧作家威廉·莎士比亚创作的四大悲剧之首，《哈姆雷特》自 19 世纪末 20 世纪初传播到中国以来，已经诞生了十多个汉译本。其中最具代表性的有 20 世纪 30 年代问世的梁实秋译本、40 年代诞生的朱生豪译本、50 年代产生的卞之琳译本，以及"文化大革命"前结稿而其后出版的孙大雨译本。继上述名家名译之后，上海外语教育出版社近期以英汉对照的形式推出了南开大学王宏印历时九年，五易其稿译成的《哈姆雷特》新译本（2012 年出版，2013 年首次重印，本文简称为"新译"）。

新译《哈姆雷特》重印之时，恰逢笔者正在英国牛津大学英语语言文学系访学，承王宏印嘱托，专程前往莎士比亚的故乡——埃文河畔美丽的斯特拉特福德小镇，将虽跨越重洋但仍墨香馥郁的《哈姆雷特》新译本敬献到莎翁墓前，并捐赠到镇上的"莎士比亚中心"，受到中心主任戴安娜·欧文博士和藏书馆馆长保罗·泰勒的盛情接待。临别之际，欧文博士特意向王宏印修书一封以致谢忱："亲爱的王宏印教授：非常感谢您的《哈姆雷特》新译本！感谢您的盛情捐赠！我们会尽快将该译本登记纳入我们中心的藏书，以便读者可以阅读……我们获悉，该译本注疏详尽、装帧精美，是您九年辛勤工作的结晶，我们谨此对新译的出版表示衷心祝贺！"（笔者译）

访学归来，笔者趁假期稍暇之际，仔细对照英文原作通读了这部《哈姆雷特》扛鼎译作，感佩其庄严典雅与诙谐俚俗巧妙交融的语言文字特色、韵体素体与散体对白恰当对应的文体艺术风格、论疏导读与讽喻评点多策并用的文化诠释架构，进而感受到译者对译事的敬业精神和严谨的治学态度。现从文字、文体、文化三个维度对该书予以简要评论。

1. 文字维度：庄严典雅与诙谐俚俗的巧妙交融

莎士比亚创作《哈姆雷特》的时间大致为 1601 年至 1602 年，时值女王伊丽莎白统治时期。其时，英国正值资本主义上升时期，戏剧和文化飞速发展，英语语言也伴随着英国的崛起处于高速的丰富和发展阶段，在词汇上呈现出古今兼收、雅俗并用的特点，由此构成莎士比亚创作《哈姆雷特》时的社会语言环境。更为重要的是，《哈姆雷特》以丹麦历史上王子复仇的故事为基础，吸纳了深刻的人文主义思想，达到了英国文艺复兴的悲剧高潮。这部悲剧以王子哈姆雷特为中心，构思精巧，人物众多，涉及上至国王、王后和王子，下至士兵、水手和掘墓人，中间包括各色官员大臣等众多角色。妙手天工的莎士比亚为不同人物角色设置的个性化语言可谓庄谐并举，雅俗共赏。关于这一点，卞之琳早有定论："多方面的、发展的中心人物引出了各方面的也是发展的中心人物，产生了复杂而清晰、紧张而微妙的情节，也就规定了剧本语言的丰富多彩。"（卞之琳，

1980：49）

　　针对《哈姆雷特》原作这种典丽与俚谚交织的语言风格，新译超越一般所谓直译意译的翻译技法，兼顾归化与异化的翻译策略，采用整体风格模仿和语言同步推进的"表现手法"，成功实现了对于原作绚烂多姿语言风格的再创造，使得整个译本在语言文字维度上呈现出庄严典雅与诙谐俚俗巧妙交融的艺术效果。具体而言，对于丹麦新王和王后在一些礼仪场合的陈述、剧中剧里伶王与伶后的对话以及外交使臣的领命与回禀等，新译使用了庄严的正式语言。例如，新王克牢获斯出场时的一席话，典雅庄重而得体："仁兄哈姆雷特先王新晏驾。/他的音容犹在，众人难免/内心充满悲痛，举国上下/一起志哀，着实不胜伤悲……"（王宏印，2012：15）同样，对于御前大臣玻罗涅斯既世故圆滑而又迂腐老朽的心机展露，在君王面前的阿谀奉承和在下属面前的高傲自负，以及在子女面前的谆谆教诲，甚至那些充满人生哲理的谚语和酸腐挖苦的论调，新译在语言风格上都再现得庄谐得当、贴切可感。相比之下，王后的言辞，却又不同。从下面一则点评中可以看出译者对其语言定下的基调：

　　　　王后的言辞，不同于奸王的穷根究底和老谋深算，却是中规中矩，合情合理。其中的用词如"不嫌怠慢""行些方便""实行善举""费些时间""成全心意"等，均显示出一位有教养的高位夫人的言辞妙趣。（王宏印，2012：69）

　　对于王子哈姆雷特多处才华横溢的大段抒情，新译遣用隽逸的文辞、铺排华丽的语汇，尽力再现其典雅的风格。例如，第二幕第二场哈姆雷特支应两位旧日同窗刺探的一段话，新译这样予以传达："且看，这覆盖万物的昊昊苍穹啊，这富丽堂皇的巍巍天篷啊，这金碧辉煌星辰灿灿的辽阔天宇啊，在我心目中不过是一团乌烟瘴气的喧嚣所在……"（王宏印，2012：87）至于水手、伶人、掘墓人等市井人物的俚俗化语言，译者则相应地将中文的俚语、俗语、谚语乃至民间歌谣等吸纳到译本中，创造性地传达出原作诙谐幽默、朗朗

上口的语言风格。例如掘墓一场两个掘墓人之间的斗嘴，诙谐而具
有职业特点，译文吸收民间智慧和机智俏皮的话语方式，并对民歌
体加以改造和借用，采用民间语言乃至于地方方言，使得这些人物
的职业身份得到充分体现。而令人读之难忘的则是第三幕第二场伶
王之侄投毒杀人一段，译文先运用三字结构继而用错落而规整的韵
律和节奏，将这种丑角的语言风格展现得淋漓尽致，而且和舞台动
作配合密切，使人如临其境，不禁拍案叫绝：

> 心计黑，手段狠，药性毒，时机巧。
> 快行事，莫迟疑，天不知，地不晓。
> 夜半采来毒药草，熬成毒药一小勺。
> 赫卡歹咒语念三遭，再把药汤摇三摇，
> 毒性魔力发挥了，要命的毒性发作了，
> 不管活着有多好，即刻把你的小命要。（王宏印，2012：135）

　　事实上，新译在语言文字维度上庄严典雅与诙谐俚俗地巧妙融
合，不仅成功再现了莎剧语言多重基调、多样风格的特点，而且使
得译本中各个人物角色的个性更加鲜明，实现了"所有人物差不多
都是一开口就使我们听得出谁是谁"（卞之琳，1980：49）的良好效
果。进一步而言，新译的人物语言并非刻板的脸谱化，而是随着人
物心情和环境的变化而富于变化。这既符合文学翻译的语言要求，
也使得新译本更加引人入胜，增加了译作的可读性和趣味性。这一
特点，乃是当前许多翻译作品所欠缺的。

2. 文体维度：韵体素体与散体对白的恰当对应

　　《哈姆雷特》的文体特征及其汉译问题一直是莎剧翻译研究界关
注并争论的焦点。广义上而言，原作属于诗剧（poetic/verse drama）
的范畴，但因其中又包括相当比重的散体，所以又可以进一步划分
为诗体（verse）和散体（prose）。深究下去，还可以将其文体细化为
韵体（rhymed verse）、素体（blank verse）、散体以及对白等。正因
为如此，学界长期以来基本上将该剧的汉译分为散体译本（以朱生

豪、梁实秋为代表）和诗体译本（以卞之琳、孙大雨为代表）两种类型。针对这种过于简单的认识，新译者做了深入的研究，认为目前所谓散译体并非全是散译而没有诗体翻译，如朱、梁都以韵体翻译了《哈姆雷特》一剧中的韵体和民歌，而真正作为区别之处的素体诗翻译部分，现有亦步亦趋的诗译本（以卞译为典型代表）在节奏、意义和韵味的传达上都难以尽如人意，况且莎剧中素体诗与散文体之间的界限模糊，因此，"在这种情况下，坚持要以诗译诗，其意义就不是十分重大的了"（王宏印，2012：xii-xv）。

　　有鉴于此，新译者提出了"文体对应"的理念，即"以韵体诗译韵体诗，以素体诗译素体诗，以散体译散体，以对白译对白"（王宏印，2012：xxi），并在翻译实践中身体力行。其具体做法是：对于韵体诗，采用较为严格的对应法，将原诗的音步、节奏以及韵脚悉数译出，但绝不机械对应或拼凑韵脚；对于素体诗，则使用灵活的宽式对应法，即虽按诗行排列，但转行自然，不拘泥于音步，不追求行行对应，而是注重自然音节的和谐和诗行整体排列的视觉效果；对于散体，追求散文的韵味和语言的内在节奏感，注意排列效果和修辞效果；至于对白，则使用地道自然、朗朗上口的日常口语进行翻译。

　　此处仅举数例，对新译在文体上与原作形成恰当对应的艺术风格作一管窥。第一例取自第二幕第二场中玻罗涅斯与太子的对话，原文虽然是散体，但其中包含的文字却大有玄机。新译将"word"译为"字"，将"matter"译为"事"，在二者之间展开了有趣的唇枪舌剑式对垒。译文中整个对话不仅自然流畅，而且准确贴切，毫无斧凿之痕：

　　玻：太子，您读的是什么书？
　　哈：字，字，字。
　　玻：写的什么事？
　　哈：谁和谁的事？
　　玻：我问的是你读的书上的事。

哈：一味诽谤之能事！（王宏印，2012：81）

例二出自第三幕第二场，是"戏中戏"里伶王出场后随口吟诵的一个诗节，该诗节共六行，属于典型的韵体诗。对于这样一首韵体诗，译者充分考虑了其抑扬格五音步（iambic pentameters）、双行押韵（aabbcc）的音韵特征，采用严格对应的手法，借助每行五个词组（个别为单字）和三组韵部将其五个音步和双行押韵的韵式一一译出。该诗虽只有六行，但已可以从中看出译文的妙合无间：

太阳｜华车｜经天｜巡回｜三十**年**；
天旋｜地转｜早已｜沧海｜变桑**田**。
三百｜六十｜夜晚｜月球｜绕大**地**，
用｜借来的｜光阴｜滋润｜我和**你**。
自从｜两心｜相爱｜月老｜缔姻**缘**，
一根｜红线｜就把｜这对｜鸳鸯**牵**。（王宏印，2012：129）

莎剧是复杂文体，这也反映在戏剧形式的古为今用上。第三幕第二场，在戏班子进宫演出的正剧中插入一段哑剧。以最简单的乐器笛子伴奏的哑剧，本来是最古老的戏剧形式，莎剧中用作王后与其叔联合谋杀先王的原始场景的舞台复现。英文是简洁的文体，而汉译则出之以文言，不仅极为简洁达意，而且包含上古之风，可谓得文体传译之精髓：

【一王一后上，二人相互拥抱，做亲昵状。】
　　后跪地，做求王状。王扶后起，以头抚后颈。王卧于花坡，后待其入睡，离去。旋另一人上，去其王冠，吻冠，以毒药灌其耳，乃去。后复上，见王死，做悲痛状。投毒者携三四人复上，做与后同悲状。死尸移去。投毒者以礼品赠后，先不受，然终受其爱。（王宏印，2012：127）

3. 文化维度：论疏导读与讽喻评点的多策并用

作为莎翁戏剧王冠上最为耀眼的一颗明珠，《哈姆雷特》绚烂的光芒背后蕴藏着宏富博大的思想精神，无怪乎长期以来西方文学批评领域的女性主义、心理分析、解构主义、马克思主义乃至新历史主义等各个流派无不尝试着对其进行诠释（参见杨慧林，2006：54-56）。其中的重要原因之一就是《哈姆雷特》剧中"大量引用《圣经》典故进行人类文化源头和人的本性的深度暗示，频繁回溯到古希腊罗马神话作为叙事原型和映射框架，大量使用双关、警语、成语等语言符号营构能指所指错位式的意义勾连"（王宏印，2012：xxiv）。事实上，由于饱受文艺复兴人文主义精神浸润的莎士比亚在《哈姆雷特》一剧中对基督教原典、古希腊罗马文化典故以及双关、隐喻、反讽等手段的运用极其频繁，普通的现代读者根本无法真正领会该剧蕴含的微言大义，而原本对西方文化就陌生的汉语读者更是难以理解其中的精要。新译者洞察读者的这种苦衷，设计了一个十分周全的文化诠释体例，在英汉对照的正文之外，通过附设导读性的序言、补叙性的后记以及大量丰富翔实的注释来全面解读该剧的文化深蕴，至于翻译问题则主要通过赏析性评点阐明翻译的处理要点和依据，称得上是论疏导读与讽喻评点的多策并用。

在新译所采用的多种文化解读策略中，专有名词的讽喻性翻译以及译文留白处的赏析性评点颇具新意。对于剧中的人名和地名等专有名词，新译在参考朱译和梁译的同时做了一些改动和创新，虽是小处，但可见微知著。比如全剧伊始，针对故事发生地点的翻译就做了如此评点："戏剧中的地点和舞台布景有象征意义。'哀尔新诺，城堡哨台'（Elsinore Castle），音译兼意译，就不是一般地名，而是预示了全剧的情节，揭示了悲剧主题：先王新丧之哀，新王奸诈之诺。"（王宏印，2012：3）对于剧中人名的翻译，译者也是煞费苦心。新译将弑兄篡位的丹麦新王"Claudius"译作带有贬义的"克牢获斯"（试比较朱译"克劳狄斯"、梁译"克劳底阿斯"、卞译"克罗迪斯"、孙译"克劳迪欧斯"），以暗示其负面角色和未来命运；将御前大臣的仆人"Reynaldo"译作含有讽刺意味的"类奈尔多"（试比较朱译"雷奈尔多"、梁译"雷那尔度"、卞译"雷纳尔陀"、孙译"雷那尔铎"），并在译文留白处颇有趣味地评点道："作为仆人，雷同者何其多，又奈何？"（王宏印，2012：61）译文评点构成新译一大特色，其主要目的是引导读者评价和赏析译文对于原作专有名词、双关语、文化典故等的翻译效果，以及语言修辞上的特殊处理，兼具趣味性和理论性。

　　更为可贵的是，新译附设的导读性序言、补叙性后记以及大量的剧本注释是建立在译者多年专题研究基础之上的，其中不乏综合创新和发人深思之处。序言洋洋洒洒近两万言，内容涉及莎剧《哈姆雷特》的文学、文化、思想、艺术价值以及该剧汉译的目的、文体、语言等方方面面的问题，为读者深入阅读译本做了充分的引导和铺垫。后记详细交代了新译的诞生经过和注疏体例，同时也讨论了译本依据的版本、英国文学史对于《哈姆雷特》一剧的阐释等。另外，新译所附 255 条注释涉及对西方宗教、神话、历史、民俗、政体、艺术等诸多方面的文化阐释，对于读者理解译作十分必要。比如，第四幕第七场王后在叙述奥菲莉雅溺水而亡的经过时提到了多种花卉，而每一种花卉都有着深刻的象征意义，为了帮助读者理解其中的奥义，译者在注释中精心列出了如下"矩阵"：

　　　　花卉名称：毛茛荨麻延命菊长颈兰
　　　　隐含意义：美少女被刺伤童贞花死神之冷手
　　　　整句含义：一个美少女被刺伤，她的童贞掌握在死神冷酷的手中。（王宏印，2012：276）

　　至于哈姆雷特王子那句经典独白"To be, or not to be, that is the question"，新译更是下足了功夫。译者首先利用丰富的语言学、哲学和心理学知识，分别从存在论（人的生存论问题，即从古希腊哲学以来一直在讨论的存在论问题）、生死论（人的生死问题，即是要自杀抑或要继续活下去的问题）和自我论（作为个体的哈姆雷特是否能坚持王子身份和保持自我的问题）三个层次诠释，使得这样一个抽象的动词不定式的意义昭然若揭，彰显了译者贯通中西文化和多学科研究的功力。就翻译本身而言，新译从中国北方民间语言中汲取营养，利用"活人"的多重语义暗示（"像人一样地活着""活出个人样来""活到天年完成自然的人生历程"等意义），加以改造，译为"活人呢，还是不活？这就是问题哪！"也正是在这个意义上，新译达到了凯姆·安瑟尼·阿皮亚（Kwame Anthony Appiah）所倡导的学术型"深度翻译（Thick Translation）"（Appiah，2000：427）的层次和境界。

结语

综上所述，译者在文字、文体以及文化等维度上对原作匠心独运的艺术再现，使得这卷《哈姆雷特》新译成为当前文学经典成功重译的典范之一。文学经典的重译是文学翻译研究领域的重要命题，其意义可以在解构主义翻译理论鼻祖瓦尔特·本雅明（Walter Benjamin）的思想中得到有力的诠释。本雅明认为，由于世界文学领域那些重要作品在其诞生之时未能找到合适的译者，对于这些作品的翻译便构成了其生命的延续，而翻译作品因此可以被视作原作在译语文化中的"再生（afterlife）"（Benjamin，2000：17）。从这个意义上来讲，文学经典的重译构成了原作生命在译语崭新语境中的进一步延续，因此称得上是一种典型的原作生命之"再生"。文学经典重译的意义诚然如此，然而并非任何条件下的重译都是必要的。那么，就《哈姆雷特》这样一部业已拥有多个成熟译本的文学经典作品而言，构成其重译的必要条件又有哪些呢？对此，新译者提出了研究性、计划性和超越性三条原则：（1）研究性，即对原作要有自己独特的发现和理解，这一点构成了重译的认知基础；（2）计划性，即在整体翻译策略和方法上要有新意，以便译作完成以后的整体面貌给人以焕然一新的审美感觉；（3）超越性，即重译不能是对前人的诸译本特点和翻译方法的"结合"，而要在总体上有一个更加合理和合乎理想的译作追求（王宏印，2012：xx）。正是秉承上述原则，新译者成功实现了《哈姆雷特》这部经典剧作的重译，为读者呈现了这卷庄严典雅与诙谐俚俗巧妙交融、韵体素体与散体对白恰当对应、论疏导读与讽喻评点多策并用的新译稿。

人们可能不会期待，更不会想到，一部文学作品的重译本会在翻译理论上做出引人瞩目的贡献。新译者利用剧本本身的思想资料，利用莎士比亚对于柏拉图哲学本体论的借鉴，在另谋新意的翻译基础上，构思出一套翻译的本体论，并在序言中做了详细阐发。兹摘要引述如下：

> 一切舞台演出的历史都是从剧本本体产生表演异体以至于变为遗体的过程。而戏剧的翻译，不过为这一过程的两极在异域提供一个传播的中介而已。
>
> 就翻译的文本依据而言，本体自然是莎士比亚的原作《哈姆雷特》了。在严格的意义上，本体只有一个（即没有删节、改编和注释的赤裸裸的原本）。但就每一个译者所依据的具体原本而言，即在版本学的意义上，却并非都是一体。这即是说，莎剧《哈姆雷特》原本也有异体，而那些被遗忘的异体，或者从未被发现的异体，就是遗体了。
>
> 翻译变体的情况与之类似。首先，相对于原作的本体，任何一个译作都是异体，因为译作无论如何达不到和原作绝对的统一和一致，即无法融为一体。那些曾一度存在过甚至轰动一时的译本，而后由于被逐渐地遗忘，就逐渐地变为遗体了。但从文化传承的观点来看，在新的有分量的有影响的译本出现以前，也就是后来所谓的定本确立它的暂时的位置以前，原来的异体并不能立即彻底消失而变为遗体。这里的新旧交替，带有相继延续的性质。而新译作为新的异体，以其中隐含的翻译理念与文学范式的更新为标志，寄托着最本质的存在价值。不过，每一个新的译者，都企图使自己的翻译变为永恒的一体，也即从旧译中吸取营养，如同大地滋润花木，在新的生命中保有传统的生机，此乃翻译事业新陈代谢推陈出新的规律。
>
> 所谓翻译，不过是由本体到异体的转化生成，以至于逐渐变为遗体的过程。所谓一体，倘若有的话，只不过指面向终结

的翻译全过程一时尚不曾中断而已。(王宏印, 2012: xxvi-xxvii)

行文至此，我们不得不感佩一部文学作品的重译本，竟然有如此的翻译容量和理论深度，但这也不奇怪，因为除了译者的综合能力和细心经营之外，倾力九载（笔者借助后记的详细记载，估算了一下，从 2001 年动笔翻译到 2011 年译毕杀青，实则为十载）、增删五次的努力和功夫是不会白费的。喜闻《哈姆雷特》新译稿被如愿奉于莎翁墓前之后，王宏印赋诗一首，其中不无感慨地写道："毕生一卷无憾事！"我们祈愿译者这种矢志长歌、臻于至善的精神，能给在经典文学翻译道路上踟蹰的后来者有所启迪和激励。

参考文献：

[1] Appiah, Kwame Anthony. Thick Translation [A]. In Lawrence Venuti (ed.). The Translation Studies Reader [C]. London and New York: Routledge, 2000: 417-429.

[2] Bassnett, Susan. Still Trapped in the Labyrinth: Further Reflections on Translation and Theatre[A]. In Susan Bassnett and André Lefevere (eds.). Constructing Culture: Essays on Literary Translation[C]. Clevedon and Philadelphia: Multilingual Matters, 1998.

[3] Benjamin, Walter. The Task of the Translator[A]. In Lawrence Venuti (ed.). The Translation Studies Reader [C]. London and New York: Routledge, 2000: 16-25.

[4] 卞之琳，译. 莎士比亚悲剧四种[Z]. 北京：人民文学出版社，1988.

[5] 卞之琳. 关于我译的莎士比亚悲剧《哈姆雷特》：无书有序[J]. 外国文学研究，1980（1）：38-50.

[6] 梁实秋，译. 哈姆雷特[Z]. 北京：中国广播电视出版社，2001.

[7] 孙大雨，译. 哈姆雷特[Z]. 上海：上海译文出版社，1991.

[8] 王宏印，译. 哈姆雷特[Z]. 上海：上海外语教育出版社，2012.

[9] 杨慧林. 诠释与想象的空间：批评史中的莎士比亚与《哈姆雷特》[J].

外国文学研究，2006（6）：53-61.

　　[10] 朱生豪，译. 莎士比亚全集（悲剧卷·上）[Z]. 南京：译林出版社，1999.

（本文原载于《中国翻译》2014 年第 3 期）

王宏印新译《弗罗斯特诗歌精译》述评

杨　森

[摘要] 2014 年，王宏印翻译出版了《弗罗斯特诗歌精译》，是对经典的重译。新译本由序言、正文和译者小言三部分组成，在翻译风格上，熔原作的异域色彩和译作的归化色彩于一炉，使读者感到既熟悉又陌生，是一部灵秀而透明的翻译佳作。本文试图结合该书的体例从三个方面探究这一新的诗歌翻译成果。

[关键词] 弗罗斯特；诗歌翻译；王宏印；灵秀透明

2014 年，南开大学出版社出版了王宏印新译的《弗罗斯特诗歌精译》。这本译诗集封面上的弗罗斯特肖像，澄澈的眼睛中"有微弱的雷电闪动"（王宏印，2014：序 2），颇为引人。它是南开大学出版社"英语诗歌名家精品精译"系列丛书中的第二册，包括了弗罗斯特各个时期创作的主要诗集，共选诗歌 79 首，短诗为主（包括了一些长期以来译界较少关注的诗歌），还有 9 首长诗（《花丛》《补墙》《摘苹果以后》《柴堆》《白桦树》《我们歌唱的力量》《西流水》《凶讯传送者》《指令》）。从体例上看，新译分为序言、正文和译者小言三部分，并配有和诗歌内容相吻合的精美插图，可谓一部独具匠心，图文并茂的经典重译作品。笔者就这三部分逐一进行介绍，以便读者了解这部新译作品。

一、序言

在新译的序言部分，王宏印用长达 36 页的篇幅旁征博引，介绍了弗罗斯特其人其诗，分析了弗罗斯特诗歌的音乐性（包括意义声调、句子的"戏剧性"等）、意象与意境、主题以及形式，提出了弗罗斯特诗歌翻译的原则，具有很高的学术价值。

序言的标题为《弗罗斯特：单纯与深邃（代序）——走出田园诗的现代探索者》，扼要总结了弗罗斯特诗歌的特点（单纯与深邃），明确地提出了对弗罗斯特诗歌的定位，即现代田园诗，为弗罗斯特诗歌翻译及研究提出了一个清晰的坐标。

关于弗罗斯特本人，王宏印分别引述了评论家（如杰伊·帕里尼）、美国女诗人格温多琳·布鲁克斯以及诗歌巨匠艾略特、庞德对弗罗斯特的评价，同时也给出了自己对弗罗斯特的诗人定位。他区分了世界文学史上伟大的诗人和优秀的诗人，认为弗罗斯特"是一位优秀的诗人，但还不能算一位伟大的诗人"（王宏印，2014：序，4）。

关于弗罗斯特的诗歌，王宏印从五个方面进行论述：（1）意义声调：寻求诗歌表现的音乐性；（2）意象与意境：深化诗歌主题的表象手段；（3）人生之路：在林间歧路口徘徊思索；（4）无韵长诗：一生探求诗歌表达的自由；（5）诗歌翻译：语言是一座充满魅力的森林。

在意义声调方面，译者以《牧场》（"The Pasture"）为例，给出了原诗的语音效果标注，详细地分析了这首诗歌的语言和韵律之间的关系，提出了翻译中语音效果和语义结合的重要性，并指出、修正了之前译本中没有充分注意的翻译细节问题。在句子声调方面，弗罗斯特强调句子的"戏剧化"。在引述了弗罗斯特对这一所谓"戏剧化"的阐释之后，译者以《进入自我》（"Into My Own"）的第一节为例，分析了这一理论在弗罗斯特诗歌中的应用，并列出了这首诗歌的翻译原则。

在意象和意境的说明中，译者选用了《雪夜林边伫立》（"Stopping by Woods on a Snowy Evening"）一诗，通过对其进行逐节的分析，总结出了诗中的几组意象：（1）主人公（诗人）和友人（林地的主人），构成人的世界；（2）动物；（3）环境性景物；（4）空间性景物；

（5）时间性线索；（6）心理活动。译者指出，"在上述意象组合的基础上，构成一首诗的意义系统，即诗意的深度暗示，也可以理解为是一种意境，或人生境界"（王宏印，2014：序，15）。借助这首诗，王宏印打通了中外诗歌中意象与意境之间的关系。

意境和意象分析之后，译者以《一条未走的路》为例，探讨了对于深邃的弗罗斯特诗歌的理解问题。首先，译者讲述了这首诗歌背后的故事，作为理解这首诗歌的背景，之后以细读的形式对每一节进行分析和解释，夹叙夹议，并指出了这首诗歌翻译中需要注意的问题。每一首弗诗就像一个谜，看似简单的外表下其实具有很深的思想性和多重意义，所以弗罗斯特诗歌的理解及其思想性的挖掘对于弗诗翻译具有非常重要的意义。

诗歌的形式方面，王宏印提到了弗罗斯特的无韵长诗并予以肯定，突破了以往研究和翻译停留在其短诗的局面，讨论了弗罗斯特一生对诗歌形式的探索道路。译者选取《一只小小鸟》（"A Minor Bird"）、《欧文鸟》（"The Oven Bird"）、《天意》（"Design"）及《雇工之死》（"The Death of the Hired Man"）开端部分，对其韵律进行逐一分析。

最后，王宏印在上述分析的基础上，就弗罗斯特诗歌的语言问题，提出了翻译的几点原则：（1）注意废除学生腔、学究语和意识形态化语言；（2）少用现成的字典语句，注意多变换句法，讲究修辞；（3）笔端带有感情，融入个人经验、丰富的想象和抒情色彩；（4）注意深度暗示，要力透纸背，深入表现主题；（5）讲究灵秀透明的翻译，同时兼顾语言的和合性。这些原则体现了他本人翻译诗歌的追求目标，对于诗歌理解和诗歌翻译也有普通的启示作用。

二、正文

译诗集的正文部分采用英汉对照的形式。对比之前的译作，新译有很多超越和别出心裁之处，体现了译者深厚的语言功力，实践了其在序言中所表述的翻译思想。笔者将从三个维度进行分析。

1. 灵秀的翻译：语言的杂合性与意义声调的再现

在诗歌理论方面，弗罗斯特提出意义声调和句子声调的概念。

在弗诗中，韵律和语言是融合一体的。在译诗中，如何运用恰当的语言和诗歌韵律再现原作中的这种融合，是弗罗斯特诗歌翻译的关键所在。王宏印采用杂合的语言（书面语、口语、方言、古雅语、流行歌词等），配合押韵、活用标点、化用传统格律和流行音乐韵律等手段，较好地体现了弗罗斯特诗歌中所谓的"意义声调"和"句子声调"的艺术效果。

先看《欧文鸟》的翻译：

There is a singer everyone has heard,
Loud, a mid-summer and a mid-wood bird,
Who makes the solid tree trunks sound again.
He says that leaves are old and that for flowers
Mid-summer is to spring as one to ten.
He says the early petal-fall is past
When pear and cherry bloom went down in showers
On sunny days a moment overcast;
And comes that other fall we name the fall.
He says the highway dust is over all.
The bird would cease and be as other birds
But that he knows in singing not to sing.
The question that he frames in all but words
Is what to make of a diminished thing.

欧文鸟
人人都听过他的歌声，
歌声响彻在仲夏的林中，
令那实实的树桩也发出回声。
他唱道，叶子已老不再新，花儿嘛，
一分在仲夏，十分在阳春。
他唱道，往日落花成过去，

晴天里忽然一阵风雨起，

桃花儿梨花儿纷纷凋离；

再有一阵花儿飘落已秋色。

他唱道，公路旁万物掩飞尘。

假若这鸟儿唱时晓得不当唱，

他也会停息，和别的鸟儿一个样。

千啭百鸣非人语，问题是：

时令萧瑟，贵能兴衰随意。（王宏印，2014：107）

这首诗借欧文鸟之口描述了时至半夏，繁花凋零，化作红雨的景象。译诗多为书面语，用语古雅，整首诗读起来错落有致，诗意盎然。王宏印用古雅晓畅的语言和富于韵律的诗歌形式将原作缠绵缱绻的心绪表达得恰到好处。

除了熟读古今中外文学经典，王宏印还很关注日常语言，比如口语、方言和时下的流行音乐。他认为，民间的语言是最鲜活而有生命力的。例如《冷落》（"In Neglect"）的翻译：

冷落

他们抛弃我们说我们是自愿奔波，

而且证明了全是我们两个的错，

我们有时就在路边的角落里坐一坐，

像淘气包，西漂族，一脸的无辜快活，

努力地寻找不曾被抛弃的感觉。（王宏印，2014：39）

译者使用了"淘气包""西漂族"等口语，很好地对应了原诗中的"mischievous""vagrant"，勾画出诗中"我们"无家可归却装作满不在乎的图景。用"一脸的无辜快活"翻译"seraphic look"，让人想起了杨必翻译的《名利场》，用词准确，自然贴切。另外，这首诗歌的节奏也颇像流行歌曲，其中通韵的使用是一个重要因素。

此外，还需要说明的是诗歌翻译中标点的使用。王宏印在《十一月的客人》的译者小言中指出，标点也是必要的有效的表意手段（王宏印，2014：12）。比如上面引述的《欧文鸟》的翻译，对比原文，可发现译者添加了好多逗号，形成了长短不一的句子，使译文读起来有气息的流动，给人一种现代诗的参差错落的感觉。

在翻译弗罗斯特诗歌的时候，注意声调本身的意义，注意语言和韵律的融合，新译所做的尝试是值得借鉴和学习的。

2. 透明的翻译：从原文直接切入，体现"陌生人的新鲜味"

弗罗斯特在说到"意义声调"时，说过一段话：

> 语言习惯之差异可使属一种文化的人津津有味地欣赏另一种文化的说话方式，从中品出"陌生人的新鲜味"。这种由民族或地区的语言特性所造成的陌生感，从根本上讲，与由意象、隐喻、修辞和措辞技巧造成的陌生感和新奇感并无不同，而正是这些陌生感和新奇感赋予所有诗歌以特性。（Gottesman，1979：1100）

在新译诗集中，可以发现一些译作基本是以词语为单位的"字对字"翻译，令人读后，体会到弗罗斯特所说的"陌生人的新鲜味"，这构成了这本译作的第二个显著特点。例如《春潭》（"Spring Pools"）的翻译（以第一节为例）：

These pools that, though in forests, still reflect
The total sky almost without defect,
And like the flowers beside them, chill and shiver,
Will like the flowers beside them, soon be gone,
And yet not out by any brook or river,
But up by roots to bring dark foliage on.
池潭，隐在林中，依然映泻
整个天空，几乎没有一点残缺，
一如池边的花朵，清爽，震颤，

也如池边的花朵很快就会凋谢，

不是流入小溪或小河再流出而涸干，

　而是顺根须而上，催生出深色的枝叶。（王宏印，2014：208）

这首诗的翻译是句法的直接转译。它从原文直接切入，让人透过译文看到原文，正是本雅明所谓之透明翻译——它是"透明的，并不掩盖原文，并不阻挡原文的光，而是让仿佛经过自身媒体强化的纯语言更充足地照耀着原文"（本雅明，1999：300）。同时，这种透明的直译又并不显得太过生硬，中文准确而优美，如"隐在林中""映泻""清爽""震颤""顺根须而上""催生"，浑然天成，中断而又连贯，让人感到"古今中外，诗人有相通相合之处"（王宏印，2014：210）以及纯诗之美。

王宏印在《春潭》的译者小言中提道："翻译时很忌讳的就是把每一行看作一个句子，流畅地译出，落脚在一个固定的韵脚上。"（王宏印，2014：210）这应被视为现代诗歌翻译的原则。须知现代诗的翻译不同于古典的格律诗，因为格律诗是以句或行为单位的语义组织，而韵脚落在固定的行尾。现代人的生活日渐破碎，语言呈现破碎化趋势，导致现代诗歌的气息多是不流畅的、凝滞的、受阻的，故而抛弃以句子为单位流畅地一气呵成的浪漫派翻译手法，代之以以词语或者意象群为单位的透明翻译手法，直击现代诗歌翻译的核心问题。

3. 高度的思想性：挖掘简单外衣下的深邃

在《一首诗的形迹》（"The Figure a Poem Makes"）一文中，弗罗斯特说："就我个人而言，独创性意味着我所描述的那样：一首诗应有其新颖别致之处，始于愉悦，终于智慧。"（转引自黄宗英，2011：4）上面分析的语言、韵律构成了弗罗斯特诗歌愉悦的特质，但是弗罗斯特的诗歌却不止于此，要翻译好弗诗，必须要译出它的思想性。

新译体现出很强的思想性，首先表现在标题和主题句的翻译上。比如"Design"一诗的标题，之前的翻译版本中通常直译为《设计》，这个意思只达到了一半。纵览全诗，诗作传达的是人无法主宰世界，一切都有天意的宇宙观念。王宏印将题目翻译为《天意》更加透彻和深刻；再如，将"Come In"翻译为《投林》，译者借用了中国古典名著《红楼梦》中"飞鸟各投林"的诗句，暗示了诗歌的主题，深化了标题的意义。另外，新译诗作的主题句也译得很精彩。比如，《一条未走的路》的最后一句"一念之间已经是岁月蹉跎"，回忆带来的沧桑感力透纸背；又如《欧文鸟》的主题句"时令萧瑟，贵能兴衰随意"饱含哲理意味。

标题和主题句的翻译固然重要，但是弗诗的思想性却远不止于此。且看《蔷薇科》（"The Rose Family"）一诗的翻译：

蔷薇科

蔷薇就是蔷薇，

它始终是蔷薇。

可当今的理论说，

苹果是蔷薇，

梨是蔷薇，我推想，

梅子也是蔷薇了。

只有天晓得

还有什么不是蔷薇呢？

你（玫瑰），当然是蔷薇了。

可你，始终就是蔷薇啊。（王宏印，2014：213）

这首诗的翻译首先涉及植物学的范畴，其中"family"指植物所属的科目。玫瑰和蔷薇在植物学上同属于蔷薇科。其次，这首看起来非常荒谬的诗歌背后隐藏着哲学上的本体同位界定法。要想准确翻译这首诗，译者需要了解这首诗歌"以诗歌反抗科学"的主旨和同义反复所隐含的哲学思想。新译的理解更加深入而准确，纠正了学界对这首诗歌长期以来的错误理解。译者还在"你"之后加上括号内的"玫瑰"，达到了科学原理的严谨和诗化哲理的统一。

当然，诗歌的思想性不单单等于科学性，还在于对社会人生的

深刻洞察以及由此产生的讽刺效果。且看《富豪赌场》（In Dives'
Dive）一诗的翻译：

富豪赌场
时间已是深夜，我还在输钱，
可我气定神闲，毫无怨言。
只要上帝佑我有《独立宣言》，
我手中就拥有抓牌的平等权。
谁人操纵这赌场我才不在乎，
且让我看看下一手牌如何出。（王宏印，2014：307）

　　这首诗歌表面上说赌钱和赌场，实际上影射 20 世纪三四十年
代美国的大萧条时期和罗斯福总统的"新政（New Deal）"，是一首
政治讽刺诗。原诗采用的是英雄双行体，两行一韵。译诗采用口语
化的语言，前两节押相同的韵 [钱，（闲），言，言，权]，最后两句
变韵（乎，出），造成一种民间打油诗的效果。这样的语言处理符合
叙事者的身份，很好地体现出诗中所蕴含的讽刺意味，反映出译者
对社会人生的敏锐的洞察。

　　三、译者小言

　　《弗罗斯特诗歌精译》还有一个特点，即每篇译文后面都有一篇
篇幅短小的译者小言，交代写作背景，对原作进行分析，指出翻译
的要点。如果说序言是对弗罗斯特诗歌及翻译所做的整体概括性的
交代的话，那么每一篇译者小言就是针对每一首诗进行的更加具体
的微观层次的分析。这部分融理性分析和感性体悟为一体，夹叙夹
议，是古典散文的写作路子，也是对当代古板学术写作风气的一种
消解。如《玫瑰朱兰》的译者小言中写道："至于花色，在'再发'
的'矛尖'的特殊形状下，'粉红色唇瓣'一词突出色彩和质感，而
用作氛围，表现通红一片，则莫过于中国画的'烘染'。"（王宏印，
2014：36）王宏印调动各个领域的知识（文学、绘画、书法、哲学
等）来理解诗歌、翻译诗歌，这也是诗歌研究和翻译中非常有新意

的一种思路，是中国式的，从本质和源头上理解诗歌，而不仅仅满足于就诗论诗和以诗译诗。

　　王宏印自 2001 年开始在陕西省翻译协会主办的《译苑》上以笔名"朱墨"发表过部分弗罗斯特的译诗，之后的时间里也从未间断对弗诗的研究与翻译，2014 年终于将译诗成集出版。这本译诗集建立在译者十数年的研究基础之上，体现了译者丰厚的学识、严谨的治学态度和斐然的文采。

　　新译不仅是对经典的重现，还引入了很多新鲜的元素，增进了中国学术界对弗罗斯特诗歌的理解。洋洋洒洒三十几页的序言本身就是一篇高水平的弗罗斯特诗歌翻译研究论文，体现了译者对弗诗的研究成果；就译作本身而言，一方面，译诗的语言是灵动的、杂合的，译者努力调动各种语言形式，将语言和韵律相结合，再现意义声调和句子声调，将弗罗斯特所说的"翻译中丧失的东西"找回来；另一方面，采用从原文直接切入的方法，以词语、短语为单位进行翻译，让人可以透过译文看到原文，给读者一种"陌生人的新鲜感"，直达现代诗歌翻译的核心问题。另外，如长者叮咛般的译者小言也非同寻常，手把手地教你怎么翻译，要读什么样的书，如何炼字。拳拳之心，令人感动。

　　在新译序言的末尾，王宏印提出灵秀透明的翻译的概念：所谓灵秀透明的翻译，就是翻译要兼顾两面，熔原作的异域色彩和译作的归化色彩于一炉，使读者感到既熟悉又陌生，既感觉亲切可爱，又有陌生感和不可理解的神秘之处。（王宏印，2014：序，36）用"灵秀透明"来概括这本新译的特点，则是再合适不过了。

参考文献：

　　[1] Gottesman R. The Norton Anthology of American Literature [M]. New York: W. W. Norton & Company, Inc., 1979.

　　[2] 黄宗英. 弗罗斯特研究[M]. 上海：上海外语教育出版社，2011.

　　[3] [美]罗伯特·弗罗斯特. 弗罗斯特诗歌精译[M]. 王宏印，译. 天津：

南开大学出版社，2014.

　　[4]［德］瓦尔特·本雅明. 本雅明文选［M］. 陈永国，马海良，编. 北京：中国社会科学出版社，1999.

（本文原载于《东方翻译》2016 年第 1 期）

朝向民族典籍翻译多元共生、色彩斑斓的图景

——《中华民族典籍翻译研究概论》述评

王晓农

[摘要]《中华民族典籍翻译研究概论》一书以人类学翻译学为基础，描绘了中华民族典籍翻译研究发展的全景。作为一部中华民族典籍翻译研究概论性专著，该书具有鲜明的特色和多重的学术创新，字里行间透露出作者宏阔的国际视野、深厚的学术功底、长远的学科眼光、多维的理论进路、热烈的民族情怀和敏感的读者意识。该书的出版，对于我国民族典籍翻译研究和翻译学科建设都具有重要的开拓性意义，必将对构建我国民族典籍翻译研究多元共生、色彩斑斓的图景做出贡献。

[关键词] 民族典籍；翻译；概论

中华民族是一个多元一体的多民族集合体，中华民族典籍在广义上包含了汉族典籍和少数民族典籍。"民族典籍"狭义上主要指称汉族之外其他民族的典籍，本文即在狭义上使用"民族典籍"一语，"民族典籍翻译"即中华民族集合体中少数民族的典籍翻译。关于民族典籍翻译的学术研究近年来取得了显著成就，其标志就是各种研究成果的不断涌现、学科建设的实质进展和专门人才特别是博士生培养的显著成绩等。南开大学王宏印在这些方面都做出了重要贡献，是国内民族典籍翻译研究的领军学者。在民族典籍翻译研究方面，

继主编"民族典籍翻译研究丛书"并由民族出版社陆续出版之后，王宏印又领衔编、著"中华民族典籍翻译研究丛书"共五种，包括王宏印独著《中华民族典籍翻译研究概论——朝向人类学翻译诗学的努力》（上、下卷）（以下简称"《概论》"）、邢力的《蒙古族典籍翻译研究》、王治国的《藏族典籍翻译研究》、李宁的《维吾尔族（西域）典籍翻译研究》和刘雪芹的《西南诸民族典籍翻译研究》。该丛书由国家出版基金资助，2016 年 1 月由大连海事大学出版社出版。其中王宏印的《概论》综合了史、论、译、评，首次绘出了中华民族典籍翻译研究的总体图景，也代表着本领域研究的学术前沿，是当代中华民族典籍翻译研究的代表性成果。本文就该书进行述评，主要介绍其缘起和内容，总结其特征和创新，阐明其贡献和意义。

一、缘起

中外交流的日益隆盛和中国第四次翻译高潮的蓬勃发展，构成了《概论》问世的大背景。进入 21 世纪以后，翻译的重要性得到了全方位的凸显（许钧，2009：v）。翻译学的建立和翻译学科的全面发展要求翻译学界关注民族典籍的翻译及其研究，改变这一领域学术研究薄弱的局面，从而构建起我国典籍翻译研究的全景图。近年来，国内民族典籍翻译及其研究逐渐发展起来，部分表现在中国文化典籍翻译研究会下成立了专门的学术组织、定期召开全国性的学术会议、高水平的学术论著出版数量显著增加，在国内已经发展起了南开大学等民族典籍翻译研究重镇。就中华典籍英译总体而言，随着国家把"让中华文化走出去、走进去"纳入国家战略，在中国政府和学术界大力推动下，已经出版了"大中华文库"等面向世界发行的汉英对照丛书一百余种。然而，令人遗憾的是，由于各种原因，"大中华文库"汉英对照丛书仅纳入了汉族汉语的文化典籍，未能涉及民族典籍，因此其"大中华"之谓似不够名副其实，客观上存在对该丛书加以补充的要求，需要开辟一个新的领域，以研究一系列新的、更为复杂的翻译问题。由此看来，《概论》的问世可谓适逢其时。

王宏印在民族典籍翻译研究领域已经耕耘有年，为我国民族典籍翻译研究事业做出了重大贡献。作为博士生导师，他的指导方向就包括民族典籍翻译研究。2007 年，他指导两名博士生邢力和李宁分别完成了博士学位论文《〈蒙古秘史〉的多维翻译研究——民族典籍的复原、转译与异域传播》和《跨越疆界，双向构建：〈福乐智慧〉英译研究》。后来又指导博士生进行了系列民族典籍翻译研究，完成的博士学位论文包括王治国《集体记忆的千年传唱：〈格萨尔〉翻译与传播研究》（2011）、崔晓霞《民族叙事话语再现——〈阿诗玛〉英译研究》（2012）、荣立宇《仓央嘉措诗歌翻译与传播研究》（2013）、张媛《民族身份与诗人情结——中国当代人类学诗学之翻译研究》（2015）。同时，他本人也在持续进行民族典籍翻译研究方面的探索，取得了不少重要成果，如论文《民族典籍翻译研究的学科基础与发展目标》（王宏印，2014），并进行人类学诗学的诗歌创作、翻译和研究（王宏印、张媛，2015）。作为中国文化典籍研究会会长，王宏印积极推动国内民族典籍翻译研究，2014 年在中国英汉语比较研究会典籍翻译专业委员会下成立了民族典籍英译协作组。因此，王宏印在民族典籍翻译研究方面具备深厚的学术造诣，对国内典籍翻译研究状况有全面而准确的把握，可谓充分具备撰著《概论》的主观条件。

　　二、内容

　　2013 年以来由王宏印主编、民族出版社陆续出版的"民族典籍翻译研究丛书"主要是该领域完成的部分博士论文，属于纯学术性专著丛书。为弥补民族典籍翻译研究概论性、普及性系列论著的空白，王宏印和大连海事大学出版社一起申请到国家出版基金，历时三年完成"中华民族典籍翻译研究丛书"共五种六册，由大连海事大学出版社于 2016 年初出版。其中，第一种即王宏印撰著的《概论》共两册。《概论》一书共计 750 余页，分为上卷（包括上编和中编）和下卷（下编），正文共十章内容，另有丛书总序（汉英双语）、结束语、附录、参考文献和后记。上编"中华民族志与民族典籍翻译概论"是全书绪论，共有三章，分别是"我国多民族文化融合、民族认同与典籍翻译""我国民族典籍的界定、分类与文献整理""我国民族典籍翻译传播的多种途径和方法"。另有补遗"《鸡卜经》与《易经》的联想与臆说——兼谈民族典籍的当代外译"。中编"远古的呼唤：来自北方草原的风"包括三章，即"东北民族的萨满信仰与英雄叙事""蒙古族民间歌谣与长篇叙事诗""席慕蓉：现代民族诗人的创作及其作品的翻译"。下编"神奇的南方，女神之再生"含四章，即"《布洛陀史诗》：壮民族的元祖认同""《鲁般鲁饶》：纳西殉情文学经典""《阿诗玛》：回声女神之再生""《边城》：民族作家的汉语创作与对外翻译文学"。然后是附录，共有三部分，分别是"中国少数民族历史沿革谱系图""汉英对照中国少数民族典籍要目"和"中华民族典籍翻译研究理论术语"。由以上对《概论》内容的简述可以看出，该书涉及了我国主要民族地区与民族典籍及其翻译情况，而且与汉族典籍研究有一定关联，呈现了一幅民族典籍翻译研究多元共生、色彩斑斓的画卷。

三、特色和创新

《概论》作者集学者、翻译家和诗人于一身，该书不仅有高屋建瓴的理论概括和细致入微的实证分析之学术气象，而且文笔生动，文采斐然，深入浅出，可读耐读，同时文中恰到好处地配以少量插图，凸显出该书的概论性、普及性定位。笔者认为，该书完全贯彻了作者在丛书总序中提出的撰著原则，即"学术研究，文学样式；资料翔实，文笔流畅；图文并茂，主体突出；宏观论述，微观落实；文化开路，翻译压脚；论述为主，兼顾分析；形式多样，协调统一；专家参考，大众爱读"（王宏印，2016：6）。笔者主要根据自己的阅读体会，结合作者在书中的自我揭示，简论该书在继承传统、学科建设和人类学与翻译学的结合三方面的特色和创新。

（一）继承中国近代学术传统，推进民族典籍翻译研究

20世纪国内外关于中国的学术研究新的增长点在甲骨学、敦煌学、金石学、简帛学等领域。随着敦煌文献的发现、藏学与蒙古学的进展、突厥学与秘史学的开掘，还有三大史诗的翻译与传播研究，"民族翻译"的概念也进一步牢固地树立起来了（王宏印，2016：2）。这些方面的成就与国际学术界多有联系，原有的"海外汉学"一语

已不能容纳中华民族典籍资料和研究成果，于是"海外中国学"便成为更加具有包容性的学科名称。作者指出，民族典籍研究是民族学、古典学和翻译学三个学科的结合与综合研究，舍去其中任何一个，都是不完全的，也是不可能付诸操作和最后完成的（王宏印，2016：3）。经过比较汉族典籍和其他民族典籍的历史发展和研究现状，作者发现了两者之间存在的四种相对而彼此交织的落差，即"时间与时代落差：多元历法与计时续统""文明与文化落差：重排文明演进序列""文学与文本落差：知识考古与文学姻缘""翻译与传播落差：经典的重塑与再经典化"，并分别就每一种落差进行了论述。由此，作者阐明了当下加大民族典籍翻译研究力度的重要现实依据。

就民族典籍研究而言，近代以来已经走过了三大步。按照时间先后它们分别是"五四"以来以及西南联大时期民间文学（特别是民歌）的搜集和研究、新中国成立初期的民族民间文学整理与翻译活动和改革开放以来新时期的民族典籍重建与翻译工程（王宏印，2016：3）。作者审视了"五四"传统的成就和偏差，洞察了中国社会近代以来的变动轨迹，认为其动力所在就是"几代仁人志士都把目光投向下层和基层，不断地民间化和平民化，不断地下移重心和贴近现实，寻求民族的真相和救国的真理"（王宏印，2016：4）。将民族研究纳入"国学"，通过民族典籍翻译和传播研究把国内"国学"与国外"汉学"联系起来，与世界文化之间实现自然连接，"这种连接就不是通过过去陆上丝绸之路的连接，以及后来海上丝绸之路的连接，而是一种多通道的连接，像现在的万维网一样，也像我们的'一带一路'倡议蓝图所描绘的愿景一样。……民族典籍翻译与传播的研究是一个非常宽阔的路子"（王宏印，2016：612）。作者指出，今天继承"五四"精神，就是要注意重心下沉，面向民间和社会，关注少数和边缘（王宏印，2016：45）。这实际上也是作者进行民族典籍翻译研究的动力之源，也表现出他在近代中国学术传统的民族性感召下，推进民族典籍翻译研究的民族精神，以及他的现代意识和对后现代学术及其价值的追求。追寻着前辈先贤的脚步，作者不仅有长期的资料收集、研究、翻译乃至创作，他的足迹也踏遍了我国主要的民族地区，获得了大量一手的宝贵资料和切身的感受，加之以长期浸淫于文史哲而获得的理论洞察力和得当的典籍翻译研究方法，这些努力都化入字里行间，在书中随处可感，使该书内容丰富、学术底蕴厚实，将实质性地推动我国民族典籍翻译研究。

（二）民族典籍翻译理论、批评与实践并举，推进学科建设

资料的收集和对资料的文献学解释是一个学科建设和发展的基础，对于翻译学的学科建设同样如此。2006 年，翻译学在我国取得了学科地位，象征着我国翻译学科建设新发展的开始（庄智象，2007：2）。作为中国翻译学学科建设的重要组成部分，民族典籍翻译的理论仅仅依赖传统的汉学和汉译外的理论认识是不够的，甚至是无法建立的，它必须依靠在自己翔实的资料基础上进行研究才可能获得。只有基于这样的研究才能找到民族典籍翻译的规律性的东西，这样的理论认识，正如作者所说，"不仅改变了我们对于传统翻译的理论认识，从而更新了翻译理论，而且找到了'源本'与'原本'的区别、本体与变异的联系、'语际翻译'与'语内转写'的规则，并且基于'程式'与'程式结构'的认识，运用'故事范型'与'典型场景''重复主题'的机制，复制史诗的话语。这样，就有可能结合民族志诗学、深度描写（深厚翻译）以及影像文化志等手段，表现出活态史诗的基本样态和艺术魅力"（王宏印，2016：4-5）。根据对大量资料的研究，作者提出了一系列新的翻译概念，例如"创意回译""构拟翻译""古本复原""无本回译""有根回译""有源回译"等。对一些原有概念进行了新的界定，扩充了其内涵，例如作者指出，"民译外"实际上标志着海外"中国学"的滥觞，换言之，"中国学"往往是以我国境内的少数民族典籍直接翻译为外文为标志的（王宏印，2016：48）。这些反映民族典籍翻译规律的新概念和新界定已成为构建民族典籍翻译理论的关键词，标志着作者对本学科的理论贡献。而作者对民族典籍翻译的理论探讨，多融于翻译实例分析之中，这体现了《概论》与纯翻译理论研究论著的不同。

作者认为，翻译学包括三个依次可分的基本层面及其相互关系，即实践层面（策略与技巧的掌握/具体作品翻译）、评论层面（评论

的理论研究/评论的实践层面）和理论层面（翻译的纯理论研究/应用理论研究）（王宏印，2010：281）。作者的这一观点在他的多部翻译研究论著中体现为理论、评论和实践三位一体的学术写作风格。在《概论》中，作者对民族典籍翻译的资料进行了理论研究和概括，同时对民族典籍翻译的成果进行了较宏观的评论，如他提出的作为民族典籍翻译研究思考基点的"十点"（参见该书第 73 至 83 页）。此外他还针对重要作品的翻译结合实例进行了评论研究，例如对彝族哲学典籍《宇宙人文论》片段英译的评论（参见该书第 108 至 111 页），并呈现了自己的民族典籍译作，特别是在一些具体作品的关键之处或译本有缺失的地方，涉及原作解读，例如对蒙古族叙事诗《嘎达梅林》的解读和翻译分析（参见该书第 354 至 377 页）和译文呈现，例如对仓央嘉措情歌的翻译（参见该书第 169 页）。此外，他还注意将中国大陆与台湾地区译本进行比较，以寻求差距，谋求超越。无论是对作品的理论剖析，还是评论与翻译，作者的写作特点是古今中外、纵横交错，不但把一部具体作品置于汉族典籍和民族典籍的互文网络中加以观照，而且旁征博引中外研究文献，形成对研究对象的多角度透视。

（三）以人类学翻译学观照民族典籍翻译研究，以引领学科发展

在《概论》中，作者以中华民族人文地理描述开篇，引出了对我国民族文化与典籍翻译相对落差的论述，建立了《概论》的理论框架，由此进入民族典籍的界定、分类与文献整理概述和对民族典籍翻译传播的多种用途和方法的阐明，对一些典型的民族文化现象和重要的典籍翻译作品的分析和评论通过主干章节依次展开，最后汇聚于对民族典籍翻译研究之学科基础的探讨及对其中国式人类学翻译诗学之发展目标的展望。而贯穿于其中的是一条人类学翻译诗学的线索，这也是该书副标题"朝向人类学翻译诗学的努力"的意旨所在。

人类学翻译诗学理论来源上是人类学诗学与翻译学的结合。人类学诗学兴起于 20 世纪 70 年代的美国人类学界，主要指西方人类学家用诗学的方法对其他文化的理解和阐释。近年来它在国外已经

发展成了一个学科，不仅为人类学界注入活力，更为文学特别是诗歌研究以及诗歌翻译研究提供了新的视角。人类学诗学在国内尚属于较新的话题，在中国文学和批评领域应用较为活跃，代表学者当数叶舒宪，他将人类学诗学归入自己的文学人类学研究体系（叶舒宪，2003：84），但他关注的是汉族文化典籍。将人类学诗学与翻译学结合起来，特别是应用于民族典籍翻译研究，则是作者的创新。作者倡导建立汉语和汉民族的人类学诗学体系，并把少数民族的诗歌纳入同样的轨道，使二者能够互动起来，从而成为完整的中华民族诗歌史。借由人类学翻译诗学可以把民族典籍翻译研究所依赖的主要基础学科即古典学、文献学、语言学和人类学汇聚在一起，有望形成一个贯通的学科发展思路。

四、结语

作为一部中华民族典籍翻译研究概论性专著，《概论》具有自己鲜明的特色和多重的学术创新，字里行间透露出作者宏阔的国际视野、深厚的学术功底、长远的学科眼光、多维的理论进路、热烈的民族情怀和敏感的读者意识，具有重大的开拓性意义。当然，该书也有有待完善之处，例如"人类学翻译诗学"作为副标题的关键术语，没有纳入附录的"理论研究术语"，也没有论及能否和如何将民族典籍中除了诗歌的其他题材如小说和戏剧纳入人类学翻译诗学的视野的问题。总体而言，《概论》填补了国内外中华少数民族典籍翻译研究概论性专著的空白，为重写中国少数民族文学史和翻译文学史提供了最基本和最新的学术研究成果，提供了有关民族教育、民间文学教学必需的参考并为编写本领域综合性教材奠定了基础，将促进文化研究、民族研究和民族典籍翻译研究形成综合交叉的研究领域并催生大量相关研究课题，其更直接的意义则在于初步构建了我国民族典籍翻译多元共生、色彩斑斓的图景，必将为我国民族翻译学科和翻译学科的建设做出重要贡献。

参考文献：

[1] 王宏印. 中华民族典籍翻译研究概论——朝向人类学翻译诗学的努力

[M]．大连：大连海事大学出版社，2016．

[2] 王宏印．民族典籍翻译研究的学科基础与发展目标[J]．广西民族大学学报，2014（4）：2-6．

[3] 王宏印．文学翻译批评论稿（第二版）[M]．上海：上海外语教育出版社，2010．

[4] 王宏印，张媛．人类学诗学：民族诗歌的创作、翻译与研究——王宏印教授访谈录[J]．燕山大学学报，2015（1）：84-88．

[5] 许钧．翻译概论[M]．北京：外语教学与研究出版社，2009．

[6] 叶舒宪．文学与人类学——知识全球化时代的文学研究[M]．北京：社会科学文献出版社，2003．

[7] 庄智象．我国翻译专业建设：问题与对策[M]．上海：上海外语教育出版社，2007．

（本文原载于《民族翻译》2016 年第 3 期）

释旧出新、融西立中

——王宏印《中国传统译论经典诠释》新版述评

王晓农

[摘要] 王宏印《中国传统译论经典诠释》新版对原版进行了大幅修订和扩充，观之焕然一新。本论部分完善了论述框架的内在逻辑，充实了中西译论的比较阐发和翻译学科建设思考等内容。主要变化是本论外的新增部分，代表了作者近年来利用传统文化资源进行新译学尝试的成果。余论部分重新认识佛经翻译传统及其理论成果并论述中国当代译学建设的应对策略和发展趋势，既有宏阔的理论概括，也有精彩的细节描述，接续了余编对文学翻译笔法、表现手法和翻译标准构建系统的阐发。新版在翻译理论、翻译史编撰、译学方法论和学科建设诸方面都有新的开拓和贡献。全书释旧出新、融西立中，以促进国学传统从古代形态向现代转化，实现传统译论在当代翻译学科建设中的更生，体现了独特的中国学术精神和风格气派。

[关键词] 传统译论；诠释；学科建设；中国翻译学

一、引言

《中国传统译论经典诠释》（以下简称“《诠释》”）这本研究中国传统翻译理论的专著，在中国译学建设中一直占有重要地位。南开大学王宏印的这一著作，曾于 2003 年由湖北教育出版社出版，2017

年 6 月由大连海事大学出版社推出新版。从当年该书初版时中国大
陆翻译学建设的高潮算起，距新版出版已有 14 个年头，基本上铸成
了中国传统译论阐释研究、西方现代译论研究和文学翻译批评研究
三足鼎立的翻译学科建设格局。在这个意义上，可以说中国传统译
论（以下简称"传统译论"）研究已确立了其学科地位，传统译论在
一定程度上实现了在当代的新生，而该书着实功不可没。如今，王
宏印在初版基础上加以修订、扩充、提高、深化，新增 10 余万字，
使该书以新的面貌奉献给中国翻译学界，不禁令人刮目相看，值得
重新关注和评价研究。简言之，新版已不局限于对传统译论本身的
理论诠释（构成该书本体研究之上卷），而是把这项研究加以扩充、
深入和继续、下延，独立展开其下卷，在余编独特的研究基础上，
又包括了余论从 2003 年到 2017 年间中国翻译学建设的全面回顾和
理论总结，诚可谓与时俱进，成为近十多年中国翻译学建设的缩影。
新版以其新材料、新观点、新格局，推进了中国翻译学的发展，并
向世界翻译界发出了昭示，宣告了中国翻译学本体研究的恢宏视野
和广阔领域。有鉴于此，本文首先回顾该书初版的成就及其问世以
来译学界的反响，然后评述新版的内容扩充和研究深度，最后尝试
总结它在中国翻译学研究方法和学科建设方面的开拓和贡献。

　　二、旧事重提不为己：初版回顾与回应

　　早在 20 世纪 80 年代，在西方译论风头正劲的时候，中国译界
就响起了"发展我国独具特色的翻译理论，建立卓然独立于世界译
坛的翻译理论体系"（罗新璋，1984：19）的呼声，这一体现民族精
神和国学基础的声音，曾激励、鼓舞了几代学人。关于翻译学到底
是一门什么样的学科，当时国内译学界曾存在激烈的争论。在这样
的氛围中，在一次全国翻译理论研讨会上，王宏印率先提出在理论
上承认国际化的普遍翻译学的前提下，拟优先进行传统译论研究以
便建立中国翻译学的主张，引起了多数与会者的支持。此后，2002
年第 2 期《中国翻译》发表了他和刘士聪的论文《中国传统译论经
典的现代诠释——作为建立翻译学的一种努力》。次年，湖北教育出
版社就出版了《诠释》，并纳入国家"十五"重点图书"中华翻译研

究丛书"。实际上，该书代表了中国大陆翻译界对翻译学建设的一种思路。杨自俭教授在其序言中认为，该书"在我国译学的研究领域有不可低估的开创性意义，特别是在传统译论的研究上，这本书不能不说是新时期开始的重要标志"（王宏印，2003：2）。罗新璋在写给作者王宏印的亲笔信中说，"尊作以现代学理阐发传统译论，拓展一片新天地，确乎具经典意义。……论说合理，令人信服，实近年译学研究中一大创获。"（王宏印，2017：356）

在学理上，《诠释》是一部隐含西方哲学史发展路径和运用解释学方法系统清理传统译论的中国理论翻译学研究专著。它最初用作南开大学翻译学博士生专业课程的讲义，几经修订而成书。该书涵盖了从东汉的道安到当代的傅雷，从佛经翻译到外国文学翻译的理论研究，约 2000 年的历史。全书精选十家有代表性的传统译论进行了详细解析和现代阐释，史论结合，以理论批评为主，采用了历史评价、理论评判和理论创造转化三位一体的研究方法，力图实现其基本论题、概念范畴、理论形态的现代转换。它采用了两个历史分期系统，从外部即社会政治发展史角度把传统译论划分成古代、近现代、当代三个时期（此为全书论述架构），同时又从内部即译学自身运演的发展过程和规律角度，把传统译论划分为肇始、古典、玄思、直觉四个阶段。该书从中清理出传统译论极有价值的十个方面的问题，包括质派文派、音译意译、直译重译、译意译味、神似形似、翻译标准、可译性、境界、语言、译者，然后根据现代译论的总体问题设计或要讨论的范畴，将其转换和归纳为六个方面的问题，即本体论、方法论、认识论、标准或原则、主体性、可译性。这样通过对照比较，发现了传统译论在五个方面比较缺乏或严重缺乏的理论问题，即翻译过程、效果评价、文体对应、语义转换、翻译批评。该书在方法上可谓释旧以出新、融西以立中，旨在挖掘和继承传统文化的译学遗产，促使国学传统从古代形态向现代形态的理论转化，为建立中国现代译学理论和普遍的科学的世界译学准备条件。

《诠释》出版后，在中国译学界产生了两方面积极而广泛的影响。一个是直接的回应。据不完全统计，该书在各种学术刊物和著述中被引用达 173 次（王宏印，2017：355）①。该书出版不久即有多篇书评陆续发表。朱徽（2004）认为该书的主要贡献在于继承与激活传统、中西译论的共存与对话、跨越时空的视野和比较观照的方法、对建构中国现代译论的呼唤，并指出全书以其理论性、系统性、实用性、新颖的方法和丰富的资料受到学界的关注和好评。赵秀明（2004）认为，全书以笃信诚实的学风与创造性阐发相结合，以建设现代译论为明确的理论目标，建立了"清理、阐释、转换"三结合的研究方法，实现了"学术性""理论性""独创性"三超越的理论开拓，打破了长期以来传统译论研究的就事论事的蹒跚局面，真正开启了我国传统译学研究的新局面，是我国翻译理论界一部极富学术品位的力作。张佩瑶（2012）认为该书是传统译论研究之现代诠释派的代表。张思永（2014：84）在其博士学位论文中以相当篇幅对该书进行了分析，认为该书对传统译论现代转换做出了重要贡献。第二个回应是对传统译论研究的直接推动，特别是南开大学翻译学博士生经过导师的传授和提点，其中多人沿着传统译论经典诠释与现代转换的路子进行研究，取得了一系列成果。该书所引发的国内对传统译论的研究和讨论，部分地纠正了全盘西化的翻译学建设的单一倾向，形成了与引入西方翻译理论和翻译研究学派相抗衡的一支学术力量，即中国翻译学学科建设的本土化民族化研究方向。

　　总之，《诠释》出版以来，在翻译学界引起了广泛关注，产生了良好的社会影响，在中国翻译学建设史上发挥了重要作用。2016 年，笔者以该书为英译对象，成功申请到了国家社科基金中华学术外译项目。该项目是第一个以翻译学专著为翻译对象的中华学术外译项目。在此过程中，得到了恩师王宏印的支持和配合，没想到作者为实现该书的国际化提出了新的目标和要求，对原有内容进行了大幅修订，并有大容量的添加，前后用时一年有余，及时出版了修订扩充版，为笔者从事英译奠定了新的版本基础。该书的英文版 *A Critique of Translation Theories in Chinese Tradition: From Dao'an to Fu Lei* 已由美国学术出版社于 2018 年 4 月出版。

三、推陈出新见功力：新版修订与扩充

新版《诠释》对初版进行了进一步的完善，对初版中个别疏漏和失误进行了文字上的修改（如彦琮"辩证论"改正为"辩正论"），并在内容上做了大幅修订和扩充。全书整体上重新分为"卷上"和"卷下"两部分。"卷上"保留了初版本论的整体框架和基本内容，包括绪论、正文三编（即古代、近现代和当代部分）和结语，只是个别地方有些文字的添加，但这些部分又显示出作者对旧作的精益求精和理论提升，有时则是研究的深化和资料的补充。以下择其要点加以叙述：

（1）对传统译论开端部分之四章的增补主要有，在道安"五失本，三不易"部分，以确凿之史料加强了道安开启之译论的史学地位，并就"文质"问题补写了有关历史背景和理论来源；在玄奘"五不翻"部分，强调其在主张音译之外，实际上开了异化翻译之先河，并补充了义净关于佛学范畴翻译的主张和方法，与玄奘相表里；在赞宁"六例"部分，新增添了论述西方语言起源的誓言之起源和结构，其重要史料则扩大到密宗和显宗与西语对应的词语的翻译问题。

（2）近代译论中的严复部分，补充了英国泰特勒"三原则"与坎贝尔的继承关系，并把严复"信达雅"译论从回归写作的简单提法平推为言说与写作并列，口译与笔译并举，并进一步借助西方翻译史资料，一起上推为古典修辞学的学科归属，旨在为古典翻译学意义上的中西译论找到一个共同的学科归属。另补充了钱锺书、梁启超、鲁迅、贺麟等老一辈翻译家对严复理论及其翻译实践的研究，归入中国经典的译论研究阶段，和原来的中国现代翻译研究阶段相接续，完成了严复译论研究的全图显示。

（3）针对胡以鲁和章士钊之辩论部分，尤其在有关语言文字起源与发展的观点方面，补充了柏拉图、本雅明的语言观和翻译观，结合汉语的发展和更新，补充了语言文字作为文化资本及其文化含量的概念，以及语言与现实的敏感关系和语言革新的不同途径与可能等观点，扩充和加深了相关部分的思考，包括对汉语当下状态的思考和术语译名的策略原则等。关于贺麟的翻译哲学论析，加强了

符号学能指所指原初地统一在原作中的本体论思想，并指出贺麟论述的不彻底性之原因在于运用了现成的哲学原理，而未能深入翻译问题的本质。结合诗歌翻译，进一步细化了"诗不可译"的相关论述。在涉及金岳霖把汉语和汉字并称为"语言文字"的哲学和翻译学论述时，给出了索绪尔关于文字凌驾于语言之上的四点分析，以及汉字和汉语并存甚至高于汉语的五点说明，以深挖中国式语言文字并重的语言学理论的社会文化认知心理机制，并就此做法提出了独特的批评意见。

（4）在当代译论中，首先结合钱锺书的"化境"说，补充了王国维的"境界"论，以之构成钱锺书直接继承的理论资源之一（另一来源是金圣叹关于文学创作的"化境"说），并借由文艺学与宋词的境界理论，阐发了翻译的境界论。在傅雷的"神似"说部分，首先增补了关于传统译论借以成立的三元结构即一元论（化境）、二元论（形似、神似）和三元论（形似、意似、神似）的关系和哲学基础的讨论，认为在语言学上"意似"论不能成立，因而加以排除。其次，重新论述翻译似"临画"说之基本原理，并从人类感知五官能的分类和功能入手，说明了语言的含混性和语言有描述其他感觉印象（即其他艺术）的长处。由此，重新论证了法国诗人瓦莱里的"纯诗"理论及其对翻译认知的启示，将翻译理论引向文学本体和艺术本体，由此接触到"纯翻译学"问题。这一章新添加的一节内容是结合作者对翻译笔法的本体论阐释，对傅雷心目中理想的文学语言、"傅雷体"及其译笔的局限的讨论，为后面的笔法本体论张本，并提供必要的个案例证。

另外，在结语部分增添的文字中有一段较长的话，其意义在于，在承认传统译论终结的逻辑前提下，强调其独特的文化个性和体现的民族智慧，可作为永久性理论创造的源泉。这样就和绪论中所强调的继承和发扬传统译论的人文精神首尾呼应了。

由此完成该书新版的卷上部分，使其呈现出枯木逢春的欣欣向荣之貌。

新版"卷下"由"余编新译学探索（2000—2003）"和新添的"余

论"构成。余编是原来所有的内容，集中体现作者在传统译论精神指导下关于翻译研究的理论建构，但有一个较大的改变，将原来的第一章"昔日的文质与今日的直译意译"移至余论部分，调整为"翻译笔法的本体论阐释与现象学描述"，这样就与第二章"简释文学艺术翻译的表现手法"和第三章"探寻文学翻译批评的评判标准"在逻辑上前后相继并在体例上相统一了。在逻辑上，这一章也和本论最后一章关于傅雷的文学语言与译笔问题相接续。

接下来的余论则是崭新的，为初版所无。它在内容上是对初版余编部分之理论探讨的继续，因此它使用了"余论中国传统译论的终结和更生（2003—2016）"的总标题，在时间上则接续到2016年本书修订完成为止。这说明余论体现作者在这一阶段理论研究的最新成果，其写作时间一直持续到交稿才终止。在章节延续上，从余编开始各章重新编号，加以接续，以示余编和余论是一个前后接续的研究过程和论述整体，体现了作者对传统译论经典诠释本论以后的一系列相关研究成果，可视为与内篇相对应的外篇。

在余编三章之后，余论从第四章开始进行论述。第四章"以史为鉴：新译学视野下的中国传统译论"，首先回顾了初版时的学术背景以及传统译论的相关资料及其整理与研究的成果，构成十多年来翻译学科发展之前因后果的关系联想和语境描述。然后，在论述各种中国翻译史编写的理论思考与问题处理的同时，对传统译论及其相关问题深入进行史学意义的勾连与评论，使其形成丰富的学术思想和生动的理论话题，包括中国翻译文学史（译介学）和典籍翻译，例如，本章最后是对中华民族典籍翻译研究重要理论术语的列举。

第五章"回眸传统：经典重读与历史文本的重新阐释"可以说是对佛经翻译历史的回顾和理论总结。它的思路不同于本论第一编古代部分关于佛经翻译理论的经典评论，因为那是对传统译论经典文本和观点的直接批评和理论继承，而这里则是在回归佛经翻译伟大传统的时候，纵览其基本的史料价值，从中进行历史的分期和分门别类的评论。尽管史学的叙述不免多于评论，但还是不同于前人的相关研究。这部分尽可能深入历史分期、翻译活动与组织，论及翻译方法与原作机制的整理，特别是纳入了关于佛经翻译的十大范畴及其解释，令人耳目一新。

第六章"理论辨析：昔日文质与今日直译意译辨析"，原是初版中余编的第一章，因为在那个不甚合适的语境里，可能会混淆中西译论范畴的理论辨析与建立中国式文艺学翻译流派的理论创新的方法。一旦放在这里便有了新的语境意义，并从中获得了新的理论研究意义，那就是作为回眸佛经翻译的一种理论课题，把其中的文质问题和今天受西学影响的直译意译问题进行了理论上的剥离和学理上的辨析。在中西译论对比研究和关联研究中，这一方法可能具有普遍意义。

第七章的设置目的是在中西结合的现代学术语境下讨论中国翻译学的建设问题，具体考察了中国翻译学建设的十大问题和文化转向以来中国翻译界对西方翻译理论冲击的十种回应，最后简要论述了在中国大陆出现的十种可以称为"领域"的翻译学研究课题及取得的成果。本章系统地总结了这三个方面的中国式表现，基本上包括中国大陆（内地）和港澳台地区的译学图景，有的问题和提法发人深思，有的则可能会启发出新的问题和思路。

总之，与初版相比，新版的整体结构更为合理，其内在逻辑更为完善。新版的结构实际上分为两大部分。本论是对传统译论经典的诠释，主要是针对十种有代表性的译论进行文本阐释，目的是为建立现代译论准备条件。余编的新译学探索部分，在于继承传统译论的人文精神，并利用其方法和资料，创造性地提出翻译笔法、翻译表现手法和翻译标准，借以体现作者本人翻译理论研究的成果。余论部分则重新回顾和整理有关传统译论的历史史料，从中清理出新的翻译理论问题，转化为新的翻译研究范畴，并追溯中国翻译学的发展历程，对其进行分析和评论。虽然全书本论和其他部分在内容和方法上各有侧重，但总体说来还是有一个一以贯之的逻辑贯彻始终，那就是中国翻译学的起源、传统译论批评继承及中国译学界的新近发展，借以显示其对世界翻译研究的独特贡献。

四、筚路蓝缕不止息：译学开拓与贡献

《诠释》初版的问世，标志着王宏印在中国理论翻译学方面最初的努力和开拓之功。前人对此已多有论及。实际上，通过修订、扩充初版的本论部分，作者完善且做了细致的补缀工作，缜密针线，举重若轻，完成了一项不大为人注意的系统工程。诸如完善了全书本论部分的内在逻辑（如第五章对中西译论共同学科归属的探索）和理论勾连（如第九章结合钱锺书的"化境"说，补充了王国维的"境界"论，填补了金圣叹创作"化境"和钱锺书翻译"化境"之间的巨大鸿沟）、加强了中学西学的比较阐发（如第四章关于西方语言起源的誓言的起源和结构论述）和对已有研究的反思（如第五章对两代学人学风的反思），等等。通过这些不显眼的努力，进一步深化了对翻译学学科基础的探讨（如第六章使语言与翻译的学科触角延伸到当下西方语言哲学的前沿和符号学思考的纵深领域）和形而上思考（如第十章将翻译理论引向文学本体和艺术本体，力图为翻译找到意义深远的本体论借鉴），等等，都使得原有的开拓和贡献得到了巩固和强化，甚至引发了更深远的学理思考和理论创新之思路。

这里，作者有一个重要的思想需要交代一下。笔者注意到，第五章"回眸传统：经典重读与历史文本的重新阐释"的第三节开头，有一段重要的文字，实际上是提出了传统译论的三重研究思路。

第一，对传统译论赖以产生的相关活动进行分类、分期和分析研究，构成"历史回顾式的分析和梳理"，追溯各家理论本身从出的语境，探索其历史文化背景及其产生的原因，例如中国传统译论包括佛经译论的重新分期研究，赞宁"六例"说之佛教逻辑渊源研究等。

第二，按照理论发展的历史线索，抽取最具代表性的理论观点进行学理的分析批评和继承性阐释，本身又可以分出本体论、主体性、认识论、方法论等层面和维度。例如卷上部分所做的诸种理论本体的分析与批评研究，构成中国式翻译理论的基本体系基础。

第三，从某种译论本身抽取其关键范畴和概念，例如佛经翻译十大范畴，加以组合和解释，尤其是通过学理阐发，形成普遍性概

念，直接为中国翻译学建设提供理论范畴。或者从作者本人的研究中把经验上升为理论，总结出相应的理论范畴，例如民族典籍理论系统，和"无本回译"②等理论，形成具有中国特色的翻译理论概念范畴和理论体系，使现代译学初具规模和形态。

这三种方法，在本书研究中都已用到，本论中以第二种方法最为常见，而在余编和余论中则有新的开拓和新的成就，尤其是第一种和第三种方法的发明和运用。下面尝试总结一下新版新增章节特别是余论部分所体现的作者对中国翻译学建设新的开拓和贡献。

（1）在翻译理论方面，新版纳入了作者本人近年来在中国理论翻译学方面研究的新成果。对佛经翻译进行了知识考古学工作，特别是对佛经翻译十大范畴（"味、境、化、隔、圆、妙、和、真、言、修"）的提取和略说，已转换成为新的翻译理论概念，融入新的翻译理论体系，使传统译论获得新生。这一部分代表着作者直接从佛经精神中抽取其翻译学人文价值的一种努力，而在理论上，可以纳入文学翻译批评的领域。

在翻译理念上深入挖掘中国固有的文化资源，利用具有民族的、原始的东方思维特征的思想原型构建了新的翻译观，继承和更新了中国固有的文笔和译笔传统，提出文学翻译笔法的理论范畴，并对其进行了本体论阐释和现象学描述，将翻译"人"和"物"的概念连为一体，这是作者使传统译论获得更生的一种努力。笔者期望看到这一方法的应用，例如可以利用翻译文学史的评价系统和分析工具，发挥传统文笔和翻译笔法的特长，以刷新中国翻译史研究的新纪录。

另外，围绕中华民族典籍翻译研究，王宏印在该书新版列举了12个理论术语及其范畴解释，既有从少数民族典籍翻译研究中提取出来的术语，如"古本复原"，也有汉族文学翻译个案研究概括出的术语，如前文提及的"无本回译"，反映了王宏印在中国现代译论研究上的深度和广度。这一部分增补内容也有助于弥补该书系统研究之不足。

（2）在翻译史编撰问题上，作者指出了中国翻译史编撰的类型与现有论著存在的问题，特别是翻译实践史资料的芜杂和编排的无序，其最根本的问题是缺乏对本专业的技能之演进与继承关系的探讨，实践史和理论史的混编导致研究分工缺乏、研究成果混杂不精。同时，也指出了翻译理论史的编撰和传统译论的诠释方面的问题，评析了现有的主要成果。作者由此进一步分析了中国翻译文学史和中华典籍（包括民族典籍）的翻译问题。这些颇具学术见地的剖析必将对我国未来翻译史、翻译理论史的编撰起到导引的作用。

《诠释》初版问世以来，虽然学界不少人都把作者的研究归入翻译理论史或翻译史的范畴，但王宏印从来不认为那是一本完善而成熟的翻译理论史著作，史料的梳理不足姑且不论，在纵向贯通上也还有相当大的提升空间。但这并不妨碍作者对中国翻译史、学术史甚至文化史（文明史）的编写和研究发表自己的批评意见和学术见解，提供必要的观察和洞见。

（3）在翻译研究方法论方面，在进一步完善初版"清理、诠释、转换"的传统译论研究方法基础上，作者结合个人学术研究的方法和习惯及人际交往和所涉领域，运用了个人口述历史与中西学术研究的大历史的双向互动途径，具有重要的翻译研究方法论意义。特别是把佛经翻译的文质问题和今天受西学影响的直译意译问题作为回眸佛经翻译的一种理论课题，进行了理论上的剥离和学理上的辨析。在今天西学东渐与东学西渐反向冲突的学术语境下，对于建立中国式翻译理论的努力方向而言，这一辨析的方法论意义显然远大于其具体的理论结论本身的意义。

（4）在翻译学科建设问题上，作者不仅在中西结合的背景下和继承国学尤其是宋学传统的基础上，朝着实现传统译论在当代翻译学科建设中的新生而努力，而且以宏阔的视野与缜密的思维，将中国翻译学科建设问题置于晚清以来西学东渐的文化学术大背景下进行思考，特别是将自己的思路放在现实的译学建设中进行考察、对照和反思，以图释旧出新、融西立中，实质推动中国当代翻译学科建设和翻译理论研究。例如，作者在新版最后一章对中国翻译学建设的十大问题、文化转向以来中国翻译界对西方翻译理论冲击的十种回应，以及中国翻译学建设十大领域的论述，构成作者个人对于中国翻译学发展趋势及重大课题与领域的宏观描述，以见出中国翻译学建设的总体蓝图和发展途径，或许可借以预测中国翻译学的前途与世界翻译学的发展大势。

五、结语

如前所述，今日的中国翻译学已基本铸成了三足鼎立的翻译学科建设格局，而传统译论研究在其中独树一帜。在《诠释》作者和众多学者的共同努力下，传统译论在中国翻译学建设中已部分地得到更生。该书新版的及时问世不仅为中国学者反思中国式翻译学的建设之路提供借鉴，而且为世界译坛及对中国翻译学感兴趣的人们提供可贵的全息视野和研究课题，至少让人们感觉到中国是一个充满活力和创造力的国度，中国的翻译实践和理论建设，渊源有自，色彩斑斓，有自己的探索思路和研究的特殊问题，中国式译论有自己的表达方式和写作方式。我们期待它在中国翻译学建设中继往开来，使传统译论在当代中国翻译学科建设中继续发挥积极作用，并通过英语翻译使中华学术的译学成果走向国际译坛，为国内外译学界的学术交流牵线搭桥，为世界译学的普遍原理之建构做出贡献。

注释

①笔者 2017 年 6 月 30 日检索"中国知网"，发现该书在 2004—2017 年间学术论文参考文献中出现 588 次。

②王宏印（2015）把"无本回译"视为一种普遍理论，一个能够进入现代学科体系的翻译学的核心概念和具有一定解释力的翻译理论系统。

参考文献：

[1] 罗新璋. 翻译论集[M]. 北京：商务印书馆，1984.

[2] 王宏印. 中国传统译论经典诠释[M]. 大连：大连海事大学出版社，2017.

[3] 王宏印. 从"异语写作"到"无本回译"——关于创作与翻译的理论思考[J]. 上海翻译，2015（3）：1-9.

［4］王宏印. 中国传统译论经典诠释［M］. 武汉：湖北教育出版社，2003.

［5］张佩瑶. 传统与现代之间——中国译学研究新途径［M］. 长沙：湖南人民出版社，2012.

［6］张思永. 刘宓庆翻译思想研究——学术视野与理论述评［D］. 天津：南开大学，2014.

［7］赵秀明. 中国传统译论研究的新突破——评《中国传统译论经典诠释》［J］. 外国语，2004（3）：71-77.

［8］朱徽. 让传统走进现代——评王宏印著《中国传统译论经典论释》［J］. 中国翻译，2004（5）：43-45.

（本文原载于《上海翻译》2018 年第 6 期）

诗性翻译，智慧求索

——王宏印《英国诗歌选译——从中古民谣到现代诗歌》评介

李楠楠

[摘要]《英国诗歌选译——从中古民谣到现代诗歌》由外语教学与研究出版社于 2018 年 11 月出版。该书根据基本诗歌史线索，选译了体现不同时期的诗歌特点的代表诗作，是王宏印多年广泛收集和精心选译之作。本书所收广义的英国诗歌涵盖了英格兰、苏格兰、威尔士以及爱尔兰古今诗人 60 余家，包括早期民谣、古典派、浪漫派和现代诗歌名篇 350 余首，外加附录收录的威尔士英格林诗 12首，以期最大可能地体现英国诗歌的完整性、多样性和丰富性。译者在翻译过程中，抓住不同诗作的要点，力求运用最佳翻译策略和语言，诗化处理译文，最大限度地保留原诗"诗性"，并在每首诗后都附有翻译说明，兼有学者研究和诗人译诗之心得。

[关键词] 诗歌翻译；诗选；翻译策略

一、引言

《英国诗歌选译——从中古民谣到现代诗歌》（以下简称"《选译》"）由序言、译诗和附录组成。序言部分包括三方面介绍：英语史与英国文学的兴起、英国诗歌的多元一体建构及其发展历程、英国诗歌选译的原则与方法。王宏印以长达 35 页的篇幅，结合欧洲大陆以及英国的历史进程与语言变迁，阶段性地梳理了英语语言的演变，将英诗的起源与发展纳入文化历史综合分析的视域中，继而由宏观到微观，梳理了英国诗歌的多元一体建构和发展历程，列举不同时期的主要诗人与诗作，分析其特点与产生的影响。译诗部分中，王宏印诗歌选材视角宏大，不仅选取了传统定义中的英国诗歌，而且加入了英格兰、爱尔兰早期民歌，英格兰、苏格兰歌谣，伊丽莎白时代歌谣，伊丽莎白时代剧中歌谣。这种选材视角真正做到了全面考虑英语诗歌传统，将精英诗歌和民间诗歌置于同等重要的地位。附录部分是威尔士英格林诗（Englyn）。王宏印将本部分单独析出。英格林诗有其自身的独特性，一般体式是四行，三个音节，严格押韵。由于英格林诗人认为作诗才能是天生的而不是后天学来的，所以，他们一直拒绝对这种诗进行翻译。王宏印在本部分选取 12 首英格林诗歌的英语译本，旨在传达该诗体的特殊文化意蕴。总的来说，《选译》从序言到附录的体例编排，充分考虑了汉语读者的文化背景和知识结构，不仅意在加深读者对一些基本问题的认识和翻译的理解，而且力图为读者补足有关英语语言文化、英国文学和英语诗歌体系的知识储备，实现交际意义的传达，体现了诗人、学者的研究型翻译。

二、系统梳理，深度分析——译作导读

自支谦的《法句经序》始，译者便偏好以序言的形式辅助读者更好地理解翻译要旨。《选译》的译作导读中除序言外，将诗作（除民歌民谣）按照诗人分类，附有对诗人出身、生平、获奖情况等介绍；每首译作后附有简要的翻译要点与策略说明。序言部分上文已有概述，现进一步详细阐明。

按照传统，英语的发展一般分为三个历史阶段，即古英语时期、中古英语时期、近代或现代英语时期。王宏印经过仔细研究和考证，将英语历史重新详分为五个阶段，即古英语包含屈折语和分析性倾向两个阶段；中古英语为第三阶段，即指诺曼征服后，法语、拉丁语和英语混合使用；第四阶段为文艺复兴时期，特点是英语语法简化，法语词汇丰富；第五阶段，近代或现代英语，出现了真正的标准英语。王宏印通过深入的研究，又进一步总结了英语的语言特点：
（1）形式与结构极为简单；（2）强势和表现力，尤其适合诗歌创作；
（3）极大的灵活性，可以适合各种文体风格；（4）极强的吸收包容
能力，能从其他语言中吸收新词汇并使其迅速而完全地归化，不显
示外来语迹象。

在分析完英语语言特征后，译作导读的下一个部分是英国文学
研究。在本部分王宏印阐明了凯尔特文学的价值，认为乔叟的出现
标志着近代意义上的英国文学的诞生。此外，王宏印根据英国文学
的发展脉络，用阶段论的方法将英国诗歌的起源分层列出：凯尔特
民歌（约始于公元 6 世纪）、英格兰民歌（中古时期，可晚至 18 世
纪）、英国文人创作诗歌（14 世纪），认为不同地区与作者有各自的
题材、体裁特点与代表作等。

最后，王宏印的论述从宏观层面的英国文学进入微观层面的英
国诗歌。他认为，民谣为后世文学奠定了深刻的诗歌基础，英格兰
和苏格兰民谣成为后世历代创作者模仿的源泉。几乎和乔叟同时期，
苏格兰出现了众多诗人，虽然他们后来被遗忘在历史的洪流中，但
他们的民歌创作和翻译活动构成了英格兰本土诗歌创作的必要补
充。16 世纪中期，英国文艺复兴进入高潮，不仅通过翻译接受了古
希腊和罗马的传统，而且受到法国和意大利文学的影响，因此出现
了许多新诗体，莎士比亚的十四行诗就是孕育于该时期。王宏印在
研究的过程中发现，莎士比亚所处的伊丽莎白时期，除了戏剧中诗
歌和歌词创作蔚为大观以外，该时代初期的牧歌体较少被关注和翻
译是一种遗憾，因此《选译》中也纳入了这一时期的作品。17 世纪
出现了以多恩为代表的玄学派、以弥尔顿为代表的革命派、以德莱
顿为代表的古典派，预示了诗歌发展史上前后相继的三个阶段。18
世纪末到 19 世纪末，大批浪漫主义诗人涌现，如华兹华斯、拜伦、
雪莱等。浪漫主义之后，进入了以丁尼生、勃朗宁为代表的维多利
亚时代。哈代作为维多利亚时期最后一位大诗人，对 20 世纪英国诗
歌的影响程度不可估量。20 世纪，兴起了意象派运动、战争诗篇与
爱尔兰民族文化复兴运动，重要的诗人有艾略特、庞德、叶芝、迪

伦·托马斯、奥登和拉金等。

完成了宏观系统、微观精细的译作导读后，读者可以明确地看出王宏印完备、科学的选材依据。我们翻开《选译》，可以在系统地了解英语语言、文学史、诗歌特点和发展脉络的基础上，阅读和研究英语诗歌。

三、博观约取，致广尽精——选材广泛而考究

梁启超提出，"故今日而言译书，当首立三义：一曰，择当译之本；二曰，定公译之例；三曰，善能译之才"（郭延礼，1988：30），其首义便是"择当译之本"。翻译选材不是一时兴起，信手拈来，而是体现着对于翻译活动的重要意义。王宏印选译了从中古民谣到现代诗歌的代表性作品，体裁主要为短诗和抒情诗，同时根据篇幅情况，适当地收入一些叙事诗。这一做法是为了照顾到基本的诗歌史线索，力求没有重大遗漏，并尽力避免在选材上与传统译本重复太多。《选译》同时收录具有重大历史影响的诗人，以及经得起反复赏鉴的诗作。不仅如此，诗歌的选材还体现了王宏印对诗歌多年求索的修远心路与独到眼光，如王尔德的《嘿啦诗》和奥登的《葬礼布鲁斯》，便是王宏印在阅读中发现其独特的文学价值，欣然纳入本书的。

王宏印选材的依据是建立在对英语诗歌的明确认识上。他廓清了三个基本术语和概念，即英诗（English poetry，也用 British poetry）、英国诗歌（多用 British poetry，也用 English poetry）、英语诗歌（poetry in English）。英诗既可以指英语诗歌，也可以指英国诗歌。英国诗歌狭义地指英格兰诗歌；广义还包括爱尔兰、苏格兰和威尔士的诗歌，还有各地方言和盖尔语诗歌。英语诗歌指全球范围内，一切以英语语言为载体的诗歌（王宏印，2018：3）。《选译》主要译介作品为广义的英国诗歌。这不同于很多现有的英国诗选，只将英格兰地区诗歌作为主要译介对象，而忽略了英国其他地区诗歌的文化价值。尽管英国文化行政体系复杂，但是四个地区属于一个文化共同体，一脉相承，文学艺术上有着千丝万缕的联系。所以在译介过程中，《选译》在没有脱离英语语言作为载体的前提下，收录了英格兰、爱尔兰、苏格兰、威尔士的英语诗歌，偶尔也包括翻译成英语的盖尔语诗歌，如前三章的英格兰早期民歌、爱尔兰早期民歌、英格兰及苏格兰叙事歌谣，与附录部分的威尔士英格林诗。王宏印将英国诗歌作为一个整体来观照，这种做法具有完善英诗译介、丰富学术研究语料、扩充读者视野等多方面的价值和贡献。但是鉴于四个地区在文化传统上又有着许多微观的差异，在诗歌翻译过程中，王宏印对不同地区民族特色也给予了重视。如翻译彭斯的《一朵红红的玫瑰》时，保留了苏格兰民间意象；翻译叶芝的《没有特洛伊城重来》时，再现了对民众运动不理解的爱尔兰民族情绪。据此，《选译》既没有忽视英国诗歌的宏观概念，又形成了不同于国别文学中英国诗歌的选译本。

王宏印诗歌选材的精广，也体现在所选作品时间跨度较长与题材体裁的多样。《选译》中作品的时间跨度从公元 6 世纪直至现代，包括早期民谣、古典派、浪漫派和现代诗歌。公元 6 世纪，盎格鲁—撒克逊征服者给英伦三岛带来了原始歌谣、神话传说和史诗，保留至今且最具代表性的作品是《贝奥武夫》。这一英雄史诗的发源性地位似乎成了公认的事实，多数英诗诗集以这一作品为开篇。不过，王宏印提出，有两点问题值得注意。《贝奥武夫》能不能算作英国本土的最早的文学？是否代表性地位就意味着概括了所有早期不同于英雄史诗题材的诗歌艺术价值？因为在盎格鲁—撒克逊人踏上这片古老的土地之前，盖尔语在自然诗歌方面的生机与活力能和任何民族的语言相媲美，数以百计的爱尔兰和威尔士诗人证明了这一事实。基于以上问题，《选译》收录了部分约始于 6 世纪的早期民谣，如《乌鸦》《北欧海盗恐怖》《我是爱尔兰人》等。王宏印从中国《诗经》作为诗歌起源的角度去反观英国诗歌发展传承，重视民歌与叙事歌谣的多元艺术价值。《选译》的第四、五章为伊丽莎白时代民间歌谣与剧中歌谣翻译，体现了这一时代特有的历史性产物，使读者能够更全面地理解莎士比亚作品的创作背景与当时文学创作的繁荣景象。呈现早期诗歌艺术的同时，王宏印未曾忽略现代诗歌的价值，比如他收录了布莱恩·帕特恩和肖恩·奥布莱恩等当代诗人的作品。

此外，《选译》从有别于传统的角度去处理和取舍一些著名诗人的诗作，如选取了雪莱的一些爱情诗和一首仿阿拉伯文化素材的诗作。正如诗选的英文标题"The Bilingual Treasury of British Poetry"体现的精神那样，王宏印具有努力再现英诗"宝库"的美好愿景。

四、运以精心，出以妙笔——翻译策略多样

译诗之难，人所共知。以一人之力选译一国诗歌，其难度与局限可想而知。若不加注意，译者的个人风格很容易侵蚀各家各时代各流派的风格，造成译文如刀切韭菜般千篇一律。再者，不少经典名诗已有原译甚至重译，如何避免艺术平庸也是后来的译者需要审慎之处。在论及诗歌翻译时，王宏印指出，每一首诗几乎都是独特的，在没有认真研究之前，几乎是不能随意决定能否翻译和如何翻译的。作品的意象不同，结构不同，机理不同，译者只有落实好对每一首诗的研究，才能进入真正文学意义上的翻译（王宏印，2009：102）。王宏印在实践中知行合一，区分和辨别不同诗歌体裁、题材和风格，抓住其要点，进行有重点的传译和表现，既没有囿于某种固定的方法，也未强求每一首诗一种译法，而是根据知识与创造性的直觉仔细地权衡，准确无误地对传译手法予以确定。他善于再现不同诗歌的特点，发挥译语优势，有时采用译创或创意翻译，追求诗性与灵感，体现了互文性、陌生化、整体性的翻译特点。

（一）撷取要点

格律诗与自由诗、素体诗与十四行诗、民歌体与玄学诗都各有分别，按照这种种分别，加之诗人本身的个体因素和题材因素的发挥，就有可能译出不同的面貌来（蔡毅、段京华，2000：112）。诗歌类型不同，修辞表现力、逻辑内容、旋律节奏、图像和声音之间的关系也有所不同。王宏印的译作恰如其分地体现了这一点，善于彰显原诗的"诗心"，打破诗歌翻译中源语与目标语的藩篱。威尔弗雷德·欧文的"Arm and the Boy"（《武器与后生》）这首写武器与人的战争诗语调铿锵，逻辑紧密，善用祈使句，武器和人对比至为强烈。译诗的处理同样让句子之间产生关系，注重遣词造句，如"How cold steel is"译为"钢何冷！"，"Lend him to stroke these blind, blunt bullet-leads"译为"让他弹一弹这钝钝的子弹"，再现了原诗肃穆的基调与语言特征。但是，在翻译抒情诗时，译者笔锋一转，瞬间"走入另一场戏"，如威廉·布莱克"Never Seek to Tell Thy Love"（《切勿说出你的爱》）一诗的英译：

Never Seek to Tell Thy Love

> Never seek to tell thy love,
> Love that never told can be;
> For the gentle wind does move
> Silently, invisibly.
> I told my love, I told my love,
> I told her all my heart;
> Trembling, cold, in ghastly fears,
> Ah! She did apart.
> Soon after she was gone from me,
> A traveller came by,
> Silently, invisibly:
> He took her with a sigh.

切勿说出你的爱

> 切勿说出你的爱，
> 爱不是说出来的；
> 和风会轻轻地吹拂，
> 一言不发，无声无息。
> 我给她说，我给她说，
> 我给她说出了我的心；
> 发抖，发冷，万分惊恐，
> 啊！她竟然和我离分。
> 她离开我没有多久，
> 一个过路人过来了，
> 一言不发，无声无息。

一声长叹把她带走了。

在浪漫主义诗歌中，思想从来都不用词来表达。在那里，诗的实质往往体现在塑造的形象中的情感，而形象的结构是和诗的严格结构，和诗段中的韵律及句法的变化联系在一起的（王家新，2015：90）。浪漫主义诗歌充满想象力，不同于古典主义诗歌语言的华丽和庄重，诗人运用流畅质朴的语言抒发内心情感。因此，译者在翻译时，努力传达原诗的语调是关键，如果失去了原文语调的情感色彩，就意味着失去了诗意。王宏印在翻译说明中指出，这首爱情诗浅白而朴实，生活化的语言是传译的关键。他有理有据地抓住了这首诗的"紧要之处"，没有将它译为文人语体，以避免失去原文本来的风格。当然，好的译文不止语言风格前后一致，细节的处理也是关键。原文中"Silently, invisibly"在原文中有双关作用，在第一节中指人，在第三节中指风。译文为"一言不发，无声无息"，可以兼顾这两层意思。另外，原文中"love"有多层含义，可以指爱情，可以指爱人，也可以指谈恋爱的内容。王宏印正是看到了这一点，才在第二节诗前两行做变通处理，以人对人的诉说语气体现爱情诗中亲密的氛围。据此，从宏观到微观，王宏印恰到好处地解释了风格是否可以翻译的问题，他把精深的学问无形地蕴含在巧妙的翻译之中。

（二）发挥译语优势

诗歌的"表音""表意"和"表情"的审美特质以及语言文化的差异虽然为诗歌翻译设置了种种障碍，但同时也为译者提供了更为广阔的再创造空间。成功的译作作为独立的文本，给异域他乡的读者带去了新的知识、别样的艺术享受，给它的语言、文化、文学输入了新鲜血液；与此同时，也延长了原作的寿命，或者说是给了原作第二次生命，使它的作者能跨越时空，声名远播（何孟良，2012：229）。译作从文学翻译转变成翻译文学，需要有能在异域土壤繁殖的能力。如果译语文学体系中存在与原诗形式和内容相似的诗歌题材及体裁，译者不妨加以充分利用。因为很多经验和感觉都是各民族特有的，利用本民族语言优势翻译诗歌，可让读者迅速进入对原诗的体味，顷刻产生共鸣。以下例子就是借助《诗经》中的语言翻译英格兰早期民歌，做到深层文化互鉴的典型范本：

Now Go'th Sun Under the Wood
Now goes the sun under the wood—
I pity, Mary, thy fair face.
Now goes the sun under the tree—
I pity, Mary, thy son and thee.
日之夕矣
日之夕矣，隐于林——
玛丽，我爱怜你的红颜儿。
日之夕矣，隐于树——
玛丽，我爱怜你，还有你的儿。

这首英格兰早期民歌同中国的《诗经》出现的时代大抵相近，同样为无名氏所作。它和《诗经》中《君子于役》的开头很相似，整体风格同《君子于役》一样，用简单的语言说出内心朴素的情感独白；营造的情景同为夕阳西下，主人公真情蕴起。在选词上，"爱怜"的意思，以及儿化音的作用，有助于形成语义和韵脚上的联想。这种"以中国调译外国意"，巧妙利用中国语言的音韵，充分发挥了译语的优势与译者的创造性，激起了不同文化中的共同情感，在目标语境中更好地传达了原诗的意韵，使译作更具有魅力。

（三）追求诗性与灵感

诗歌的美常"呈于象、感于目、会于心"，对诗的意旨、情趣的理解往往需要译者具有将审美意趣直觉化的能力。这种直觉化往往来源于瞬间的灵感，就如同诗人创作诗一般。译诗不是一个简单的语言转换问题，译诗的人首先要"懂诗"，而且要有能力替翻译对象写诗。除此之外，译诗者除了个人的天才和素养之外，他所使用的语言必须处于活跃的状态（王佐良，2016：83）。这种活跃的状态来自译者在面对一首诗时迸发出的灵感。这种灵感和诗人创作的灵感无异。所以一般来说，只有诗人才能译诗。王宏印诗作多产，始终站在诗人的角度看待诗歌与诗歌翻译，在其著作《意象的萌发：新诗话语释读》中指出，诗歌要有自己独立存在的方式和价值，就要具有某种纯度上的诗性品质（王宏印，2014：201）。因此，王宏印对诗歌的诗性追求也融汇在诗歌翻译中，如劳伦斯的"A White Blossom"的翻译：

A White Blossom

A tiny moon as small and white as a single jasmine flower
Leans all alone above my window, on night's wintry bower,
Liquid as lime-tree blossom, soft as brilliant water or rain
She shines, the first white love of my youth, passionless and in vain.

月华

月，小而白，宛如茉莉花一枚，
孤独地高悬在我的窗外，冬夜的花房外
月华如水，似开花的菩提树，温柔也似水花雨露，
烁烁的她，是我青春的初恋，算不上激情，只有徒然。

译诗要往活处炼，再现意象，无须描头画眉（翁显良，1987：270）。首先，"A White Blossom"译成"月华"，借助了月亮的意象，直接激起读者对诗内容的遐想与语义的联想。所谓"月华如练水如天"，让读者瞬间进入了一个恬静温柔、淡淡忧伤的意境。诗中"Liquid as lime-tree blossom"译为"月华如水，似花开的菩提树"，发挥译语优势，充满诗意，迎合诗歌题目，较之译为"仿佛酸橙树一样呈液态"更能激发读者的灵感，抵达更深的情感世界。其次，这首诗的韵律如散文一般行云流水，译诗保留了原诗的形式与节奏，遵照原诗的意象安排，没有过度发挥与创造，体现了王宏印追求诗性和保留诗意的辩证统一的翻译准则。

（四）创造性翻译

文学翻译中，译者应具有表现三种文学身份的能力，即读者、

阐释者和作者（John Delisle & Judith Woodsworth, 1995：42）。在翻译中，译者需要调动自己作为读者和阐释者所获得的对作品的理解和审美感悟，将其有机地融入语言的转换中，这时译者的文学创造性就达到了巅峰。这种创造在译诗中尤其重要。"诗无达诂"，原诗的艺术价值越高，文化意蕴和审美信息越丰富，翻译难度也就越大，越需要译者的创造性。在《选择》中，王宏印的翻译体现着译者的创造性。如罗伯特·彭斯的诗 "Ca' the Yowers to the Knowes"，原诗为民间歌曲，王宏印将标题译为《赶羊上山岗》，并将对唱中的 "My bonie dearie" 翻译为陕北民歌中的语言 "我的好亲亲"，将原诗的艺术价值，通过理解和审美感悟，恰当地放入译语语境中。再如，爱尔兰诗人帕特里克·卡瓦纳（Patrick Kavanagh，1905—1967）的 "If Ever You Go to Dublin Town"（《假若你去一趟都柏林城》）节选：

O he was a queer one,
Fol dol the di do
He was a queer one
I tell you.
哦，他是个怪人，
夫嘟勒地嘟，
他是个怪人，
我给你讲。

帕特里克·卡瓦纳多数诗歌充满浓郁的乡土气息。本首诗主题鲜明，全诗共八节，多角度刻画了一个典型的乡下人形象。本部分节选为诗歌中多次出现的重复语，"Fol dol the di do" 在每一节的结尾都会出现，其目的是体现主人公的乡村化语言。这一表达在汉语中没有类似的说法。王宏印音译为 "夫嘟勒地嘟"，借助了汉语民歌惯用的拟声表达法。这种译法是考虑到原诗想象丰富，通俗又充满民间趣味。翻译采用民间语言策略，加上 "我给你讲" 这样口语化的表达，如此翻译形成了颇具特色的地方风情画，让读者迅速进入乡村话语环境。

　　以上列举了《选译》中诗歌翻译的几个明显特点，由于篇幅所限，本文提供的考察或许不够全面细致。在《选译》中，每首诗之后，王宏印都附有简短精炼的翻译说明。此外，《选译》为了照顾部分读者的感受，部分诗歌带有词语注释。种种特点，都足以见得本书的精致和周到之处。

五、小结

　　《选译》选材十分用心，最大的特点是包括传统诗集未收录的诗人之佳作，以及知名诗人未被广泛翻译的作品。整体翻译策略秉持整体化、陌生化、互文性的理念。此外，《选译》是改革开放以来最新的英国译诗选，也是译者耗时数年，举一人之力，大量收集与翻译诗歌的劳动结晶，具有极高的学术价值和艺术价值。这样一部殿堂级的译作可谓用途广泛。从多维的翻译策略来看，可以作为诗歌翻译教材；从诗集中诗歌的时间排序来看，可以作为一部英国诗歌史的速览；从诗人手笔译诗的角度来看，可以作为大众读者了解英国诗歌、培养诗性思维的文学读本。总之，《选译》的序言、正文、附录的整体编排，共同体现了集学者、诗人、翻译家才华于一身的译者的独特构思和巧妙运笔。

参考文献：

　　[1] John Delisle & Judith Woodsworth. Translators Through History[C]. Amsterdam: John Benjamin, 1995.

　　[2] 蔡毅，段京华. 苏联翻译理论[M]. 武汉：湖北教育出版社，2000.

　　[3] 郭延礼. 中国近代翻译文学概论[M]. 武汉：湖北教育出版社，1988.

　　[4] 何孟良. 翻译局限探究[M]. 西安：西安交通大学出版社，2012.

　　[5] 王宏印. 英国诗歌选译——从中古民谣到现代诗歌[M]. 北京：外语教学与研究出版社，2018.

　　[6] 王宏印. 意象的萌发：新诗话语释读[M]. 天津：南开大学出版社，2014.

　　[7] 王宏印. 文学翻译批评概论[M]. 北京：中国人民大学出版社，2009.

[8] 王家新. 黄昏或黎明的诗人[M]. 广州：花城出版社，2015.

[9] 王佐良. 译境[M]. 北京：外语教学与研究出版社，2016.

[10] 翁显良. 以不切为切——汉诗英译琐议之一[A]. 《中国翻译》编辑部. 诗词翻译的艺术[C]. 北京：中国对外翻译出版公司，1990：270.

乘之愈往，识之愈真

——王宏印新译《叶芝诗歌精译》评述

苏易安

[摘要] 王宏印不仅是中国资深翻译家，还是一位诗人。他的译诗精妙秀绝又意蕴丰富，其中的翻译手法与翻译思想都值得后辈学习。《叶芝诗歌精译》凝结着王宏印多年心血，是一本难得的佳作。本文从此书英译背景、译文特色及翻译心得写作手法三部分评述先生新译《叶芝诗歌精译》，并从语言、形式和用典三个角度总结王宏印独特的翻译思想与翻译风格，以期为英语诗歌经典重译提供启发和借鉴。

[关键词] 王宏印；《叶芝诗歌精译》；诗歌；翻译

2021 年 5 月，笔者受王宏印夫人委托，开始着手从事先生未完成遗著——《叶芝诗歌精译》的校对和翻译工作。这是个宝贵的学习机会。作为南开大学出版社"英语诗歌名家精品精译"丛书的第五册（即将出版），该书编采了叶芝各个时期创作的主要诗作，包含了叶芝早期名作——《当你老了》（"When You Are Old"）、《茵尼斯逍遥岛》（"The Lake Isle of Innisfree"），中期名作——《临水自赏的垂垂老人》（"The Old Men Admiring Themselves in the Water"）、《智慧与时来》（"The Coming of Wisdom with Time"）以及晚期名作——《驶向拜占庭》（"Sailing to Byzantium"）、《丽达与天鹅》（"Leda and the Swan"）等，其中不乏一些长期以来不受译界重视的诗歌。就体例而言，这本新译包含序言、正文和翻译说明三部分，意蕴丰富，独具匠心，是一部诗歌翻译理论与实践并重的佳作，凝结着王宏印多年的心血与学术积淀。笔者拟从本书的英译背景、译文特色和翻译说明写作手法这三部分评述这部新译。

一、《叶芝诗歌精译》英译背景

威廉·巴特勒·叶芝（William Butler Yeats）是爱尔兰著名诗人兼剧作家，诺贝尔文学奖获得者，被诗人艾略特誉为"当代最伟大的诗人"。"叶芝的诗受古典哲学、神学、荣格心理学、神话学、东方月相、藏传佛教等多种因素影响，具有极高的思想深度与审美价值"（王宏印，2004：135）。叶芝是 20 世纪初爱尔兰文艺复兴运动领袖，他的早期作品轻灵唯美，极具浪漫主义色彩；中期作品受爱尔兰民族自治运动影响而趋于现实主义；而在晚期作品中，其神秘主义象征体系才最终走向了成熟。"叶芝的作品代表着英语诗从传统到现代过渡的缩影"（Longley，2013：4）。从某种程度来讲，叶芝的诗歌实现了从浪漫主义到现实主义的跨越。

王宏印译著《叶芝诗歌精译》选译了叶芝不同时期的代表性诗作，以"翻译说明"阐释原作创作背景、主题风格及翻译方法，以助读者理解其要点和精髓。叶芝的诗歌用典繁多，选材广泛，内容深刻，翻译起来颇具难度。王宏印提出，翻译叶芝的诗歌，要点不在形式，而在意义：一个是典故，要镶嵌在行文中；一个是意象，要让其点缀整个篇章；最后是语言，需要描写和评论相统一。

笔者通过研究王宏印这部遗作的手稿，体会到先生严谨的学术精神和对诗歌翻译由衷的热爱：有些诗歌后面甚至附有两个译文，均由先生所译，但是风格不同；先生在"翻译说明"中就这两个版本的译文详细讲解，细致比较，让读者对原诗有更加深刻的理解。先生春风化雨般的阐述也会让读者对诗歌翻译有更加深切的领悟。由于这本书翻译过程较长，先生有时会重译已经做完的部分，以求精益求精，这些内容在"翻译说明"里有所记录，让读者能够体味到先生执着如钻的学术热情。《叶芝诗歌精译》凝结着王宏印多年心血，先生反复研读，精心推敲，几易其稿，并悉心点评，传授艺术奥秘，值得翻译学习者和诗歌翻译爱好者研读。

二、生花译笔铸就精妙译文

王宏印新译《叶芝诗歌精译》选编叶芝各个时期创作的主要诗作 100 首，按照每本诗集的出版年代依次排列，层次分明，可读性强。这部新译的正文采用英汉对照的形式，语言优美，笔法独到，体现了王宏印深厚的学养与出众的才华。笔者将从下面三个方面品析：

1. 语言的杂合性——再现原诗的意境

王宏印曾经这样评价过叶芝诗歌中的语言："生活化的诗歌，要用方言和土语，不要书卷气，也不要书生气……不要以为大诗人写的诗就很洋，很高雅，那是一种错觉。"所以，先生在翻译叶芝诗歌的时候，出神入化地采用了杂合的语言（包含书面语、口语、方言、古雅语、戏词，等等），配合押韵、化用传统格律等手段，给读者完美呈现出叶芝诗歌的深刻思想与优美语言，再现了原诗的意境。

如《老母歌》（"The Song of the Old Mother"）的翻译：

I rise in the dawn, and I kneel and blow

Till the seed of the fire flicker and glow;

And then I must scrub and bake and sweep

Till stars are beginning to blink and peep;

And the young lie long and dream in their bed

Of the matching of ribbons for bosom and head,

And their day goes over in idleness,

And they sigh if the wind but lift a tress:

While I must work because I am old,

And the seed of the fire gets feeble and cold.

黎明即起，我跪地吹火

直到火星闪烁，燃着；

我还要扫地刷碗烤面包，

直到星星眨眼把我瞧；
年轻人睡得长，不起床，
胸饰配头饰，梦里常想，
他们的时光一晃荡，
头发吹乱了也声张。
我老了，活要干完，
风烛残年人不耐寒。

　　王宏印提出，这种生活化的诗歌，翻译时语言要像日常生活里说的，不要像是生造出来的学生腔，也不要洋里洋气的翻译腔。以标题为例，《老母歌》不能译为《老母亲之歌》，因为这样的书面化表达不利于传达原诗营造的那种令人心酸的意境，节奏过于明快，有一种青春洋溢之感，与原诗主题相左。王宏印在译诗中用了生活化的语言，以骈散结合节奏变化的诗歌形式实现了参差错落的语言效果，"读起来有气息的流动"（张智中，2015：56）。在用词方面，用了很多双声词（如"闪烁""老了"等）和叠韵词（如"跪地""晃荡"等），塑造了一个辛劳衰老而又惆怅满腹的老母亲形象，营造出一种凄凉的意境。

　　再比如《梦见死》（"A Dream of Death"）的翻译：

I dreamed that one had died in a strange place
Near no accustomed hand;
And they had nailed the boards above her face,
The peasants of that land,
Wondering to lay her in that solitude,
And raised above her mound
A cross they had made out of two bits of wood,
And planted cypress round;
And left her to the indifferent stars above
Until I carved these words:

She was more beautiful than thy first love,

But now lies under boards.

我梦见一人客死在异乡，

没有一个亲人在旁；

是那片土地上的农夫，

把棺材盖钉在她的脸上方；

奇怪她会葬在这偏远的地方，

堆起坟丘在她身上；

两片木板做成一个十字架，

在周围把柏树植上；

独把她丢给冷漠的星宿上苍，

直到我把这样的悼词刻上：

她，确比你的初恋更漂亮，

可惜此刻在黄土下躺。

王宏印认为这首诗是诗人潜意识中一种对爱的祭奠。原诗一长一短的双行节奏，有利于创造一张一弛的诗歌韵律，三次换韵的结构，使得这首小诗获得了一种层次和章法。译诗基本上是通韵，只有两处出韵之处，分别为"农夫"和"十字架"，这两处有强调的效果，能特别引起读者的关注，对全诗意境的烘托起到加强作用。另一方面，汉语的阳韵 ang，有一种念念叨叨的语气，加上"把"字句法和虚词"上"的运用，这种归化的翻译策略竟然使得译诗有了些许西北"花儿"的韵味，这是先生在翻译中的意外收获。王宏印曾经于 2009 年出版了《西北回响：汉英对照新旧陕北民歌》，将陕北民歌翻译成具有歌唱性的英文，开地方民歌系统翻译先河。在这首译诗中，先生运用汉语本身的语言资源，建立新的译文格局，"让译文有了些许民歌的意味，给了译文新的生命力"（王宏印，2009：272）。正如王宏印常说的那样，"民间的语言是最鲜活而有生命力的"（王宏印，2014：69）。

王宏印提出，由于诗歌要素的复杂性和语言的杂合性，译文的处理旨在追求要像诗的最低效果和作好诗的最高效果的统一。所以在翻译诗歌的时候，既要用多种翻译手段保留原文的诗味，达到"像诗的最低效果"；又要调动目标语的语言资源，运用风格各异的语言烘托原诗意境，以求达到"作好诗的最高效果"。

2. 形式的多样性——增添译诗的意趣

王宏印的译诗用多样的形式再现原诗的风格，增添了译文的意趣：有时是工整的五言诗或者七言诗，达到一种古雅优美的效果；有时是骈散结合的诗歌形式，有时甚至会穿插一些散文化的描述，让译诗有了一种参差错落的效果，产生诗意的流动。

如《外衣》（"A Coat"）的翻译：

I made my song a coat
Covered with embroideries
Out of old mythologies
From heel to throat;
But the fools caught it,
Wore it in the world's eyes
As though they'd wrought it.
Song, let them take it,
For there's more enterprise
In walking naked.
我为歌作衣，
以刺绣饰之，
以神话出之，
从头披到底；
愚人掠衣去，
众目下炫示，
俨然如己衣。
衣去歌不去，
裸身且行之，

更显知耻极！

　　王宏印在这首诗的翻译中，格局上采用了汉语五言诗形式，格调高雅，前后一律，运用通韵，韵译效果甚佳。只有"愚人掠衣去"和"衣去歌不去"两处出韵，在文中起到强调的作用，也在逻辑上形成对应，阐述了愚人以为得计，掠衣而去，在众目睽睽下炫示，沿街而行；而诗人只剩下歌，只好裸身而出，边歌边行，更显其英雄本色。笔者认为，先生用中国古典五言诗形式翻译叶芝诗歌，本质上是一种归化手法，让读者更容易理解原诗，并产生共鸣。

　　再比如《有悔于言辞过激》（"Remorse for Intemperate Speech"）的翻译：

I ranted to the knave and fool,
But outgrew that school,
Would transform the part,
Fit audience found, but cannot rule
My fanatic heart.

I sought my betters: though in each
Fine manners, liberal speech,
Turn hatred into sport,
Nothing said or done can reach
My fanatic heart.

Out of Ireland have we come.
Great hatred, little room.
Maimed us at the start.
I carry from my mother's womb
A fanatic heart.
我痛斥无赖和傻瓜，

欲不结其党为伍，
必要转换角色，
适合中意的听众，终难禁
我狂浪的心。

我追随先贤明达，每能
彬彬有礼，言语随意，
将怨恨化为游戏，
但从无慎言敏行，可抵达
我狂浪的心。

我们走出了爱尔兰，
大族恨，小地方，
自始令人把心伤。
我母生我本有心，终难改
我狂浪的心。

　　王宏印在翻译这首诗的时候，用名词化结构"我狂浪的心"作为三节诗文的结束，以重复的手法还原原诗的格局，颇具诗味，且在形式上有一种前后呼应的效果。千回百转处，终归大海，也许这才是译诗的最高境界吧。先生的翻译保留了英文诗的现代特点，每节第四行都用了转行的手法，起到了停顿和强调的作用；且第一节第四行最后三个字"终难禁"和第三节第四行最后三个字"终难改"在形式上比较统一，先生的翻译在诗节之间巧妙地进行了照应和连接，让读者读起来有一种一脉相承之感。译文的三个诗节在同一位置采用同样的手法，在形式上工整统一，前后呼应；且每个诗节第四行都是以三个字结束，增加了诗作的节奏感，产生了气息的流动，诗意盎然。

　　翻译的最高境界是化境，即将两种语言和文化的痕迹化尽，化为一个统一的意境，体现韵味和风格。王宏印用多样的语言形式再现叶芝诗歌的意趣，传递叶诗别样的美感，让读者享受到了视觉和听觉上的盛宴。

3. 用典的普遍性——增添译文的意蕴

用典是指对读者可能熟悉的人、地点、事物、事件或其他文学作品的引用。其中，中文的用典主要指引用古籍中的古诗或者词句。英文的用典引用范围更广一些，包括《圣经》、古希腊神话、莎士比亚戏剧、文学名著甚至俚语等。王宏印提出，叶芝的诗歌好用典故。这使得诗句具有书卷气，但这样的诗，需要补充一些需理解的背景，这不是翻译本身可以完全解决的问题。因此，在阅读中，需要译者和读者自己做一些功课。所以说，译叶芝的诗歌，译者首先要下大功夫去参透原文，读懂典故。此外，王宏印在翻译叶芝诗歌时常用丰富的中文典故来丰富原文的表达，增添了译文的意蕴。

比如《伊在水一方》（"To an Isle in the Water"）的翻译：

Shy one, shy one,
Shy one of my heart,
She moves in the firelight
Pensively apart.

She carries in the dishes,
And lays them in a row.
To an isle in the water
With her would I go.

She carries in the candles,
And lights the curtained room,
Shy in the doorway
And shy in the gloom.

And shy as a rabbit,

Helpful and shy.
To an isle in the water
With her would I fly.

含羞者，含羞者，
伊人在我心中；
徘徊于光影，
怏怏地不相逢。

她手托茶盘出，
排成一行整。
君在水一方，
我愿与君同行。

她手捧烛台来，
照亮垂帘的房间；
含羞婷立于门厅，
含羞婷立在暗中。

含羞如怯兔——
伊人助人自含羞。
君在水一方，
我愿与君同往。

　　这首诗描写的是叶芝心爱的美人，用了小岛的比喻，表达出少女含羞的情态。其中，叶芝原诗"shy as a rabbit"用典于习语"as timid as a hare"，王宏印将其译为"含羞如怯兔"，用精炼传神的文字描写了一位微带着轻愁，满蕴着温柔，欲语又踟蹰的佳人。此外，先生将这首诗的题目译为"伊在水一方"，套用了《诗经》中"所谓伊人，在水一方"的典故。难得的是，叶芝这首诗的意境与这个典故的出处——《诗经·蒹葭》十分切合。这不得不说这是个令人惊喜的巧合，相信读者读到先生这个用典之后会对其生花妙笔由衷叹服。

再如《为何老夫不发少年狂》（"Why should not Old Man be Mad?"）的翻译：

Why should not old man be mad?
Some have known a likely lad
That had a sound fly-fisher's wrist
Turn to a drunken journalist;
A girl that knew all Dante once
Live to bear children to a dunce;
A Helen of social welfare dream,
Climb on a wagonette to scream.
Some think it a matter of course that chance
Should starve good men and bad advance,
That if their neighbour's figured plain
As though upon a lightened screen,
No single story would they find
Of an unbroken happy mind,
A finish worthy of the start.
Young men know nothing of this sort,
Observant old men know it well;
And when they know what old books tell,
And that no better can be had,
Know why an old man should be mad.
为何老夫不发少年狂？
据说有个还算不错的少年郎
曾经有扑蝇蚊的好手段，
却成了时常烂醉的臭笔杆；
有一名通读过但丁的姑娘

　　混日子，生了个孩子给蠢蛋；

　　那个海伦，一度把社会福利迷恋

　　只上爬，爬上小篷车尖声叫喊。

　　有人认为，天经地义是机缘：

　　好人饿死，坏种登天；

　　如果邻人扮相平平，

　　像闪闪荧屏上的人影影，

　　没得戏，找不到好故事

　　让一串快乐心情候到底，

　　从头到尾不泄气。

　　年轻人对这些全不懂，

　　老年人熟谙世情心如镜；

　　要是他们知道古书典籍怎么说，

　　知道难以逾越的是什么样，

　　就会明白：为何老夫聊发少年狂。

　　本诗译文的主题句仿拟了苏轼"老夫聊发少年狂"的名句，并有所变换，在题目和结尾反复出现，首尾呼应，也在传递诗人的情绪。王宏印选用读者比较熟悉的古文典故来翻译叶芝的诗，而且难得的是原诗中所蕴含的情绪和苏轼这句名句中蕴藏的情绪有几分相像。此外，原诗中也同时出现了"lad"和"old man"，正好对应了这句名句中的"老夫"和"少年"，不得不说，先生文思敏捷，学贯中西，这首诗用典确实巧妙。

　　此外，在王宏印翻译的《临水自赏的垂垂老人》（"The Old Men Admiring Themselves in the Water"）中，"All that's beautiful drifts away"翻译为"万艳同消损，似水流逝"。其中，"万艳"典出《红楼梦》中的"千红一窟（哭），万艳同杯（悲）"，而"似水流逝"的灵感是来源于明代文学家汤显祖的著名戏剧《牡丹亭》中的典故"如花美眷，似水流年"。如果把这句话翻译为"美好的一切终逝去，就像这流水"，则难以体现诗中的老人心境的苍凉，难以描述他们对曾经经历过的万般美好的追忆。再比如，王宏印将叶芝名诗"The Falling of the Leaves"译为《落叶曲》，典出汉武帝的《落叶哀蝉曲》，顿觉古意盎然。如果说《红楼梦》是中国文化的百科全书，笔者认为，从某种程度来说，王宏印的著作是中华典籍的百科全书。

三、心路历程沉淀为翻译心得

《叶芝诗歌精译》还有一个特点，王宏印在每篇译作后面都写有一个"翻译说明"，这是对译文的分析，方便读者了解原诗的背景以及译者的翻译手法，更好地进行赏析。王宏印不仅是一位著名学者和资深翻译家，而且本身就是一位诗人。以诗译诗，并辅以高水平的"翻译说明"，让读者知其然并知其所以然，学界中能做到这一点的并不多。此外，王宏印将其深厚的学养融入"翻译说明"的讲解之中，蕴含音乐、绘画、中国古诗词、西方神话传说等内容，集译家体会与学者品评于一体，让读者在阅读"翻译说明"时，不仅对具体诗歌的翻译理念与翻译手法有了更加深刻的理解，同时有机会在浩瀚的文学艺术星河中徜徉，唤起了读者学习诗歌的兴趣，润物细无声。

比如《莫可一片心全抛》的"翻译说明"中这样写道："主题句'莫可全抛一片心'及其变体在整个一首诗中反复出现，犹如音乐中的动机，作为一种语气，能提高诗的可读性和品位。"王宏印不满足于以诗论诗，在这里用音乐的知识阐释诗歌，这是一个全新的思路，不仅让读者耳目一新，更是打通了音乐与文学之间的桥梁，增加了"翻译说明"的形象性与美感。

再比如在《鹰》的"翻译说明"中，王宏印将这首诗与苏格兰诗人罗伯特·史蒂文森以及中国唐代诗人杜甫的《题画鹰》进行比较。先生认为，从哲理性和创新性来讲，叶芝技高一筹，以对话的体裁抒写鹰鹞的形象，在某种程度来说也是一大发明。王宏印常常在《叶芝诗歌精译》的"翻译说明"中将中西诗歌以及中西文化进行对比，阐释叶芝诗歌的独特与深刻，给读者理解叶芝诗歌提供了多种角度。

四、结束语

从 20 世纪 80 年代起，王宏印就开始了他的诗歌翻译道路。（王宏印，2012：13）历经近三十年的辛勤耕耘，先生向学界贡献出一大批优秀的作品，包括：《不朽的诗魂——穆旦诗解析、英译与研究》《意象的萌发：新诗话语释读》《诗与翻译：双向互动与多维阐释》等专著及《英国诗歌选译》《美国诗歌选译》《孕育：白蒂诗自选集》《迪金森诗歌精译 200 首》《托马斯·哈代诗歌精译》《弗罗斯特诗歌精译》等译著，为后辈学诗译诗留下了宝贵的精神财富。

近年来，随着现代派诗歌的回温，英文诗歌经典重译受到了越来越多的重视。王宏印在其 2011 年出版的《英语诗歌选译》序言中曾经提道："相对于其他文学体裁的翻译，诗歌翻译是更新比较快的一个领域……一般来说，这些新译在语言上比较清新，翻译的观念比较开明，翻译的手法比较丰富。"（王宏印，2011：VI）王宏印的这部《叶芝诗歌精译》语言丰富，形式多样，用典繁多，为叶芝诗歌翻译注入了新鲜的血液，也在一定程度上为英语诗歌经典重译提供了有益的参考。

翻开这部《叶芝诗歌精译》手稿，能感觉到古今中外的文学艺术经典浸润在了先生的译文中：有西北民歌语言的真挚传神；有《红楼梦》大观园里转角回廊的淡淡晚风；有古希腊罗马神话的智慧深刻；有元曲的生动俏皮而又古韵悠悠；有司空图《二十四诗品》的飘逸灵秀……读了先生的译诗，余香满口，仿佛又看到了那个诗意盎然、学贯中西的先生在讲台上引经据典的身影，蔚然而深秀。笔者相信，莘莘学子读了先生的译诗，会燃起对英语诗歌翻译学习的浓厚兴趣，先生在诗里给读者构建出一个精妙而神秘的世界，等待着我们去探索；先生写的"翻译说明"用生动而优美的语言阐释诗歌翻译理论，让读者有机会近距离跟着大师学翻译。在王宏印两周年祭即将来临之际，谨以此文献给先生。每次读完王宏印大作，掩卷沉思，都会愈发感到"乘之愈往，识之愈真"。

参考文献：

[1] Longley, E. Yeats and Modern Poetry[M]. Cambridge: Cambridge University Press, 2013.

[2]［美］罗伯特·弗罗斯特. 弗罗斯特诗歌精译[M]. 王宏印，译. 天津：南开大学出版社，2014.

[3] 王宏印. 遇之匪深，即之愈希——我的诗词翻译道路和几点思考[J]. 山东外语教学，2012（3）：13-19.

[4] 王宏印. 英语诗歌选译[M]. 北京：国防工业出版社，2011.

[5] 王宏印. 西北回响：汉英对照新旧陕北民歌[M]. 北京：文化艺术出版社，2009.

[6] 王宏印. 英诗经典名译评析——从莎士比亚到金斯伯格[M]. 济南：山东大学出版社，2004.

[7] 杨森. 王宏印新译《弗罗斯特诗歌精译》评述[J]. 东方翻译，2016（1）：84-88.

[8] 张智中. 无韵而自铿锵——王宏印教授汉诗英译中韵律的再现[J]. 宜春学院学报，2015（11）：56-60.

下编　王宏印翻译
学术访谈与综述

学界巨擘，名师风范

——记王宏印教授的学术人生

王晓农

　　笔者与王宏印的初次结缘是在 2006 年。当时因撰写一篇论文，找来了王先生的《中国传统译论经典诠释——从道安到傅雷》（2003）一书。他深邃而宽厚的学养，全面而透彻的剖析，斐然而优雅的文笔，使笔者折服而不忍掩卷。在一年后的一次学术研讨会上，我第一次聆听了王先生的学术报告，那既是一场精彩的学术讲演，更是一次翻译学的魅力呈现：古今中西的旁征博引，文史哲的自由出入，理论观照与实践渗透，皆汇于对翻译的学术洞察。也正是因为这场报告，我对翻译学有了更为深刻的认知。2012 年，我有幸成为王先生的博士研究生，朝夕相处，切磋学问之间，始对先生有了更为全面的了解。我觉得，王先生宁静淡泊著道德文章，执着勤恳精教书育人，既是一位学贯中西、横跨多科的学者，一位才华横溢的文学翻译家和诗人，也是一位深谙心理学和教育学的教学名师，在书法、音乐、戏剧、绘画等艺术领域也颇有造诣。毕业以来，每每研读先生的新著，又对恩师的学术人生有了更为深切的感受。

　　据我所知，王宏印 1953 年出生于陕西省华阴县（今华阴市），曾在县里担任民办教师。1976 年毕业于西安外国语学院英语系，在某研究所从事科技翻译 5 年，后转入陕西师范大学从事英语教学。1983—1984 年在上海交通大学参加英国文化委员会举办的高校英语教师研讨班，学习应用语言学。1988—1990 年赴美留学，获新墨西哥大学文学硕士学位。2000 年调入南开大学外国语学院任教，曾任英语系教授、翻译研究中心主任、英语语言文学博士学位点翻译方向博士生导师、博士后流动站站长、翻译学科学术带头人。兼任教育部高校英语教学指导分委员会委员、全国翻译硕士专业学位（MTI）教育指导委员会委员、天津市政府学位委员会学科评议组成员、中国英汉语比较研究会副会长、中国英汉语比较研究会典籍英译专业委员会会长、中国翻译协会理事、庞德研究会学术委员以及《国际汉语诗坛》艺术顾问、《中华人文》（英文版）编委等多种学术职务。

王宏印以跨文化研究与比较研究（哲学、文学、跨文化传通学）为基础，主要从事翻译教学、实践与学术研究（中西文化典籍翻译与中西翻译理论研究、中国传统译论现代诠释等）工作，兼及人文社科类比较研究（比较文学与文化研究）和文学翻译批评研究，并有若干新诗和散文作品发表（如《彼岸集：旅美散记》《朱墨诗集》）。研究涉及《公孙龙子》《诗品》《红楼梦》《画语录》与莎剧、吴宓、穆旦研究等，出版学术专著、译著和教材近 80 部，在国内外语类核心期刊、国际译联核心刊物等学术刊物发表研究论文百余篇，并有多部文学作品面世。此外，他还主编中国文化典籍翻译研究会会刊《典籍翻译研究》（现已经出版至第九辑），负责《中国翻译大辞典》中国古代与现当代部分词条的编撰及《中国学术前沿（文学卷）》的英文翻译与审校工作。

本着"文理皆通，中西兼容，贯通古今，立足当下"的治学信念，和"筚路蓝缕，以启山林"的研究勇气，王宏印在翻译理论研究领域搜罗剔赅、条分缕析，取得了丰硕的翻译理论研究成果，对我国的译学建设做出了很大的贡献。虽然涉猎多个研究领域，学科特点各异，研究方法不同，但他追求的是"艺术上相通相融，思维上互不干扰，效果上异曲同工"。他的研究不是在一个平面上展开，而是多层次、多角度的。他的论述让我们欣赏到了一个色彩纷呈的翻译世界，里面既有翻译史追溯和译作剖析，更有翻译理论探索和研究。他的研究根植于中国学术传统并得益于中西理论互释的学术致思路线。

在翻译理论研究方面，《中国传统译论经典诠释——从道安到傅雷》是一项代表性研究成果。先生认为，中国传统译论是中国翻译学建设的基石，是通向"普遍翻译学"的必由之路。该书从外部把中国传统译论划分为古代、近现代、当代三个时期，从内部划分为肇始、古典、玄思和直觉四个阶段；从中国传统译论中梳理出十大问题，给予现代的诠释并转化为现代译学的本体论、方法论、认识论、标准与原则、主体性、可译性六个问题；还指出了传统译论中鲜有涉及的翻译过程、效果评价、文体对应、语义转换和翻译批评等理论问题。已故杨自俭教授曾评论说，该书的出版对中国译学的研究领域具有不可低估的开创性意义，特别是在传统译论的研究上，该书不能不说是新时期开始的重要标志。自 2003 年问世以来，该书在翻译学界也引起了很大反响。因该书的学术特质与贡献，它获得了国家社科基金 2016 年度中华学术外译项目资助，这也是自中华学术外译项目设立以来第一个获批的翻译学专著外译项目。作者在 2017 年出版了新版《中国传统译论经典诠释——从道安到傅雷》。由笔者根据该新版执译的英文版 *A Critique of Translation Theories in Chinese Tradition: From Dao'an to Fu Lei* 于 2018 年由美国学术出版社（American Academic Press）出版，并于 2021 年获山东省社会科学优秀成果奖。

《文学翻译批评论稿》（2006；2010 修订版）是他另一项翻译学代表性研究成果，是一本颇有力度的文学翻译批评专著。王宏印借鉴文学的文学作品（文学史）、文学批评、文学理论三分法，运用自己丰厚的学养和艺术素养，率先进入文学翻译批评的研究课题。在思考该学科的基本理论和哲学基础并进一步追索学科前沿问题的时候，运用多学科观照的建构视野，综合性地审视当前典型的文学翻译现象，提出鉴赏性和研究性相结合的文学翻译批评概念，初步建立了自己独特的文学翻译批评的理论框架。以上两本书被选作词条进入《中国翻译学大辞典》，是南开大学翻译学博士生教材，分别侧重于思辨性、批判性思维的训练和文艺性、诗性智慧的培养，在港澳台等地区也用作研究生教材和参考书，产生了广泛的影响。

作为翻译家，王宏印多年来笔耕不辍，产出了大量的翻译作品，如与人合作注释狄更斯的《艰难时世》，英译高建群小说《舐犊之爱》。就诗歌翻译而言，英汉互译成果不断。先后出版了《英诗经典名译》《英语诗歌选译》《孕育：白蒂诗自选集》等，以《迪金森诗歌精译200 首》为首，他将陆续出版英美诗人的系列专辑五种（英汉对照本），目前已出版的还有《弗罗斯特诗歌精译》《托马斯·哈代诗歌精译》。最近，王先生的两部新译作《英国诗歌选译——从中古民谣到现代诗歌》和《美国诗歌选译——从印第安诗歌到纽约诗派》由外语教学与研究出版社出版。此外，在莎剧领域也有重大的成果问世。他 2012 年在上海外语教育出版社出版的汉语复译本《哈姆雷特》是他十年心血的结晶，体现了多方面的创新。例如，注释与评点的增加、自然语言的运用、文体对应与风格模仿的和谐、表现手法与戏剧语言的交融、深度暗示与文化解读的相辅相成等。它是新一代莎剧学者奉献给翻译学子的礼物，也是对莎剧研究与翻译版本的新贡献。

在汉诗英译领域，王先生英译了唐代诗论家司空图的《诗品》，又陆续翻译了几百首唐诗宋词元曲，已出版多部译作，例如《英译元曲百首》（上海外语教育出版社，2013）和《中国古今民歌选译》（商务印书馆，2014），并发表了有关评论，可以说在这方面有系统探索。他对现代诗歌的翻译关注有独到眼光。在现代古体诗领域，有毛泽东、鲁迅、于右任诗词的翻译（见《朱墨诗集》翻译卷）。他的《穆旦诗英译与解析》，在"九叶"派诗人中选中了穆旦进行翻译研究，可谓独具慧眼，又捷足先登。他的《诗人翻译家穆旦（查良铮）评传》得到国家社科基金后期资助项目资助，2016 年由商务印书馆出版，2018 年再获国家社科基金中华学术外译项目资助，将在国外出版英文版。另有《不朽的诗魂——穆旦诗解析、英译与研究》（南开大学出版社，2018）等专著。《西北回响：汉英对照新旧陕北民歌》（文化艺术出版社，2009）是他花费九年时间选译的陕北民歌集，不仅在地方民歌的系统翻译方面开了先河，还意外地促成了全国首届陕北民歌翻译研讨和外语演唱会议的召开。先生这方面的成果是《西北回响：陕北民歌英译》（商务印书馆，2019）。关于王先生诗歌翻译的详情，可参阅先生的文章《遇之匪深，即之愈希——我的诗歌翻译道路和几点思考》（载《山东外语教学》2012 年第 3 期）。

王宏印是全国较早开始中国文化典籍翻译的学者。早在西安工作期间，他就在新增设的硕士点上建立典籍翻译学科，后来这一传统带到了南开大学。由外语教学与研究出版社出版的《中国文化典籍英译》和《世界文化典籍汉译》，高等教育出版社出版的《中外文学经典翻译教程》，是他长期进行中外文学文化典籍翻译和系统研究的成果，也是他国学西学之间相互为用互相促进的平衡思路的最佳体现。担任新一届中国英汉语比较研究会典籍英译专业委员会会长以来，他在典籍翻译及其研究领域更为着力。在原先的《公孙龙子》《诗品》《画语录》以及《中国传统文化双语读本：书画》等翻译成果问世之后，又主持完成了"中华生肖文化研究"丛书和"中华习俗文化研究"丛书（西安世界图书出版公司）两套丛书共 24 本的英译并出版。先生的《白话解读公孙龙子：文本注译与思想重建》《〈诗品〉注译与司空图诗学研究》的修订版《白马非马：〈公孙龙子〉的智慧——逻辑学、语言学、哲学三维解析》和《诗品文心：唐末高士司空图：生平、诗文与〈诗品〉翻译研究》作为"国学典籍研究与多维翻译"丛书已分别于 2018 年和 2020 年由社会科学文献出版社出版。

民族典籍翻译及其研究，是王宏印倾全力提倡和从事的项目，他主编的"民族典籍翻译研究"丛书（民族出版社）出版 5 部专著。2014 年，他率领团队成功地申请到"中华民族典籍翻译研究"丛书（大连海事大学出版社）5 种，包括他本人的专著《中华民族典籍翻译研究概论》，由国家出版基金资助出版，对于我国民族典籍翻译研究和翻译学科建设都具有重要的开拓性意义，必将对构建我国民族典籍翻译研究多元共生、色彩斑斓的图景做出贡献。这些丛书的出版标志着中国的民族学和民族典籍翻译研究将进入一个新的可喜的阶段。王先生指导的博士毕业生有 7 名以民族典籍翻译选题完成博士学位论文。同时，他的研究和翻译兴趣也涉及现当代民族文学作品的翻译研究，特别是陕西当代作家作品外译领域。可见他在这一方面的用心良苦和坚持精神。

　　王宏印已经培养了一大批翻译学博士、硕士，诚可谓"桃李满天下"。这可以从他出版的《译苑以鸿，桃李荫翳——翻译学论著序言选集》（南开大学出版社，2018）一书中集中反映出来。这部文集包括了他为南开大学翻译学博士论文出版时写的序言近 30 篇（也有给少量校外博士和教授的翻译学专著写的序言）。王先生的这些序言几乎每一篇都涉及一个独立的领域，他不仅评述了该领域的研究情况，而且论及博士和博士后培养的思路和做法，体现了他的治学方法和教育主张与南开大学翻译学专业的办学理念，以及整个现代学术的发展大势和时代精神。同时，从中也可以领略王先生在指导博士生（后）从事学术研究过程中授人以渔、因材施教的名师风范。先生指导的博士论文大都已经以专著形式出版，在本领域产生了广泛的学术影响，多部专著获得省部级以上科研奖励，包括本人以博士论文为基础出版的专著 2019 年获得山东省社会科学优秀成果奖二等奖。这部序言集必将有助于我国外语教育和翻译专业的学科建设，也必将让有志于从事典籍翻译和文学翻译的学子从中受益。

　　总之，王宏印集学者、导师、翻译家、诗人、作家于一身，是乐此不疲的学术研究者、学而不厌的书山求真者、诲人不倦的学海引航者、孜孜不辍的译坛耕耘者、深藏若虚的文坛务实者。他的皇皇六十八万字分十个栏目的论文集《新译学论稿》（中国人民大学出版社，2011）是他学术研究的综合性体现，他集十年诗歌创作 500 余首的《朱墨诗集》（西安世界图书出版公司，2014）则是他新诗探索的可贵尝试，而他的著作连续获得国家社科基金中华学术外译项目资助外文翻译并在国外出版，将向外国学界展示中国翻译学者独特的学术精神和风格气派。他的事迹载入《中国社会科学家大辞典》（英文版）、《中国教育专家名典》（国际版）、《中国翻译大辞典》等。王先生超凡的语言天赋、扎实的学术功底、严谨的治学态度、独特的科研方法、领先的教学理念，堪称中国当代文化名人中的佼佼者。在王宏印六十华诞之时，我曾讨得了他的新作《六十自述》："饮慧沧海泛微澜，书友百千学未传。烂漫诗文翻脑际，逍遥龙蛇竞笔端。举首茫茫天道远，迈步健健境愈宽。青山踏遍人未老，夕阳满目慰余闲。"就以这首诗作为此文的结束。

（本文原载于《广西民族大学学报（社会科学版）》2014年第2期，载有《封面学者：王宏印先生》一文，封面有王宏印照片，另有5个彩页刊载王宏印的学术活动、研究成果及书法诗词等作品照片。）

典籍翻译，任重道远

——王宏印教授访谈录

荣立宇

[摘要] 本文就典籍翻译中的一些问题采访了中华文化典籍翻译研究会会长、南开大学外国语学院翻译研究中心主任王宏印。王宏印就目前典籍翻译事业取得的成绩、存在的问题，典籍翻译涉及的任务，学科性质，顺译与逆译，闭门造车与借船出海，典籍翻译与非典籍翻译的区分和对策，以及当下从事民族典籍翻译与传播研究的独特意义等问题谈了自己的意见与看法。这些真知灼见对于当下的典籍翻译实践与研究具有十分重要的建设性意义。

[关键词] 典籍翻译；顺译逆译；民族典籍；跨学科研究

王宏印，笔名朱墨，翻译家，翻译学研究专家，诗人；南开大学外国语学院英语系教授，翻译研究中心主任，英语语言文学学位点博士生导师，博士后流动站站长；教育部高校英语教学指导分委员会委员，全国翻译硕士专业学位（MTI）教育指导委员会委员；中华文化典籍翻译研究会会长，中国英汉语比较研究会副会长，中国跨文化交际学会常务理事，中国翻译协会理事、专家会员，天津市政府学位委员会学科评议组成员，《国际汉语诗坛》艺术顾问。在治学方法上，王宏印以跨文化研究为基础，主要从事中西文化典籍翻译与中西翻译理论研究，兼及人文社科类比较研究及文学翻译批评研究。涉猎广泛，包括《公孙龙子》《二十四诗品》《红楼梦》《画语录》《哈姆雷特》以及吴宓、穆旦、陕北民歌等；著述宏丰，现已出版学术书籍 50 部，发表学术论文约 90 篇。另有诗文集《彼岸集》、诗集《朱墨诗集》（创作卷）、译诗集《朱墨诗集》（翻译卷）等。王宏印文通哲史，治学严谨，在诸多领域特别是典籍翻译领域取得了卓越的成就，为社会培养了一批典籍翻译方面的专业人才。

荣立宇（以下简称"荣"）：王老师，您在南开大学从事典籍翻译实践与研究多年，在该领域取得了十分显著的成绩，在不久前湖南大学举办的第七届全国典籍翻译学术研讨会（2011 年 10 月 27 日—30 日）上被推举为新一届的会长。您作为典籍翻译方面的专家，首先请您谈谈目前我国的典籍翻译事业所取得的成绩有哪些。

王宏印（以下简称"王"）：典籍翻译这件事情实际上在改革开放以后就一直在做，主要是汪榕培老师在带领着大家做，已经有十几年的时间了，他自己也是一位非常勤奋的翻译家，翻译了不少的东西。而且这个领域先后开了七次研讨会，最近一次在湖南大学，从事典籍翻译的人员，通过学术研讨，逐渐把力量汇集到一起，产生了很大的影响。除了这个影响以外，各个学科点现在也在培养典籍翻译方面的人才。在这方面全国已经有了一些成功的实践，包括南开大学、苏州大学、大连理工大学、河北师大等高校，都在培养这方面的人才，而且已经有博士毕业了。到现在为止，典籍翻译事业已经覆盖了一定的典籍翻译的量和典籍翻译研究的专题。另外一个全国性的活动主要是围绕大型的中国文化典籍英语译本的出版问题。最早是由湖南出版社在做，起名"汉英对照中国古典名著"丛书，后来全国由杨牧之老师牵头的《大中华文库》这样一个事情，纳入了湖南出版社的一些项目，出版了一套汉英对照的中国古典文化典籍，将近 100 种。这套书规模很大，计划性很强，又是一个国家级出版行为，所以整体上的效益还是不错的。现在可以说，中国文化古代的典籍最基本的一些已经出版了。这应该说是一个很大的成绩。虽然本身可能存在一些问题，如对外的宣传可能差一些，因为我们现在看到的都是在国内销售的本子，但成绩是主要的。

荣：当下的典籍翻译在取得了辉煌成绩的同时，是否也存在着一些问题？

王：典籍翻译取得的成绩还是很大的，有了很多新的发展，也形成了一个领域，引领很多人参加进来从事这样一个活动，并且已经产生了很多译著，因此成绩还是很主要的。但是也存在着一些问题，例如，在进一步选择典籍，进一步深挖，扩充典籍的概念，选择一些典籍、原始文献朝外翻译的时候，会遇到几个方面的问题。一是人们的思想比较禁锢，总认为典籍是以儒家文化为核心的，这样道家文化和佛家文化就被放置在边缘的位置，更不用说法家和名家了。以儒家文化为典籍核心的说法，会产生很大的思想阻力。二是偏重于先秦的典籍，而先秦之后的典籍关注得不太够。像宋明理学、陆王心学，其实里面有非常精彩的东西。可是这些东西现在被翻译的并不是特别多。这可能是由于《红楼梦》《牡丹亭》这样的文学作品在反抗理学的方面占据了很大的文学空间，所以人们好像总是认为"理学杀人"，使得很多人对于哲学和文学的问题不能很好地辨别。什么是封建伦理？什么是中国哲学的精华？什么是人的性灵？什么是人的解放？这些问题不从整体上对于中国文化做很好的研究的话，会导致自己束缚自己的思想。这对于选择翻译中国哲学典籍产生了另外一个方面的抑制，对于中国文化典籍的翻译事业是不利的。三是原来的典籍翻译的范围有偏差，有两个方面没能很好地照顾到。一是以汉族和汉语文化典籍为主，其他少数民族的典籍关注不够，这个问题现在已经有了一些纠正。像北方的藏族、蒙古族、满族、回族这些比较大的民族，他们的典籍现在开始受到重视，特别是它们的史诗比较宏大，作品源远流长，还有历史著作，像《蒙古秘史》等，都已经受到了一定的重视。西南主要是云南这一块的民族典籍也已经开始进入我们的视野，像《阿诗玛》这样的叙事诗，目前也在进行研究。民族典籍在最近几年内将会成为一个热点，最重要的成果将会在这里面产生。它对中华民族各民族的大文学、大文学史的重写将会起到重要的推动作用。除了民族的问题以外，另一个很大的误区在文学、艺术方面。文学方面只注意诗歌和小说是不够的，其实文学还有更多的东西，如长篇叙事诗等。戏剧理论，如李渔的戏剧理论，书法理论，如孙过庭的《书谱》，以及绘画理论，如石涛的《画语录》等，目前在典籍翻译领域关注得很不够。除文论、艺术理论而外，更广泛的像建筑、风水学、中医、中药、中餐等自然科学方面的典籍都应该受到重视。其实中国还是有很多东西可以注意到的，这一部分有很大的量存在，却是传统文人所忽略的。现在我们应该突破这个范围，寻找到更多的典籍进行翻译。典籍翻译最终会形成对于中国文化的总体认识和评估，如果没有这种认识上的突破，典籍翻译成为工具性的活动，那它的意义就不大了。总想让典籍翻译拯救世界，结果对自己反思性的认识不够。典籍翻译最终会改变中华民族自己对自己的认识，改变一个民族的心理状态。你对别人讲自己有多么好，结果很多东西自己并没有完全认识到，这个问题是以后应该着力克服的一个问题。

　　荣：典籍翻译由国人来做还是由外人来做的问题，也即顺向翻译与逆向翻译的问题，目前学界还存在着一定的争议，您对这个问题怎么看？

　　王：这个问题其实分为学术层面和目前国内翻译界的实践层面。从学术层面讲，理论上来说应该是由外国人翻译，就是所谓的顺译。国际译联曾在某一年的纪念日上探讨过顺译的问题，题目叫作"Translate in the Right Direction"，即是按照正确的方向翻译。这个讨论实际上是强调顺译的。国外一般不太认可逆译，认为一个人的外语水平无论如何没有他的本族语掌握运用得好，所以提倡顺译。应该说在原理上顺译是有相当道理的。从历史上看，最早翻译中国文化典籍的除了唐玄奘翻译《老子》以外，就是古代的比较早期的汉学家的翻译，汉学家翻译对于他们来说是顺译，把中国文化翻译成英文、法文或是其他语言，后来传教士的翻译也是顺译。到了现在的一个阶段，中国的翻译家、学者自己主动来翻译，属于逆译。

逆译的情况从学理上来说是有一定的困难的。从表达方面讲，我们的英语和国外现在正在发生的英语是有距离的。最好的状态是出国进修一段时间，那么外语会有所提高，然后自己坚持写作和翻译，进行广泛的阅读，能达到较好的外语的水平。林戊荪局长曾经非常理性地说无论如何中国人的外语和外国人的外语还是有区别的，所以他主张顺译。但他真实的主张是：假如我们中国国内的翻译家翻译外国作品，应该请外国人做语言上的润色，最少有这样一种补救的措施。这种想法其实是有道理的。而从另外一个层面来说，我们国内现在很多学者比较主张由中国人进行翻译。例如潘文国教授和许渊冲教授，他们的主要论据是中国人对于自己的典籍认识比较深刻，可以通过汉语资料查阅中国典籍研究的状况，文字上也可以做考证，在翻译的时候，可以吸取汉学本身的特点，尤其是中国大陆持续几千年的古典文献研究的成果。这一点肯定是有道理的。但这种观点在语言的方面，即在外语的表达方面可能会有一定的轻视。这种轻视源于一种自信，认为我们的外语搞了很长的时间，不会有太大的问题，实际上国内外语教育的问题不少，总的外语水平不及港台和海外学者和华人华侨。在这样的情况下，就会比较偏重中国古典的理解方面，典籍翻译由国人来做在强调翻译中的理解方面是有道理的。如果国人翻译之后由外国人做审校或润色，或是在翻译的过程中采取合作翻译的办法，那就可以弥补典籍翻译在理解和表达两个方面的缺陷，在两个方面都可以取得比较好的成绩。刘士聪老师比较主张合作翻译，他的一部分译著是和外国人合作进行的。我觉得合作翻译可能是一个折中的途径，也可能是一种最佳的途径，可以扬长避短，发挥国人和外国人各自的长处，同时避免他们各自的缺陷。不过文学翻译的合作会遇到另外的问题，以后再说。

荣：罗选民教授提出了中国典籍翻译是"闭门造车"还是应该"借船出海"的问题，您对这一问题持怎样的观点？

王：罗老师的问题比较有见地。他经常出席国内外的学术会议，视野比较开阔，既熟悉国内翻译界的情况，也了解国外翻译领域的进展。他提出的这个问题主要涉及中国典籍翻译出版的问题。我们现在看到的国内翻译的中国文化典籍的汉英对照的书籍，有多少可以进入国际市场上，他对这个问题比较关注。他认为，在国际市场上，我们翻译的东西进入不到他们的核心部分。如果这样的话，我们翻译的东西等于出口转内销了，那我们的典籍翻译也就是在闭门造车了。这确实有一定的问题，所以他提倡借船出海，即在翻译过程中，或者翻译完成以后，联系国外的出版社，在国际市场直接出版发行，那样效果会比较好。像霍克斯翻译的《红楼梦》、张佩瑶老师主译的《中国传统译论精粹》的第一卷，都是在国外出版发行的成功案例。罗老师提出这个问题，主要是害怕我们闭门造车，在国内自己做翻译，自己设想哪一些是重点，翻译以后直接出书，在国内市场流通，而我们始终不了解国际的需要，不了解西方文化目前的动向，他们需要我们中国文化典籍的哪一些部分。我们应该考虑他们的需要，总是想把四书五经推出去，好像它们能够直接对西方现代文明的问题产生影响，也许这样的想法是比较天真的。每一个文化吸收外来文化都有一个现实的需要，可能有一些需要中国古代的其他一些方面的东西，所以在他们那里会做出一些选择。我们现在国外看到的一些情况，除了《老子》《论语》这些古典的东西以外，他们更加关注的是中国现当代的文学的发展情况，他们想了解中国当下发生的社会变革以及人们的生活和精神风貌，可是我们更多的时候总是想把古代的东西给他们看。还有唐诗、宋词的翻译，可是唐诗、宋词已经属于中国古典的诗词了，和西方古典的诗词在同一位置上，像浪漫派的诗歌。可是现在西方已经进入现代派的诗歌发展阶段，我们提供给他们古典的东西，他们能够吸收多少？真正的诗人在从事诗歌创作时，会有多少人从唐诗、宋词里面吸取养分？我们比较强调美国的意象派，比较强调当时庞德等人的一些观点，但这个高潮已经过去了。所以即使我们要翻译唐诗、宋词，我们也应该做一些朝现代意识方面的转化。尽管要保留古人的思想，但一些表述方式，包括格律诗要不要翻译成自由诗，一些意象要不要朝英语诗的意象转变，都是值得讨论的问题。我自己翻译的《二十四诗品》就是朝现代的方向转化过去，不押韵的，这样的一个方式就是想和世界的潮流结合起来。这本书我送给乐黛云老师的时候，她一眼就看出这是一种解释性的翻译，认为这是比较文学的一部分，非常重要。送给根茨勒（Gentzler）的时候，他认为这些诗很有意思，可以发挥一定的作用。假如我们还是把唐诗、宋词翻译成古典的格律诗，而和现代的生活没有多少关系的话，诗歌的时代性就会出现问题。我目前翻译元曲就是要更多地朝现代的方向推进，舍去一些比较陈旧的典故和汉语里面特有的英语无法表达的东西，产生比较容易为现代读者所接受的效果，同时想尽量地保持中国文化里面特有的有价值的东西，但不是生搬硬套。我打算去掉词牌，而从诗歌本身里面去抽取各自新的题目。

荣：我看到您在《朱墨诗集》（翻译卷）的前言中提到您的古典诗歌翻译原则，即"中诗西化、古诗今化、含蓄美化"，那么可以说您在《诗集》里的古典诗歌翻译实践是您将古典诗词朝向现代诗歌推进的一次新的尝试吗？

王：是的。我想在比较文学的层面上，将中西诗歌逐渐打通，古典的诗歌朝现代的方向转化，和现代诗接触，和现代的汉语诗的创作情况接触，能够把古诗转化成当下中国汉语诗歌创作的一个依据，一个资源。同时，用英语阅读的时候，也能够和英语诗自由地衔接，就是朝西化的方向转化。同时想保持诗的含蓄的品质，不要译成大喊大叫的那种效果。否则，诗的含蓄的美就丧失了。就是想注意到这些方面。这样的一个方法逐渐提出来了，在翻译的时候也在逐渐地运用。但有的时候译诗是各种方法的折中，有的时候能自然地押上韵的也会押上韵。译诗会有不同的格局，现在还没有形成特别统一的格局，也不太想让它形成太统一的格局，尤其不想让它形成双行押韵的那种千篇一律的格局。诗和词想让它们有区分，诗和词的品质是不一样的，还不仅是长短句和格律的问题，它们读出来效果是不一样的。再有就是想尽量保持每首诗中个性化的东西，不要译得千篇一律。毛泽东的诗词和鲁迅的诗在写法上是有区别的，虽然都有南方文学的传统，这种区别在翻译中要有所体现。就是译出来以后不要老像一个人译的，那样太单一，不丰富。这是现在翻译诗歌的一个主要问题。

荣：据我所知，您做了大量的典籍翻译实践，特别是对于《公孙龙子》《画语录》和《二十四诗品》的翻译，可谓十分精到。请您结合从事典籍翻译的实践，谈谈典籍翻译与非典籍翻译的区分，在翻译处理时是否应该区别对待？

王：这是一个比较学术的问题。狭义的文化典籍不包括文学，它应该偏重于理论的方面，就是哲学、思想性的东西，社会科学的很多方面，如宗教典籍等。这一部分带有中国文化的精神特质和国学基础的方面，它偏重于理性一点。所以这部分的特点是专业术语比较多，它的逻辑思维论述方式的中国特色比较强。这部分翻译一般都采用学术性研究性比较强的典籍翻译的方法。就是原原本本地朝国外推介中国的哲学思想，比如说《老子》《论语》的翻译都属于这种。但是这部分里面也有文学性、艺术性比较强的，比如《庄子》，它既是道家哲学，又是文学散文。这样它自己的翻译就分为两派，哲学的一派和文学的一派。汪榕培老师的翻译想兼顾哲学和文学。但是，总的来说，中国现在的典籍翻译有一种文学化的倾向，就是把典籍以优美的文字译出，力图适合大众化的阅读。这种倾向在《圣经》翻译里面也可以看出来。广义的文化典籍既包括哲学的、宗教的典籍，像儒释道三教、诸子百家等经典，也包括文学的，像《诗经》《楚辞》、唐诗、宋词、元曲等，也包括散文、小说和戏剧。文学典籍的翻译原则上来说应该按文学作品来对待。文学作品的翻译应该区别于理论的、哲学的、宗教的经典的翻译。它的要点是比较灵动的意象、意境、人们情绪的宣泄以及语言的美感。文学典籍在翻译的时候仍然有两种处理方式，一种是把文学典籍处理得具有文化的深度，包括思想的基调、典故等，都予以保持，翻译得很深厚，那么出来的作品就具有典籍翻译的文化的深度；一种是把文学典籍朝纯美的方向进行处理，那么它作为典籍的深厚的文化底蕴方面会有损失，但是读者阅读起来会比较流畅，给人美的享受。即是说，文学典籍翻译方面存在两种倾向，一种是文学化的倾向，另一种是文化化的倾向。换言之，文学典籍翻译里面也可以分出来作为典籍翻译的翻译方法、衡量标准和作为文学作品的纯文学的审美的翻译方法和标准。狭义的典籍翻译也可以分出两类，但两类中应该偏重于典籍翻译的那种学术的标准。而文学里边现在的潮流是比较偏重文学的方面。实际上，这样看来，不是说一部作品它是典籍就要翻译成典籍，而是取决于我们对于典籍的把握，是当作典籍翻译传达文化的东西更多还是当作文学作品处理强调艺术性的东西更多。其实，两种截然相反的倾向都是允许的，而且截然相反的方向可以看出典籍本身的文化张力以及译者在艺术上的志趣，我觉得这样更加有利于多样化。我自己是朝一个方向走的，但我可以容纳很多的译法，并且吸取它们的优点。认识的方面，大家目前可能偏重于把典籍翻译得像典籍，强调文化的厚重方面，强调注释、典故的保留以及格律的再现等方面。但这种认识如果作为固定不变的认识的话，就是有问题的，因为它忽略了其他的方面和可能性。

荣：不久前我参加了第七届全国典籍英译学术研讨会，这次会议可谓盛况空前，老、中、青三代学者济济一堂，一起探讨当下典籍翻译中的各种问题。此次盛会在与会人数、提交论文数量以及博士生与会者比例上均创历届之最。作为新一届的会长，请您谈谈目前典籍翻译包括哪些方面的任务，存在着什么样的一些问题。

王：典籍翻译有三个方面的任务，一是典籍作品翻译本身，到目前为止，已经翻译了相当的部分，而且这项事业仍在继续。二是典籍翻译的理论方面，理论方面目前不是很理想，研究得不太多。上一次在河南的会上有几篇论文，是关于纯理论的，包括黄忠廉的文章，是关于纯理论模式化的。这次会议的一个倾向就是把纯理论的研究融入具体的评论和项目里边去，这可能是一个深入、渗透和融合的结果，但也可能反映我们在理论研究方面不太容易找到题目，导致理论研究很快中断。从这个角度来看，理论研究现在仍然是薄弱环节。理论研究的困难在于国内做理论研究的人本来就不多，而把典籍翻译作为选题进行理论研究的人就更少，因为这需要古文基础和对中国文化典籍本来的认识，而外语界从事这方面研究的人比较少。还有就是典籍翻译如何变成一个理论的题目。现在翻译界的理论题目大部分来自西方现当代的翻译理论，中国的翻译问题突然成为一个题目，这是很多人始料未及的，所以不太容易把握它，不太容易做好它。现在好多理论问题的关注点还在标准，或是归化、异化这些老生常谈的问题上。换言之，由于理论家们不够敏锐，不能提出来新的理论思考的角度，所以一说典籍翻译又说到老的问题上去了，这是典籍翻译理论研究极为缺乏的一个状态。当然，这些老的问题也还没有完全解决，还可以做进一步的研究。我们将来应该在典籍翻译理论研究的方面做进一步的规划，鼓励更多的人来从事这个方面的研究。三是典籍翻译的文本批评。翻译批评这几年确实做得不错，进展比较快，在几年内将会覆盖我们现在已经翻译的大部分典籍，并且逐渐会有专门进行批评的书籍出现。这部分在最近几年还将继续是热点。但是目前发现的一个倾向就是单打一，好像收割庄稼一样，撂倒一批就结束，不注意收获。庄稼撂倒了，倘若下雨，就烂在地里，不收获就是没有把庄稼变成粮食，变成营养。每一个具体的翻译批评之后，不再进一步地进行汇集，最后的一个结果，是不了了之，这样就造成一个浪费。我们应该在翻译批评做得好的基础上进一步探讨理论问题，让它成为理论的生长点，这样就会为找不到典籍翻译理论研究课题的理论家们提供一些新的材料和新的思路。

荣：翻译研究由最初的文学研究、语言学研究到后来的哲学、文化研究，再到跨学科交叉研究，如翻译学与心理学交叉，与社会学、人类学交叉，等等。典籍翻译与传播研究属于什么样的研究？

王：从纯学术的角度来看，典籍翻译研究会涉及很多的学科。一是古典学（classics），在西方就是（古）希腊、罗马的经典，在中国先秦时期产生的典籍构成古典，在印度以及其他一些地方都会有一个历史上叫作"轴心时代"的阶段，这一时期产生的作品构成了他们各自的典籍，如《奥义书》等，这是最重要的一个部分。二是文献学，包括对于古典的经典的解释，包括小学、训诂等，包括文献的保持、查阅，对于图书的分类，现代图书馆的保管，善本还有古本复原等，我们统称之为"文献学"。文献学偏重于原始文献资料的保存、注释和传播，这部分和解释学、语文学有一些关系。三是语言学，这个语言学不是指现在所谓的形式主义或功能主义语言学，我所说的语言学涉及语言谱系的重新认识，比如说汉藏语系，实际上涉及印度文化和藏族文化古典之间的关系，这个语言学实际包括的分支比较多，比如季羡林研究的吐火罗语，陈寅恪研究的新疆的西北的碑志等，都是我所说的语言学研究领域，就是语言和文字在一起，构成从语言符号的角度进行研究，和文献学有区别。文献是文本、物质材料，这里就要变成语言工具的研究。这一部分当然包括古汉语，现代汉语状况的改变，当代的散文的语言，新诗的语言的走向等，这也是一个很重要的学科领域的范畴。四是人类学，它涉及体质人类学和文化人类学。体质人类学涉及人种和人类的起源、民族的融合以及迁徙等问题，如《东归英雄传》中从俄罗斯返回来的蒙古民族的一支，可能是土尔扈特人，涉及民族迁徙的问题；再如黑人到美洲、美洲印第安人被白人同化，涉及民族融合问题，等等。文化人类学涉及宗教之间的联系，不同教派的冲突和融合，习俗层面上的交往，衣食住行的混合变化，还有文学艺术，即文学人类学、艺术人类学等。我们想用人类学把世界联通起来，想用这些学科把人类文明的精神产品混合性地加以认识，就像这些东西在古代的人类群体迁徙和部落间征战的史诗中所表现出来的一样。要是缺乏这个的话，典籍翻译就会被看作一个翻译工作，在机械地做语际转换。其实要进入人类学，尤其是民族典籍翻译研究，应该和民族文化、地域文化形成比较好的研究格局。我们是想把典籍翻译做成一个事业，因此需要一个跨学科的理解和掌握，不是人为地说成什么样子的。

荣：近年来南开大学翻译研究中心在您的主持下，投入大量精力，以英语语言文学的博士点为依托，从事中华民族典籍的对外翻译与传播研究，取得了一定的成果。截至目前，在民族典籍翻译研究的版图上，已经出现了这样的研究布局，即西北少数民族作品研究方面，李宁有关新疆维吾尔族古典长诗《福乐智慧》的翻译研究，邢力有关蒙古族百科全书《蒙古秘史》的翻译研究，王治国有关藏族蒙古族长篇英雄史诗《格萨尔》的翻译研究，都已经结出硕果；西南少数民族作品研究方面，崔晓霞有关彝族撒尼人经典爱情叙事诗《阿诗玛》的翻译研究正在逐步成熟。这些成果使得南开大学翻译研究中心已经成为国内民族典籍翻译与传播研究的重镇。最后，请您谈谈在当下从事民族典籍翻译与传播研究的独特意义。

王：刚才我其实谈到了一些，就是民族典籍翻译与传播研究对于重新书写大中华各民族文学史的意义。除此以外，其实还有一些补充。现在我们处于这种后工业、后现代的文化阶段，民族问题将会成为一个比较重要的问题。民族问题和文化问题会成为人类相处的一些矛盾的焦点，比如基督教和伊斯兰教冲突，它既是民族的冲突，也是文化的冲突。民族典籍的翻译、民族文学的关注，要是做得好的话，可以起到促进民族交流的作用。而且各个民族的文化用不同的语言来传播，如用汉语、英语及其他民族语言相互传播和沟通，会起到比较好地促进民族交流的作用。如果中国各民族之间能够比较好地相互交流的话，那么进一步也会对于改善世界上各民族国家之间的关系，消除民族隔阂起到很好的作用。从这个意义上来说，民族典籍可能有更好、更大的学问要做。另外，民族典籍翻译与传播研究可以把国内的国学和国外的汉学联系起来，比如《格萨尔》的翻译，最早是由一些在中国从事调查的法国人和俄国人翻译的，后来中国人又自己翻译。国内的国学除了传统的国学，还应该包括民族研究，如藏学、蒙古学、敦煌学等，这样国学的概念就扩大了，而且和世界文化之间的连接成为一个很自然的连接。这种连接就不仅是指之前陆上丝绸之路的连接，以及后来海上丝绸之路的连接，而且意味着一种多通道的连接，像现在的互联网一样。这样，中国的汉学、国学、蒙古学、敦煌学和世界其他国家和地区的如欧洲的汉学、美洲的汉学、日本的汉学在很多方面产生连接。所以民族典籍翻译与传播的研究是一个视野非常宽阔的路子，不应该把它看成只是片面地将中国文化朝国外推行的问题，那样看的话就是工具性的思维了。这个题目是一个非常有意义的题目，有很多事情可以做。

　　荣：王老师，谢谢您在百忙之中接受我的采访！与您的谈话让我着实收获匪浅、受益良多。相信您的这些见解对于当下的典籍翻译实践与研究也将会大有裨益。再次感谢您。

　　王：谢谢！

（本文原载于《燕山大学学报（哲学社会科学版）》2013 年第 3 期）

我国民族典籍翻译现状、问题与对策

——人类学学者访谈录之七十一

张　媛

[摘要] 除翻译实践外，目前国内译界对民族典籍翻译研究也逐渐重视起来，但由于国内产生的外译本不多，研究也主要集中在对国外译本情况的考察上。从总体上看，目前中华民族典籍的翻译和研究处于并重的状态。

[关键词] 民族典籍翻译；学科基础；民间文学

张媛（以下简称"张"）：王老师您好，您在南开大学从事典籍翻译实践、研究和教学工作多年，取得了丰硕的成果，培养了一批批优秀的博士生；同时作为中华文化典籍翻译研究会会长，您也在我国典籍翻译研究领域，特别是民族典籍翻译方面做出了卓越的贡献。很荣幸今天有机会采访您。首先想请您谈一下民族典籍翻译的必要性和重要意义。

王宏印（以下简称"王"）：中华民族是一个多民族国家，但历来都偏重于汉语和汉族的文化，即使在对外传播方面也是如此，少数民族文化只是在民族地区有一些影响，在全国其研究和翻译的影响不是太大。在典籍翻译方面，目前国内译界主要关注的还是汉语和英语、法语、德语等比较大的语种之间的翻译，没太强调民族典籍的翻译。民族典籍翻译的问题到现在应该提上日程，其必要性不言而喻，它的重要意义有三点。

第一，它可以弥补我们对中华民族历史和文化认识的偏差，将中华文化视为多元文化、多民族文化、多语种文化。中国传统历史观将汉族视为中心和基础。在中国历史上各个朝代的更替往往都以汉族为主，少数民族的角色只是在谈及他们与汉族间的冲突、融合等民族问题时才出现。这种认识在强调民族平等的现代社会已经不太适应了。特别是中国共产党在夺取政权和争取新民主主义革命胜利的过程中，对民族平等的问题十分重视。中华人民共和国的民族政策反映到文学领域，主要是 1949 年以后对民族文学、文化资料的大规模搜集和研究工作，其间取得了不少成果，也有过一些翻译实践，特别是民译汉。但相对于汉族典籍翻译取得的丰硕成果，民族典籍翻译在国内还没有形成相当的规模，还需要做很多工作。因此，关注和重视民族典籍翻译对多民族文化平等并存的多元文化史观的形成还是有重大意义的。

第二，弥补中国文学史的缺失。在中国文学史的撰写上，原来老是把汉族的文学史默认为中国的文学史，这是很有问题的。因为少数民族文学中的一些文学样式是汉族文学比较匮乏的，比如汉族文学中的神话系统产生比较晚，也比较零散甚至缺失；汉族文学中没有史诗，因为汉族缺少游牧民族那样大规模的民族迁徙、征战与融合等史诗产生的历史条件，等等。现在通过对民族典籍翻译的提倡，就可以促进中华民族多元文化和多元文学史的撰写，所以是非常有意义的。

第三，促进民族间的相互尊重、相互了解和团结。在国内，对民族关系的重视，不能仅从政策方面来讲，有的时候从学术和民间交往等方面来实现可能会产生更好的效果。目前学术上已形成的跨文化交际学等专业的研究都有利于促进形成团结和融洽的民族关系。但是我们对翻译的认识，还没有上升到民族平等、相互尊重和促进民族团结与交流的高度。这是需要一个过程，也需要做很多工作的。

张：多年来民族典籍翻译在国内外都取得了一些成果，而且也越来越受到重视。请您大概介绍一下民族典籍翻译到目前为止的发展状况。

王：民族典籍翻译已经有了一些成果问世，分国外和国内两种情况，先说一下国外的翻译情况。早在19世纪，海外汉学（又叫"国际汉学"或者"中国学"）领域就开始重视对中国一些民族典籍的译介。当时一些到中国旅行或做外交官的海外民族学家、民俗学家开始翻译中国的典籍，当然最初翻译的主要还是汉族典籍。后来一些人类学家进入西藏、内蒙古、甘肃等地区，通过对藏学、蒙古学、敦煌学等的了解，逐渐进入民族典籍研究的领域，其间也从事一些翻译，比如藏族和蒙古族史诗《格萨尔》最早就是海外汉学家把它当作藏学或蒙古学研究的一部分而翻译的，后来还有法国、俄罗斯等一些民族学家的翻译；还有仓央嘉措情歌的翻译也比较早，因为它涉及古代梵文和藏文之间的关系，包括藏传佛教的问题，以及仓央嘉措宗教领袖身份问题和诗歌本身的民间文学等因素，所以流传和译本分布也都比较广。他的作品国外较早有英译，后来逐渐增多，直到现在还有人在翻译。不同于国外的情况，国内对民族典籍翻译开始得比较晚。1949年以前有一些，比如于道泉对仓央嘉措情歌的翻译堪称藏学方面一个开拓性的成果，但比较大规模的兴起产生于1949年以后。对民族史诗翻译的重视是近年来才逐渐开始的，相对更晚。另外，国内的翻译偏重于民译汉，尽管有人想把中文本译成英文向国外发行，但主要还是为了满足在国内的流通，并没有形成国际交流的视野。除翻译实践外，目前国内译界对民族典籍翻译研究也逐渐重视起来，但由于国内产生的外译本不多，研究也主要集中在对国外译本情况的考察上。总体上看，目前我国民族典籍的翻译和研究处于并重的状态。

张：在刚才的介绍中，您提到了海外汉学、藏学、蒙古学、敦煌学。除此之外，民族典籍翻译还会涉及哪些学科？您能否进一步谈谈民族典籍翻译的学科基础问题？

　　王：如果将民族典籍翻译当学术问题来看待的话，就会涉及一些学科。刚才已经提到了几个学科，一个是海外汉学，国内叫国学，就是对中国学问的研究，这是一个比较笼统的概念。还有就是偏重于地方文化和民族文化研究的学科，比如藏学、蒙古学、敦煌学等。这些学科有的偏重于人种的划分，有时也会研究一些宗教的问题和民俗的问题，比如蒙古学；有的偏重于文献资料的收集、遗迹考据，比如敦煌学，当然这些学科中也会涉及翻译的问题。这些都是属于研究中国本身的一些学科，在比较大的方面可能需要民族学的一个基础。国内对民族学有了一些研究，原来偏重于斯大林对民族问题的一些讨论，比如提出了民族划分的四个标准，现在看来那些是不够的，太简单，而且与现在新学问发展的趋势也比较隔膜，因此需要对民族学有新的了解。另外还有民俗学。它不同于民族学对人种、种族标志、体质人类学标志，以及对民族文化如宗教、信仰、语言等方面的划定和研究。民俗学涉及的是在共同地域、以共同方式生活和劳动的族群中体现的民俗问题。它是定期举行的仪式化的活动。这是一个专门的领域，也可以归入文化人类学，或者叫社会人类学、社会心理学、民族心理学这一类领域中研究。

　　还有民间文学的概念。民间文学发展到现在已经形成一个学科，这就要求民间文学研究人员不能再像以前那样凭借民族感情、像做群众工作那样开展现在的工作，而需要系统地学习和接受专业训练。何为专业训练呢？以翻译仓央嘉措情歌为例，这种专业训练首先要有民间文学的意识，要站在民间文学的立场上而不是把它只看成个人创作。这样它和民歌就有关系了。其次，在评价将原诗改编成汉语的七言、五言形式时要指出这种改译可能违背民间文学的翻译宗旨，进而指出在英译时要注意哪些问题。这样看来民间文学和翻译之间是存在一定关系的。

　　再有就是翻译学本身，涉及翻译时要用何种翻译原则、翻译策略等问题。我们一般还是比较强调异化的翻译策略，尽量保持那个民族的特色，保持它最重要的一些概念、词汇，甚至有时可以用音译的办法，当然注解也是可以的。总之，重要问题是如何把它的精神翻译过去。最后还有传播学的问题，原来不太提。传播学认为翻译和传播是一个概念，翻译是为传播服务的，如果只是把字面直译视为忠实的翻译的话，那就偏离了传播的意义。另外，传播不仅指书面传播，还有口头传播、媒体传播，而且出版本身，杂志上的发表、介绍、评论等也都是传播的形式，所以传播学的概念在民族典籍翻译中应该涉及。这样总结下来至少会涉及七八个学科，这些学科都需要一定的专业训练。这种训练的缺乏是目前国内民族典籍翻译领域一个比较严重的问题，会影响到译者和研究人员基本素质的形成。

张：从民族典籍翻译的学科基础来看，它应该是一个综合性的研究，您认为译者和研究人员应具备哪些专业素质？在完善这些专业素质的过程中还存在哪些问题？

王：刚才我们说到的这几个学科就是对他们的专业要求，这都是些最基本的学科，还没有涉及他们要搞的具体民族的研究。具体到对某个民族的研究时，还要求研究者具备认定该民族起源、历史以及文化、习俗、宗教、文学等著作和相关文献的专业素质。这个过程确实存在一些问题。在最近翻阅的一些少数民族史方面的书籍中，我发现他们的写法有些比较陈旧，有的连民族起源、人种学的来历和体质特征，以及该民族最早居住地之类的问题的叙述都不太连贯，而且多数是依靠汉族历史的一些记载书写的，甚至有些译名都不太统一。现在看来，这一部分的学术基础和研究水平还有待提高。

另外，还有语言方面的素质，它要求这一领域的研究人员在掌握汉语的同时，要懂民族语言和外语。我们现在的外语学习多数集中在英语、法语、德语之类，民族语言好像没有被放到语言学界中进行讨论，民族语言专业的设置和相关课程的讲授只是在民族地区一些高校和中央民族大学及各地民院系统中有，而且多数又只局限于有民族背景的学生中。他们中的很多人并非从事具体的翻译工作，尤其不搞民族文献的翻译工作，而真正需要做研究和翻译的人又不懂民族语言，这就形成了一个矛盾。此外，外语也是一个问题。无论是汉译外还是民译外，都需要译者的外语水平足够好。目前国内从事汉译外的人中有一些有出国学习的经历，他们的外语会好一些，但是民族地区的外语水平一般还差一点。这样外语总体不是足够强。在语言学习方面，尽管有些民族地区做了一些尝试，但效果不是很理想，比如有些民族地区高校招收少数民族身份学生，让他们同时学习外语、汉语、民语，但在短短几年内将三种语言都学好是很困难的，而且有些民族地区的少数民族学生对自己民族的语言现在掌握得都不是太好了。在民族典籍翻译的过程中，有的要先把民语翻译成汉语，然后再翻译成外语，在这种情况下，三种语言的掌握程度前后不一致，就会对翻译质量的保证带来很大的质疑，因此语言问题应该是比较重要的。

　　翻译的专业训练和翻译观的素质培养也都要引起注意。中国翻译史上曾有过辉煌的成就，比如佛经翻译、《圣经》翻译、西方科学技术的翻译，还有外国文学的翻译，积攒了很多重要的经验，但从现在的专业角度来说，我们之前的翻译观念和方法显得有些陈旧和过时了。虽然现在仍有大量的外国文学作品译成汉语，但是真正高水平的译作不多，也极少会出现像傅雷、张谷若这样的翻译大家。那么在目前国内对外国文学作品翻译整体水平比较差的情况下，要想把我国民族典籍翻译成高水平的外译本，就一定要在语言训练之外加强译者在翻译方面的训练，只有让这一领域的译者和他们翻译出来的译本达到类似于霍克斯翻译《红楼梦》的水平，才能保证出版的译作是高水平的，否则即使翻译出来也不好出版，就算出版了也不会产生太多的影响。

　　最后，还应要求这一领域的译者和研究人员具备翻译和创作、评论、研究多方面结合的素质。从事翻译的人同时又从事民族研究，而且自己也进行文学创作和评论，这样的人比较全面，这种综合性的学者、翻译家现在还比较少，还没有完全形成群体。所以培养这方面的人才也是我们需要努力的方向。要将少数民族作家、少数民族身份的民族文学翻译家、翻译理论家、评论家，以及从事民族文学翻译研究的汉族学者有意识地组织起来进行协作，这也是我们中华民族典籍翻译研究会要做的一件事情。

张：最后想请您谈谈这些年来您在民族典籍翻译研究中取得了哪些成果，近期有哪些发展目标和研究计划。

王：在最近这几年的努力中，我们对民族典籍翻译比较重视。在南开大学英语语言文学博士点上做了大量的研究工作，也陆续在由民族出版社出版"民族典籍翻译研究"丛书。这套丛书计划出版五到六本，或者更多，主要是我们有关民族典籍翻译研究的博士论文，目前已经出版了两本，一本是李宁的《〈福乐智慧〉英译研究》，另一本是今年刚出版的崔晓霞的《〈阿诗玛〉英译研究》，下来会陆续出版关于《格萨尔》、仓央嘉措情歌、《蒙古秘史》等民族典籍的英译研究。这套丛书现在已经成为一种规范，在国内翻译界可以说起了一个开创的作用。民族出版社责任编辑赵文娟在今年的全国典籍翻译研讨会上给予这套丛书很高的评价，认为它在民族典籍翻译领域开了一个先河。另外，2013 年我们申请到了"中华民族典籍翻译研究"丛书项目，获资 36 万元，我们现在正在努力写作，预计在明年会有四五本书出版。此外，我们还在世界图书出版公司出版了两套英文翻译丛书，一套是图解中国十二生肖的，另一套是图解中国传统文化的。这两套丛书中有相当一部分作者是社科院的民俗学专家，虽然对原书的翻译不是专门的民族典籍翻译，但其中有相当一部分涉及了民族文化，比如在服饰、器具，以及中外文化交流史等部分的介绍中就有好多讲到了少数民族文化。

至于近期的目标，我们倒是有了一些想法，实际上很多事情已经着手进行了。一个是我们想通过全国典籍翻译研讨会加强一下这些丛书出版的后续宣传和研究工作。此外，我们还想组织翻译一些民族文化典籍作品，并以丛书的形式出版。通过这套翻译丛书，可以弥补一些翻译空白，比如西南民族的好多文化典籍至今没有译本；我们也可以集中翻译数量较多的各类少数民族诗歌，因为少数民族典籍主要是指他们的民歌、叙事长诗、史诗等不同的诗歌作品和说唱文学，基本上没有什么经典的散文、小说和戏剧作品。现在这个条件基本上也已经成熟，因为在《大中华文库》的翻译过程中已经组织了不少国内优秀的翻译家。另外也想从国外和国内曾经出版的民族典籍译本中精选一些，做成汉外对照本，主要是汉英对照本，以丛书形式重新出版。我们准备选取一些译本本身比较成熟的作品，比如《阿诗玛》，戴乃迭按照民谣体的翻译已比较成熟，这个本子原来不是汉英对照的，也没有研究性质的序言，在此基础上我们就可以把它出成一个汉英对照本，并把原来的民语附在后边，形成一个学术性较强的对照本；又如仓央嘉措的情歌，原来有好多译本，比较乱，我们可以精选出几个，包括于道泉的民歌体翻译本，以及一些外国人的译本，然后和中文本对照地放到一起出版。通过这些尝试，我们想在近几年中把民族典籍的翻译搞起来。我们还计划继续组织召开一些全国性的会议。去年在广西民族大学已经召开了首届民族典籍翻译研讨会，我们计划明年在大连民族大学召开第二届，以后每两年开一次，和全国典籍翻译研讨会的召开时间错开，保证每年都有学术研讨型的会议召开，进一步加强民族典籍翻译研究工作的顺利展开。

张：王老师，谢谢您在百忙之中接受我的采访！与您的谈话让我受益匪浅，相信您的这些见解对当下我国民族典籍翻译实践与研究工作会有重要的指导作用。再次感谢您！

王：谢谢！

（本文原载于《广西民族大学学报（哲学社会科学版）》2014年第2期）

民歌翻译：民族典籍与文化研究的源头

——王宏印教授民歌翻译研究访谈录

梁高燕

[摘要] 笔者有幸就民歌翻译及相关诸多问题请教南开大学外国语学院博士生导师王宏印，采访内容涉及民歌翻译的定位、意义、价值和当下面临的问题，王宏印的民歌翻译研究之路，中国民歌翻译和研究对他诗歌、戏剧等方面翻译和创作的影响，以及他对民歌翻译未来发展前景的展望和思考，等等。王宏印认为民歌是民族文学的源头，也是文学翻译的源头。民歌具有优美永恒的价值。民歌翻译是典籍翻译的重要一方面，但遗憾的是目前国内民歌研究及其翻译总体上不受重视。王宏印的民歌翻译之路始于《西北回响》中陕北民歌的翻译；而《中国古今民歌选译》则是一个有意识的编译行为，民歌涵盖范围、内容、民族和主题更广，翻译更灵活。王宏印认为民歌研究翻译与其诗歌翻译创作有良性互动，民间文学中的方言和词汇生动活泼，民间语言的句子结构灵活透亮，民间思维方式也很特别，所以这种民间语言的各方面影响了其诗歌、散文和小说的创作和翻译，尤其是文学语言风格。具体表现在三方面：其诗歌创作中吸收了很多方言等民间文学和民歌的营养；莎剧英译和英美诗歌汉译中民间方言、民歌体的运用；英美文学诗选的编译方面也越来越重视民歌的编译。王宏印认为，翻译少数民族民歌、诗歌应注意三方面的问题：第一，翻译语言和思维问题，这是核心问题；

第二，意象翻译问题；第三，押韵规则问题。另外，他希望日后更多关于民歌研究和翻译的图书出版、论文刊发。关于民歌研究和翻译、少数民族典籍研究和翻译的原则问题，他重申了之前提出的三原则，即继承性、专业性和国际化。

[关键词] 民歌翻译；民族典籍；民间文学；诗歌翻译和创作；方言；莎剧翻译和创作；民歌体

一、民歌翻译的学科定位、意义、价值和问题

王宏印多年来一直致力于中国文化典籍翻译、少数民族典籍翻译理论与实践、中外诗歌和戏剧等翻译与创作。他在上述各个方面进行着不懈的探索，视野广阔，成就非凡。此外，在中国古今各民族的民歌英译方面，王宏印也独树一帜，获得了可喜成果。王宏印于 2009 年出版了首本陕北民歌翻译作品《西北回响》，引起了学界的密切关注和热烈讨论；2014 年 6 月出版了《中国古今民歌选译》（以下简称"《选译》"），这是王宏印多年筹划和积累的结果，也是典籍英译理论与实践方面又一开拓性的译作，在民歌翻译史上具有重要的里程碑意义。《西北回响》是王宏印九年累积、探索的译作，全书收录了 105 首陕北民歌，是对外译介传播独具特色的陕北民歌的首创；《选译》囊括了从上古到现代的各民族具有代表性的民歌 103 首，值得注意的是还收录了少数民族歌曲 33 首，显示出其学术探索的前瞻性和视野的广阔性。其翻译效果是兼顾整体和细节，语言自然流畅，意象和谐统一，情感真挚，追求"平直与放逸"的翻译风格，即译文用如同中国民歌一样朴实自然而富有生活情调和诗味的语言再现其魅力，实现了译者目的——以翻译民歌为媒介对外传播中国文化和中国诗歌，与世界诗歌文化形成双向互动沟通。

梁高燕（以下简称"梁"）：王教授，您好！我们了解到您在民歌搜集、研究和翻译、创作方面有广泛的兴趣和很多成果，我们想请教您一些问题。例如，一般认为民歌是我国文学的珍宝，是民间思维和智慧的结晶。我国多姿多彩的各族民歌凝聚了丰富的民俗文

化价值、历史文化价值和人类学诗学价值，其研究具有跨学科性质。您能否谈谈民歌翻译的学科定位、意义和价值？

王宏印（以下简称"王"）：民歌属于民间文学，在中国文学史上应该很重要，但据我了解，在正规高校的文学院校没有专门的民歌课程设置和研究（可能音乐学院除外）。这应作为一个重要的问题单独提出。教育界专门从事民歌翻译的人很少，几乎无专门的民歌翻译课程，也就是缺乏专业训练和系统传承。现在的文学体制中，文学作品选读、文学史、文学理论特别是西方理论占比例很大，西方理论中极少数涉及了民歌的理论。但大多宏观理论与民间文学的关系不是很大，而且学理论的人大多数不关心民间文学，二者之间存在一个疏离的状态。

中国的文学传统中，《诗经》中的《国风》很多属于民间文学，由于传统强大，尚有人关注，但对外国民间文学却少有人关注。其实，德国学者很早就强调民间文学的伟大意义，而英语民间文学也是一笔丰富的财富，可惜无论在理论还是在实践上，民歌都很少受人关注。相反，文人创作的诗歌，尤其是著名诗人的诗歌受到重视和追捧。有些诗人的作品，究竟是民歌采风，还是诗人创作，很是模糊不清。例如，苏格兰诗人彭斯（Robert Burns），其作品分为诗和歌两部分，诗多为彭斯创作，歌中有些是他创作的，有些是采集而来。他那首著名的《一朵红红的玫瑰》一般都认为是其创作的。但据我看到的材料，并未完全认可是他自己创作的，有可能就是一首民歌。《我的心啊在高原》放在彭斯诗选中，不做说明，一般都认为是彭斯所作。其实，第一节是一首民歌，描写原始的狩猎场面，其后几节是彭斯加的，语言一看就知道，可是我们现在混为一谈，因此有一些不是随处都可辨别清楚的问题。英国文学史、英国诗歌史中讲民歌的也很少。英文版本中有些版本，如《牛津诗选》和《英国诗选》等好的选本中有民歌，包括分阶段、分地区、分民族的民歌介绍，但我们很多译本都不注意选取，反而丢掉了。国内的外国文学教学，民歌在教学体系中不占重要位置；国外也不是很重视，对于彭斯的评论，因为是后人写的，有些出于英格兰文化背景，多有贬低之词。少数民族的民歌多是如此，反映出的问题是民歌在整个教育领域中较薄弱，学科定位也很模糊。

　　民歌翻译我倾向于定位成典籍翻译的重要方面，虽然乍一听民歌这种通俗的东西和典籍的严肃性和高大上很难沟通，但仔细研究就会发现，少数民族的文学作品，多数是诗歌，其中的民歌尤其在古代部分占有主体地位，一般到了近代，才有了文人创作，而且仍然以民歌为基础。这是一个普遍的规律。所以少数民族典籍，除了宗教和医学等文献之外，如果排除了民歌，那是不可想象的，汉族的典籍也是这样。

　　梁：关于民歌翻译的定位问题，在《选译》中您就提出"从起源来说，民歌是民族文学的源头，也是文学翻译的源头"（王宏印，2014：序，1），"民歌的翻译，可以纳入民族文化典籍的宝库"（王宏印，2014：序，7）。据记载，中国民歌英译最早可追溯到 1804 年，时任英国第一任驻华大使的秘书约翰·贝罗（John Bello）将《茉莉花》歌谱刊载于其著作《中国游记》译介到英国。至今，民歌英译已有 215 年的历史。因此，有必要梳理和总结当代中国和世界民歌英译及其研究两方面的现状、成绩、问题，并提出恰当对策，以期进一步推进中国民歌英译及英译研究。关于民歌搜集、整理和翻译的现状和问题如何？原因何在？

　　王：民歌的搜集现在大概处于停滞的状态。历史上民歌的搜集曾经有过几次高潮。英国重视对以彭斯为代表的苏格兰民歌的搜集。德国在历史上曾经有些人重视民歌搜集。美国到 19 世纪有人搜集印第安民歌，现在被收入《19 世纪美国诗选》中了，但不分章节和专门说明，只是译为英语，作为章节内容的一部分。中国古代官方的乐府，是专门成立用来搜集民歌的机构。另外，当代中国历史上有过几次搜集民歌的高潮运动，如"五四"时期和 1958 年的民歌搜集热潮，对搜集和整理民歌起过很大作用。当朝代兴起，国力强盛，政治家有眼光时，就会倾听民间的声音，民歌搜集、研究和创作就会出现高潮。历史上文人作家，如明代的冯梦龙很重视民歌搜集。

清代和民国时期有一批知识分子也比较关注民歌和民间文学。郑振铎的《中国俗文学史》很重要，搜集了许多民歌、通俗小说且配以插图。郑振铎是研究文学史的专家，同时兼搞研究和收藏。

　　"五四"时期，北大出版民间文学刊物并成立民间文学组织。1918年2月，北大发起成立了歌谣征集处，并由刘半农编订《北大日刊》并刊布《歌谣选》，我国第一个民间文学团体北大歌谣研究会诞生。其中周作人起了很大作用，他为此搜集、编辑民歌，并在这个杂志发表了不少成果，这是"五四"新文化运动的一个重要方面。现在我们强调五四运动为"政治、文学和文化"的运动，似乎忽略了"五四"民间文学的搜集与整理研究的成果。北大的做法与晚清以来对于民情民心民间的关注的传统是一致的。这个传统至今仍然特别重要。目前对"五四"评价似乎失之片面，忽略了我们所强调的一面。20世纪60年代，由于毛泽东主席的提倡，新民歌运动曾出现过辉煌的时期，当然现在看来也有一些夸大和浮躁的弊端。

　　但是目前，民歌和民间文学在文科院校和文学系几乎是少人问津的一个领域，至少不是主流。现在许多人热衷于研究小说，特别是长篇小说，作为文学的代名词。戏剧的时代已经过去，戏剧不发达且研究较少。诗歌追求现代和后现代的潮流，新文学以新诗为主要方向，古体诗不提倡，民间文学地位较低，所以目前民歌和诗歌创作的结合点也很难找到，民歌及其翻译总体上被忽视。

　　相比之下，中国传统文人注重民歌的搜集和整理及再创作，这与文人经历有关系。中国的文人多有乡村生活的经历。我国传统社会分为"士农工商"，"士"阶层很特殊，由于朝廷重视农业，正统的读书人大多来自乡村。中国传统文化中的"重农抑商"的倾向，造成的结果之一是乡村出身的知识分子较多，而都市商人出身的知识分子很少，所以即使后来工作生活在城市中，他们仍然保持着乡村情结。典型的是沈从文，他住在京城怀念湘西，对于北平还能接受，对于上海就无法认同了。民间文学受到这部分人的关注，其中郑振铎是大有功绩的。他们天生对民歌有一种亲近感和依恋感。这应当说也是一种可贵的感情。

二、王宏印的民歌研究与翻译之路

梁：您的首本民歌翻译作品《西北回响》，自 2009 年出版以来引起了学界的密切关注和热烈讨论，在当代"中国文化走出去"背景下这本书对中国民歌的翻译理论和实践方面具有重要意义。正如赵季平老师在《西北回响》中所说："中国不仅经济要走出去，文化也要走出去，我们陕北民歌有条件走出去，让西北的回响去引发世界的惊奇!"（王宏印，2009：3）"达到一种跨文化的深层的艺术化的交流……翻译的过程也是一个十分复杂而且持续了九年的艺术再创造过程。"（王宏印，2009：5-6）我认为，《西北回响》是国内首本系统地探讨陕北民歌的翻译问题的专著，而您的新作《中国古今民歌选译》不仅包含对民歌翻译理论研究更全面深入的探讨，而且是开拓性的古今民歌选译翻译实践。《选译》主要采用"陌生化""互文性"和"整体性"翻译原则，有效传达了民歌特有的语言美、思想美和神韵美，是民歌英译理论与实践探索相结合的一项可喜成果。（梁高燕，2016：136）您一直在这方面进行不懈探索并取得了重大成果，您是如何开始关注和研究陕北民歌的？

王：我翻译陕北民歌有个人爱好的因素，也有有利的条件机会，还有一个逐渐认识加深的过程。但这只是一个基础，还有一个激发因素和逐渐积累的过程。其实，陕北也不是我的家乡，但陕北民歌给我的印象很深。我的家乡在关中，在西安周围的关中平原，关中民歌现在并不发达，地理比较封闭，意识比较保守，还有一部分人在唱民歌。首先与我的青年时期的生活有关系。我还记得我十几岁的时候，经常听到村民在田间地头唱陕北民歌，而且有些唱得非常好。比如我翻译的《走绛州》，就是当时留下了深刻的印象。第二点，与我上大学的经历也有很大关系。当时我们叫作"窑洞大学"，住在陕北的窑洞里，冬暖夏凉。大概 1975 年时，西安外国语学院在陕北定点实习，连续好几个月。实习方式包括在陕西历史博物馆做口译、排练、演出外语话剧，或自编自演用英语说相声等。当时能听到原汁原味的陕北民歌，这和磁带上录制的陕北民歌是有区别的。后来回到西安教学，越来越觉得陕北的民歌及民俗很有意思。另外还看到过原生态的延安文艺团体的歌舞表演，逐渐开始以各种方式如磁带、录像进行搜集整理或演唱，现在看来是一种不间断的营养的积累。这只是一个基础。

从事民歌翻译，还有一个最大的契机，就是从陕西刚调到天津时，有半年多时间我独自一人在南开大学，对家乡的思念情结需要一种情感寄托，很自然地开始搜集、整理、分类，进而翻译陕北民歌，主要想通过自己的编译形成一个好的集子。所以当时出于对家乡情结的寄托，虽然对民歌的感觉很好，但理性认识还不是很完备。我翻译的方法主要是找到质量不错的带子，一边播放带子观看画面，一边记录歌词，这样有当场的音乐节奏感，会比阅读书本上的歌词效果好些，然后翻译时尽量照顾乐感。《西北回响》寄托了对西北风土人情的怀念，以陕北民歌信天游为基础，包括不同题材和新旧民歌，个别的有西北味道的创作歌曲、西部电影歌曲也收入其中，所以是广义的民歌集子。当时的翻译带有译创的性质，书的前言后记，说明了搜集翻译和出版的过程，正文里有注释和翻译说明，所以也是有意为之的研读本的格局。

梁：是啊，读您《西北回响》的前言后记是一种享受，其中有诗化的语言美强烈的情感，最重要的是包含您对民歌的深入系统的研究。《选译》的背景和动机是什么？

王：《西北回响》比较长的后记中谈及了翻译方法，是一个不间断地受民间文化熏陶的过程，比如方言的处理、人称的处理等探索。希望译为具有诗意的可以阅读欣赏的民歌，但是认为还不是直接的歌词，因为没有按谱子填写。《西北回响》是出于情感的寄托，而《选译》则是一个有意识的编译行为。《西北回响》及相关民歌演唱研讨会的成功召开和影响，并作为西安音乐学院的校庆活动的献礼，的确起到了开创风气的作用。

《选译》其实有更复杂的动机。首先，我们感到，国内这么多年多集中于中国古典诗歌作品的英译，还没有人专门翻译民歌，尤其是民歌英译几乎被忽略掉了，这比较遗憾。主要从这个角度而言，想翻译民歌。其次，陕北民歌翻译之后，我还喜欢内蒙古、新疆等地的民歌（例如王洛宾搜集和创作的民歌），想翻译这类民歌，新疆部分听说有人已经翻译，所以就自己着手搜集和翻译内蒙古民歌，包括我的博士生张媛帮我搜集了许多内蒙古民歌。再次，其实我的深层动机是想重新梳理中国诗歌史，计划包括各地民歌、文人创作的诗歌和政治家（历代帝王）诗词，但遗憾的是民歌还没有古今贯通的梳理，所以目前的诗歌史中多数没有包含相关古今民歌部分。这方面我还可以做点工作，这是一个开始的基础的工作。最初我搜集了几个民歌的集子，其中最早的是我岳父书架上的一本很薄的《民歌一百首》，我比较喜欢，但这只是个雏形。后来我带到了天津，陆续购买了能见到的几个民歌集子，但发现不是很理想，选得不精，所以就动手自己选译了。

梁：《民歌一百首》搜集的民歌有哪些？在这个雏形的基础上，您是如何为《选译》选编自己认为理想的民歌集子的？

王：我发现这个集子搜集的范围有限，古代的居多，包括古代至清代的民歌，有少量少数民族的民歌，没有涵盖更广的范围，例如现当代的民歌和更多少数民族的民歌没有涵盖其中。因此，我自己开始着手搜集并选择翻译。《中国古今民歌选译》的民歌选择想突破《诗经》中民歌的时间上限和下限，所以包括了时间上更早且更古老的二言民歌，如《弹歌》和易经古歌《爻辞》（婚媾）以及现当代的民歌。《中国古今民歌选译》甚至把《嘎达梅林》和电视剧《关中男人》主题歌也收录并翻译了，但有些仪式性的民歌和酒歌等没有收录。选择注重民歌主题和语言及其变化。《西北回响》和《中国古今民歌选译》编译的初衷其实不同，前者注重陕北民歌的翻译而搜集有限，后者则是注重古今民歌的搜集而不是简单的翻译；前者分类简单，按主题分类即可；后者内容、范围和题材广泛而且复杂，不能只按主题进行合理分类，也不能完全按时间顺序进行排列。而且后一本书中，民歌研究的分量增加了，包括了民歌的定位、民歌和文人创作的关系，民歌翻译的问题也有更理性化、更系统的探讨，这些都写在很长的序言中。最后，这个本子由商务印书馆出版，效果比较满意。特别是封面上有我最喜欢的《诗经》名句："心之忧矣，我歌且谣。"

三、民歌翻译、研究与创作的良性互动

梁：您在《民族典籍翻译的现状、问题与对策》一文中认为"民歌翻译具有永恒的价值"。如何理解这个观点？研究和翻译民歌对您的诗歌翻译、研究和创作有何促进和影响？

王：第一个问题，民歌具有永恒的价值，这是从民歌和文人创作的关系而言的。民歌具有永恒的价值，而文人创作具有时代性。首先，民歌是"源"，文人诗歌是"流"。总体说来，民歌和文人创作是源与流的关系。其次，民歌是"河床"和"深流"，文人创作是"水面"和"浪花"。文人创作正如一条大河上的浪花，只有少量的精品可以流传下来，很多已经佚失，民歌是浪花下永恒流动的活源之水，会永恒流传。

关于第二个问题，那就更有意义了。我的诗歌创作中吸收民间文学和民歌的营养比较多，如民歌的语言、修辞方式，等等，有时变为我诗歌的营养和灵感的来源。

我对莎士比亚戏剧的翻译就是如此。我用陕西方言"活人"做动词（活得像个人样，活到自然死亡，完成人生一切的义务），翻译"To be, or not to be, that is the question"，就是"活人呢？还是不活？这就是问题哪"。译文加深了人生的意义，翻出了三层意思中的两层意思。再例如，《罗密欧与朱丽叶》第一幕第四场描写妇女怀孕走路不方便的说法如下：

Making them women of good carriage:
This is she—（Shakespeare，1993）

意为令妇女怀孕，使其行走不便。中国北方农村有"推着车儿"的委婉语，幸而译者当年返乡劳动中亲耳所闻。英汉语言中这样的妙语，在译者头脑中顷刻相遇，须知翻译之妙，何劳动神费寻思！古

今中外之语言，有如此奇遇，而莎翁和中国老妪的说法，竟然如此吻合，能不称奇？

这样的例证，不胜枚举。不仅仅是民间文学中的方言和词汇，还有民间语言的句子结构也很灵活、透亮，民间思维方式也很特别，运用自然，灵活多变。所以这种民间语言的各方面会影响我，使自己的文学语言发生变化，形成自己的风格。这些年我的诗歌的语言和前几年相比，就有明显的变化。时常想起母亲和父亲说的家乡话，变为自己的文学语言，写诗、写散文、写小说。我新发表的短篇小说《老狼》（《天津文学》2018 年第 9 期），就是北美印第安神话加上中国的民间文学（如老庄哲学、存在主义）的要素创作出来的。

梁：所以，这是一个很有研究价值的问题。像林语堂、张爱玲的翻译和创作有互动和影响一样，我以后一定深入系统地研究您的诗歌创作和诗歌翻译的关系，尤其是翻译民歌对您的诗歌翻译有何促进和影响。您认为民歌对您的学术研究具体有哪些影响？

王：翻译方面，对于我的莎剧英译和英美诗歌汉译都有重要影响。如莎剧中的民歌，我的英译采用民歌体，而不是前人翻译时采用的文人创作体。这在莎剧英译中是个很明显的突破。另外，我想把莎剧中所有的民歌单独摘录并翻译出来，目前已经在翻译一部部的莎剧的过程中翻译了相当一部分。中国民歌翻译对于我翻译英美诗歌也有影响。我最早关注的是彭斯的诗歌，原来非常喜欢王佐良教授的翻译。那时我在西安情报研究室工作，研究室主任的爱人在西安交大教外国文学，他特别喜欢读《彭斯诗选》，我也开始研究《彭斯诗选》。当时觉得王佐良的语言确实不同于当时的其他人的翻译语言，带有乡土味道。可是这么多年以后，我发现王佐良的译法基本上仍然是在意译和直译之间跳跃，他的翻译语言不是很纯粹，口语与书面语有混用，民歌翻译的方法也没有坚持到底。因此，我希望从语言方面有所突破，直接以民间语言翻译其中的民歌。目前已经从中选择并翻译了彭斯的诗歌几十首了，准备出一本集子。当然，翻译是有继承性的，王佐良教授给我的启发是十分珍贵的。

　　另外，在英美文学诗选的编译方面，我也越来越重视民歌的编译。如《英国诗选》中直至伊丽莎白时代有许多民歌，许多是无名氏的作品，选译时我给予民歌以较大的比例，选译了中古民谣，苏格兰、爱尔兰和威尔士民歌，以及伊丽莎白时期戏剧中的民歌。这个本子是前所未有的。翻译时借助中国早期诗歌和《诗经》的语言，例如"日之夕矣，暮在林"。假如我们熟读《诗经》中的名句，再加上汉字"暮"的解析，就会感觉到这个句子美不胜收。《美国诗选》一开头就是我翻译的印第安诗歌，然后才是白人早期诗歌。印第安诗歌我也翻译了许多首，可以单独出一个集子。关于我的印第安诗歌的翻译，张媛的博士论文中有专门研究，但这个论文还没出版，所以尚未为学界译界所重视。总之，对中外民歌的搜集和翻译的关注，整个过程中语言的锤炼和修养会相互促进，这体现在各个方面，例如汉译英和英译汉及个人诗歌创作方面，因而在翻译、创作领域也会比较得心应手，使几方面均有受益。

　　梁：您的民歌翻译和研究对诗歌创作的影响如何？

　　王：就民歌与诗歌创作的关系而言，民歌深刻地影响了我的诗歌创作。我写的是现代派诗风。现代派的诗人如波德莱尔和爱伦·坡的诗歌，现代派作为对抗浪漫派的诗歌，以城市文化来对抗乡村文化。但现代派的诗歌中有一部分是反对城市化的，如穆旦的诗歌中好多都是以乡村文化反对都市文化的，例如描写都市是令人压抑的"钢筋水泥"丛林。诗人没有美化乡村，乡村文化是诗人反对都市化的一个依托，他以具有民间文学的角度和语言描写乡村，这是穆旦超过一般诗人的地方。所以民歌在现代文学尤其是现代诗歌中占有"底色"的重要位置。到后现代派诗歌，是以非都市化的形式出现的，而且出现了许多欧美主流文化之外的非主流、边缘化文化，如阿拉伯文化、非洲原始艺术以及中国文化的元素，包括绘画、雕塑、音乐等视觉和艺术手段，等等，以此来消解欧洲中心主义的主流文学和文化的核心价值观，所以后现代文学的根也在民间文学。可见，现在对民歌的认识比翻译《西北回响》时的认识要更深刻、更具理性。

我最近创作的一组以陈忠实的《白鹿原》为主题的诗歌，就是关中方言占据主导地位的诗歌。而此前创作的以路遥《人生》和《平凡的世界》为主题的诗歌，则直接借鉴和纳入了陕北民歌的歌词。新近出版的诗剧《蓝花花》，便是大量利用和改编陕北民歌的方言诗歌剧本了。可见，对于我来说，创作的方言和民间文学底色在逐渐加厚加深而不是减弱。这和现代派诗歌并不矛盾，和知识分子写作也不矛盾。这是我独具一格的文学创作道路。

梁：我认为民歌等民间文学和文人创作的诗歌关系，是属于大传统和小传统的关系。所以，民歌应该是很重要的大文化传统之一。您如何看待您自己的学术研究和文化传统的关系？

王：我的学术研究大概是继承了"五四"传统，但须对"五四"有一个比较清醒的认识。现代以来与"五四"的关系，现代派对民间文学的吸收，中译外和外译中都有。当下的文学对"五四"文学有一个一脉相承的传承关系。"五四"时期及新中国成立之初，对民间文学尚有较清醒的认识和正面的提倡，力争深入民间文学的深层内核。这对我们确实有很大启示。不仅如此，可以说晚清以来的历史我都比较关注，再上追到宋学，也是我力争有所衔接和继承的，看以后的发展如何，因不同的领域而不同。

梁：您喜欢国内外少数民族的民歌，尤其内蒙古民歌、新疆民歌、云南民歌，多次到少数民族地区讲学，并创作了许多重要的诗歌。您对印第安文化和诗歌感兴趣由来已久。这在您的诗集《彼岸集》和上述民歌译作中都可以看到。这显示了您开放、包容的研究态度和前瞻性的研究视野。这是否与您追求的诗歌概念的多样化、民歌研究的多元格局有关？这是否与您认同文化多样化、多元化有关？换言之，您是否认同语言相对论和文化相对论？

王：这确实是我的学术的基本观点。第一，我一直持语言和文化相对论的观点，比较认同"萨丕尔-沃尔夫假说"。第二，和我在美国的留学经历有关。去美国之前我就对人类学感兴趣，但是陕西师范大学的强势学科是心理学，所以就转而研究心理学了。我留学的新墨西哥大学，不但是印第安民族文化的核心地带，而且该地区的中国等亚洲留学生较多，因为生活消费低。地处北美洲西南部的新墨西哥州汇集了该地区的民族和文化，受到西班牙文化、白人文化、印第安文化的多元文化的影响，所以我当时直观、直接地感受到了多元语言、文化的交流和交融的影响。当时我有好几个印第安人朋友，有较深入的交往，发现他们中有许多人是很有思想、爱哲思的人。我的诗集《彼岸集》中写到了《卖血的印第安学生》《深山中的嬉皮士》，等等，有类似田野调查的经历。所以这个学术观点对我的影响很大，以至于我差点攻读文化人类学的专业了。当时之所以主要想研究跨文化交际学和跨文化心理学，是因为当时国内没有这些相关专业，急于引进和建立这个专业。之后我一直仍然关注文化学和文化人类学。现在的后现代理论关注参与性观察，强调"差异性"和"地方性"，提倡差异性伦理，这些都越来越靠近我最初的兴趣。我的学术兴趣关注的重点大概是从中国古典、原始文化，到现代、后现代再到民间文学的回归和循环。这一总体倾向对我的学术视野、翻译的理论和方法都有直接的促进和影响。另外，当时在陕西师范大学，我和叶舒宪翻译过《神话—原型批评》这本书，探讨的是当时我国的文学理论前沿问题，对奠定我的学术理论基础有重要作用，再加上我对语言哲学的兴趣，使我总对文化、语言及人类的起源感兴趣，对原始文化感兴趣，对民间的象征符号感兴趣，这就形成了持久的学术兴趣中心。

梁：关于民歌的翻译效果和翻译原则，您在 2009 年出版的《西北回响》提出所追求的翻译效果、翻译风格是"平直"与"放逸"，即译者强调兼顾整体和细节，语言自然朴实，意象和谐统一，情感真挚，不拘泥于字句细节，注重译文流畅达意。和中国民歌一样朴实自然，而富有生活情调和诗味的语言再现其魅力。《选译》中采用了"陌生化""整体性"和"互文性"翻译原则，体现了"诗人译诗，以诗译诗"的特点，取得了良好的翻译效果。您希望让世界唱响中国民歌。在民歌翻译中，尤其关于少数民族诗歌的英译方面，您的具体体会、感悟以及难点是什么？另外，您提倡将民族诗歌和民歌纳入民族诗学比较的体系中来，那么，如何进行进一步的民族诗学比较——比如语言、思维方式的比较，主题、意象的比较，节奏、韵律和形式的比较，民俗、信仰、宗教观念的比较，等等，您能否给年轻学者一些建议？

王：汉族和少数民族的民歌对我都有吸引力。汉族民歌偏重北方的民歌，南方的民歌也有涉猎。少数民族语言是翻译中突出的一个问题，但也更有吸引力。目前对北方的少数民族了解更多，比如维吾尔族、蒙古族、满族，等等，比较容易理解他们的生活、思想、情感、习俗，等等。但对云南的少数民族由于语言不通，了解较少。20 世纪 80 年代，我出国刚回来就到云南出差，发现云南有 20 多个少数民族，当时我研究跨文化交际学，受马克思社会发展理论和摩尔根原始社会的理论影响较大，希望能把这些民族定位到某个发展阶段，希望能建立一个原始民族的发展谱系，可以为博厄斯的人类学理论提供一种支持。这应该说是一个很有意思的研究，但后来由于种种原因放弃了这个题目。不过，我后来提出的关于汉族文化和少数民族文化的"四大落差"理论，基本上解决了这些问题，而且在一个更大的范围和更高的层次上，将原来比较简单的想法融合进来了，形成了更有价值的理论系统。

目前在搜集民歌的材料和翻译方面都有困难，搜集可能会不全面，有随机性因素。翻译面临的主要困难是语言的问题，有的少数民族民歌翻译为汉语时，像古彝族的语言，是单音节的语言，其语言符号类似甲骨文的符号。翻译为汉语时，又变成了五个音节。变为五言后，受五言句法的限制比较大，因而翻译有改编和创译的性质。最初我的观点是认为古彝族语言不可能那么规整，应该是比较自由、简短的语言形式，可是事实证明却不是。这可能和毕摩（神职人员）用书面语记录民歌使之成为宗教经典有关。无论如何，这种翻译在方法上有一定问题，但若用汉语五言诗的思维方式和汉语文化的东西无形中潜入和替代彝族的思维方式和文化，据此翻译为英文则肯定会使彝族民歌的准确性受损。第三，意象的问题，有些少数民族的意象和汉语相通，但有些则不然。所以如果翻译时没有把主要的意象翻译出来，则翻译失色不少。第四，押韵的问题，少数民族的押韵规则有的和汉语不一样。这与翻译唐诗宋词等翻译遇到的困难不一样。如壮族古老的创世史诗《布洛陀史诗》中有头韵、尾韵，还有腰韵。尤其腰韵翻译为汉语极为困难，翻译为英语几乎是不可能的。所以目前我们的研究工作必须先行，先把少数民族民歌以汉字音译写下来，有原文符号则附上原文符号，再将汉字的音进行意译，并尽量和发音联系起来翻译。译为汉语的过程中，音译和意译均有对原文的改变，有些因素就流失了。翻译为英语时，可能改变和流失的重要元素越来越多。下面是我翻译的一首瑶族民歌（少数民族语言的记录和音译阶段略去未提）：

瑶人布刀歌

我用心贴上了你，
就像细布贴上了布刀。
细布贴上了布刀，用不着梭子箸子，
情妹爱上了情郎，媒人也用不上了。（王宏印，2016：176）

上述《瑶人布刀歌》中瑶族织布用"刀"，还没有进入汉族织布的"梭子"阶段（刀是梭子以前的工具，汉族织布有时也要用到刀）。织布的刀插在经纬线之间，紧贴经纬线，整理经纬线，所以民歌以"刀"和"经纬线"来比喻情人的亲密关系，比喻爱情的亲密无间。本来是用刀去"贴"或"黏"，不能用别的动词，但翻译时只转换为用"心"去"贴"或"黏"，如果离开了这个动词，例如直接翻译成"爱"，就失去原文的韵味，也不切合实际了。所以翻译中不应用汉语思维和汉语词汇加以替代或解释，而应还原到少数民族语言的原文和独特的比喻。这在翻译成汉语时还好一点，若要翻译成英文，就需要找到合适的英文词汇，但这样的词汇一般在英语词典中查不到，所以要进行变通，以其他词或创造新词来替代。这样的问题是我翻译陕北民歌时没有遇到的问题，毕竟我对陕北方言和文化、习俗还是比较熟悉，基本能找到相关的合适的英语表达。另外，对南方少数民族的生活和习俗等也不太了解。这也是困难的一方面，但我并不想降低译诗的品质和要求，所以需要摸索出一些好的新的翻译方法来，和大家一起讨论。

四、关于民歌翻译的未来和希望

梁：我发现民歌翻译研究论文投稿的期刊很有限，发表论文困难，许多期刊编辑说这类论文研究面太窄，读者群和学术影响率低，多不愿刊发。我想您的民歌英译著作出版肯定也遭遇了类似的窘境。因为民歌及民歌翻译属于"非主流"图书，其目标和实际读者群小，销量低，图书出版市场利润低，译著出版会面临诸多问题。您的民歌翻译的著作出版时遇到什么问题和困难了吗？对相关图书出版和推广方面您有何期望？您的希望是中国的民歌唱响世界，对于中国民歌走向世界您有何建议？

王：目前出版社对民歌翻译的出版感兴趣的很少，出版社的书目是反映社会进步的晴雨表。《西北回响》翻译出来无望出版，放置了八九年，后来联系到西北大学的朋友梅晓云教授，她是研究印度文学的教授，我们一直保持联系，她问起我的情况，我说起了《西北回响》，是陕北民歌的英译稿。她说她爱人罗艺峰教授在西安音乐学院，可以试着联系看能否出版。没想到西安音乐学院的院长赵季平欣然作序，并且出版了此书。

上海外语教育出版社约稿《英译元曲百首》，我着手并翻译完成元曲，交书稿时一并将此前完成润色修改好的《选译》交给上海外语教育出版社，但最终没有出版《选译》，主要是有些专家认为民歌就是《诗经》，没有更广泛的概念和一致的意见。后来和商务印书馆联系，《选译》才得以出版，因为商务印书馆原来出版过民歌。可是当我提出要出一个民歌系列的时候，还是遇到了挫折。可见这两部民歌译著出版背后都有一些曲折，包括现在搜集整理和翻译的少数民族诗歌和印第安诗歌的书稿，估计还是难逃类似的命运。我有段时间开始整理和搜集了 55 个少数民族的诗歌，有的民族选择的民歌少，有的多，总体考虑了各民族民歌的均衡问题，大概每个民族民歌在 10 首以下。因为需要民族学和民俗学的研究为基础才能更好地翻译，所以目前还是无法深入研究和继续翻译。在整理和占有资料后，还应该深入研究资料，精心翻译后还应该加以进一步的反思，比如民歌与民族文化的关系、翻译的理论动向，等等。即便不翻译，这样一本 55 个民族的民歌集子本身也是值得出版的。关于民歌研究的论文的刊登就更是困难了。希望日后相关图书出版和论文刊发能够比较顺利一些！

　　梁：在《西北回响》的前言中，您曾说："但愿有更多的有心人能从事中国民歌翻译！但愿有更好的陕北民歌译本不久问世！但愿中国民歌走向世界乐坛！"对于热爱民歌和民歌翻译的青年一代，您有什么建议？谈谈您对民歌翻译、少数民族民歌翻译方面的计划和希望。

　　王：国内研究我国少数民族诗歌包括民歌翻译的人更少。而国外，据我所知，如哥伦比亚大学有些研究比较文学的学者对我国少数民族诗歌感兴趣。另外，俄亥俄大学的马克·本德尔（Mark Bender）就专门从事少数民族，尤其是彝族诗歌的英译研究，他参加过我们在江南大学召开的第九届典籍翻译会议，我们就这方面问题也有过深入交流。国内的相关研究很少，如果发现这方面有研究的兴趣，应该坚持下去，而且不局限于少数民族诗歌和民歌的翻译和研究，汉族诗歌和民歌的翻译、研究也要坚持下去。研究的时候，必须注意研究方法，要吸取像人类学的研究方法，要有一定的理论基础和专业训练，这样的翻译和研究才会深入、持久并有成果。另外，还需要有国际化的学术视野，注意吸收国外研究的最新成果和有益的方法。目前国内外的少数民族典籍翻译都存在一些问题，如对原文的理解问题和翻译方法的问题。当地的人们懂得方言和习俗，但研究视野不够宽广，翻译和研究水平有待提高。汉族学者和其他地方的研究者、译者不懂得当地方言，习俗了解有限，但有的有理论和专业知识。所以这些译者要相互学习，合作完成一些重要的成果。
也要注意批判地吸收和借鉴国外的研究方法和先进的理论。其实上
述三方面，归结起来就是我曾在大连民族大学召开的第二届少数民
族典籍翻译会议上提出的典籍翻译和研究的三条原则，即继承性、
专业性和国际化的问题。我仍然坚持这几项原则，认为只有这样才
能改变目前少数民族典籍翻译和研究的落后状况，也才能促进民间
文学和民歌翻译研究的大力发展。

　　梁：谢谢您！真的受益匪浅。最后希望我国的典籍翻译研究，
特别是少数民族典籍翻译和研究越来越好！当然，也希望有更多的
人关注包括汉族和少数民族在内的民歌翻译和研究。

　　王：谢谢！

参考文献：

　　[1] Shakespeare, William. Remeo and Juliet[EB/OL]. http://shakespeare.
mit.edu/romeo_juliet/romeo_juliet.1.4.html.（1993-1-1）[2017-10-02].

　　[2] 梁高燕. 论中国古今民歌英译三原则[J]. 音乐探索，2016（2）：135-
139.

　　[3] 茉莉芬芳飘海外——流传海外的第一首中国民歌《茉莉花》[EB/OL].
http://www.myscore.org/162.htm.（2006-09-13）[2015-01-02].

　　[4] 王宏印. 中华民族典籍翻译研究概论——朝向人类学翻译诗学的努力
（上卷）[M]. 大连：大连海事大学出版社，2016.

　　[5] 王宏印. 中国古今民歌选译[M]. 北京：商务印书馆，2014.

　　[6] 王宏印. 西北回响：汉英对照新旧陕北民歌[M]. 北京：文化艺术出版
社，2009.

（本文原载于《燕山大学学报（哲学社会科学版）》2019 年第 5 期）

翻译名师是如何炼成的

——专访南开大学外国语学院王宏印教授

李绍青

[摘要] 本文从教学有方、科学研究、著书立说、为人处世四方面探索了中国翻译学名家王宏印老师的成功秘诀，对学人成器、导师教学皆有十分重要的借鉴意义。

[关键词] 王宏印；名师；翻译

一、从科研到教学，从硕导到博导，他研究出色，探索为本

李绍青（以下简称"李"）：王教授，您好！首先感谢您在百忙之中接受我们慕名而来的采访。看了网上您的简历，有一个问题我们很好奇：西安外院毕业，您为什么先去当翻译、导游，而没有直接当高校教师？您又为什么舍得抛弃电管局的金饭碗而去端高校的铁饭碗？

王宏印（以下简称"王"）：我上大学的时候可能还受当时社会思潮的一些影响，不是每个人都一定想要去当老师的。1976年毕业分配工作的时候，我被分到西北电管局中心实验研究所从事科技翻译，当时也不知道科技翻译是怎样一种做法，只知道服从分配就是了。记得那时我负责编辑一本杂志《西北电力技术》，我一个人就翻译了四五篇论文刊登在这本期刊上。科技原理、术语、图表等要求很严格，由于对科技不太懂，为了搞好笔译，我不得不钻研《科学技术史》以及电力、机械、电子等相关知识。该刊的主编懂得 5 种语言，这让我非常钦佩。后来我搞科研就不局限于哪一种语言、哪一国文化。在此期间，我也给本单位工程师培训职称英语，两期培训班的学员全部顺利过关，为此局里还给了我奖励。

　　大学毕业工作 5 年后，研究生招生制度恢复，我自己想考研。起先想考外国文学，后来想考教育学。陕西师大研究生处的一位处长对我说："你的英语这么好，调我们这里教书怎么样？"我说："也行啊，其实教外语，我也挺喜欢的。"于是我又在陕西师大工作了十几年，先教公共外语，后来从事专业外语教学的课程，从理科英语转到文科英语，最后申请到英语专业的硕士点。到第一届研究生毕业时，也就是 2000 年，我离开陕西师大，调到天津的南开大学。

　　现在回想起来，研究所的工作对我有了一个很好的科研训练，绝不仅仅是论文的摘要、格式、标题、参考书目等的规范性，更重要的是，工程技术人员的朴实作风以及奉献精神、科研方法对我影响很大。在陕西师大有一次到一位同事家里做客，同事问其十几岁的儿子："猜一猜，王叔叔是干什么的？"小孩回答："他好像是搞什么研究的。"当时我给人一种印象，喜欢对某些事情进行探讨，这对我在大学里搞科研非常有帮助。我到学校从事教学，业余时间全在科研上，编写教材和词典，从来没有停息。我没有考虑过当老师是否社会地位低、搞科研是否劳动力贬值这些问题，分配也好，调动也罢，只要是国家需要，我就会努力干好，工作从来不挑。

　　李：您是否赞同本科探究"是什么"（弱冠之年）、读研探究"为什么"（而立之年）、博士探究"该怎么"（不惑之年）这种说法？尽管身兼数职，您仍然没有离开过所热爱的英语教学工作，您在本科生、硕士生、博士生、博士后四个有梯度的层面的教学方法有何不同？

　　王：这么说不太到位。本科只是一个领域或专业的基本知识的掌握，还谈不上研究。硕士也当不了"而立"，只是研究的基本训练而已，充其量是在某一个领域掌握最基本的研究方法。一般的硕士论文也没有发表的价值，好的博士论文才有发表的意义，所以，真正的研究是从博士开始的。我个人不太同意本科毕业就写论文，学士谈不上研究，只是专业的基本知识，答辩搞得太仓促，往往流于形式。但是，如果硕士答辩走形式那就不行了。硕士研究生是带有研讨意义的学习，有许多要学的东西。我带研究生比较开放，每门课程的考试都是写论文。我指出一个大致范围，让研究生自己找资料，不能直接用教材上的内容。选题是否可行，征求我的意见，符合统一的要求就是了。然后整个寒暑假用心去写，开学交论文作业，如果假期改动题目，可以打电话向我请示，只要改得有道理，我就予以鼓励。

从本科到博士后，不同的阶段有不同的求学目标和任务。教学是很有意思的一件事情，可以从一个最低点开始，从无到有。我可以教小孩子发音识字，也可以根据教材、紧贴大纲给中学生编一本英汉简明图解词典，还参编过一本英译基本动词用法词典，给较高程度的大学生用。本科生专业刚入门，教学目的是夯实语言基础，培养专业兴趣。研究生阶段，英语语言文学开始分支，主要是翻译、语言学和英美文学三大方向。无论给哪个层面的学生上课，我都按照教学大纲、能力梯度和知识台阶自编教材，前后上过的课有十几门，全是自己的书，不用任何现成的教科书。教学要因材施教，点拨要因势利导，落实到学生的可接受性，偏深了没用。例如，对本科生不需要讲前沿高深的东西，玄而不妙。博士生上课则是讲座式的，引出一个话题，大家各抒己见，互相切磋。对于博士后更是"无为而治"，导师和博士后的关系称为"合作导师"，要做跨学科的高深研究。学术虽是严谨的，但是到了至高处却是最自由的。针对博士生的科研我提出过 3 个重要的方向：在熟悉的领域里深挖未知，做窄而深的分析；在交汇地带穿梭往行，进行跨学科创新的交互视野下的研究；在理论的制高点上做回顾性、反思性，甚至批判性的研究。

二、从西学到国学，从哲学到文学，他由博返约，博大精深

李：我们了解到您的学术旅游之旅从古希腊的哲学到今天翻译

科学的前沿，从陕西黄土地出发足迹踏遍祖国各地，文理皆通，中西兼容。您觉得穿越时空、跨越学科的学术旅行对您的科研有何益处呢？

王：1988 年，我本来是作为访问学者到美国去的，不是为了单纯学英语，新墨西哥大学比较好的 30 多门文科课程我几乎全修了。我签证上写的是英语语言学，因为我在 1983—1984 年英国文化委员会在上海交通大学举办的高校英语教师研讨班学习过应用语言学，获得了 33 个学分，可以转 6 个学分到美国学校的研究生课程里，于是，我很快找到了一个和语言学有关系的应用学科，就是跨文化交际学。在跨文化交际学系待了一段时间，我觉得这门课还是有点浅，于是又学习跨文化心理学，这门课的理论要求比较高，研究方法也比较讲究。我所在的人文学院哲学系有位教授退休了，我被安排在他的办公室，业余时间在其办公室读了他全部的图书，还参加了哲学系每周一次的例会，选修了苏格拉底研究这门课程。此外，我还利用业余时间比较系统地阅读了从古希腊到当代的西方经典名著，涉及文史哲和自然科学的一部分，也比较熟悉当下的西方社会和学术思潮，以及文科一些基本学科的原理。

留学取经回国的最初几年，我出版了《跨文化心理学导论》和《跨文化传通：如何与外国人交往》两本书，在陕西师大给硕士生上西方心理学，在南开大学国家汉办跨文化基地给培训班上跨文化交际学。我比较注意基础知识的积累和向新兴学科扩展，即使现在，我还会每隔一段时间把外国哲学史和文学名著进行回读。我从英语文学出发，知识面逐渐扩展：我读了古希腊以来的文史哲各国经典名作，打好了西学的底子；在陕西师大时，我参加了中西文化交流研究所、中国思想文化研究所、哲学研究所和人文研究所举办的各种会议和学术活动，扩充了学术视野，我也逐渐从西学转向国学，进行中国文化的典籍翻译研究。后来我又从哲学和社会科学研究转到文学，绕了一大圈，最后落脚到文学，又转向翻译学。

书中遨游，实地旅游，学术只有在交流中才能碰撞出智慧的火花。我虽然涉足多个领域的研究，学科特点各异，研究方法自然不

同，但是它们之间的关系是艺术上相通相融，思维上互不干扰，效果上异曲同工。（李绍青，2011：87）

　　李：您的翻译理论研究不是平面的，而是立体的，其论述能让读者欣赏到一个色彩纷呈的翻译世界。（李绍青，2012：58）您的译论可谓中西合璧，旨在构建中国自己的健全系统的译论。您之所以能够取得如此辉煌的成就，成功的奥秘是什么呢？

　　王：我的翻译理论研究开始很早，体现在 20 世纪 80 年代末出版的《英汉翻译综合教程》的理论部分，当时主要以现代西方语言学为理论基础，融合其他领域的方法，例如心理学。现在这个理论体系还在用于教学。但学科是丰富的，翻译理论只是其中的一个领域，我所取得的一点成绩也得益于广泛的爱好，如文学阅读、美术鉴赏、书法练习、音乐鉴赏和多元的知识，包括哲学、文学、语言学、心理学、教育学、翻译学，还有独特的治学途径，特别是将逻辑思维与形象思维的方法结合起来。

　　我早年从事科技笔译，兼做导游与学术口译，同时在文学、美学、心理学等领域也有些追求。搞学术研究不能闭门造车，要学蜜蜂采百花酿甜蜜，但也要深入钻研，不能浅尝辄止。"他山之石，可以攻玉。"我们要善于借助相邻学科的知识和方法进行创造，而不是说只懂西方理论就找到了真理。有了"他山之石"还要攻自己之"玉"，一样要有自己独特的研究领域和研究课题。浮在面上，深入不下去，这是做学问的大忌。

　　李：许多从事翻译的人都对翻译的过程及译者的作用概念模糊，不能从学术的高度审视问题。作为中国典籍英译的领头人，您分析问题入木三分，立论高瞻远瞩。请您概括一下您的主要学术观点。

　　王：我个人认为中国的译论与西方的译论在许多方面都是不同的，不能放在一个模式里研究。例如，中国译论的发展历程有着自身的特点。可将其归为四个阶段：肇始阶段、古典阶段、玄思阶段和直觉阶段。在肇始阶段，以佛经翻译实践为依托，以译经序言为主要形态，形成关于佛经翻译的初级理论。其中最重要的译论包括：道安的"五失本，三不易"，彦琮的"八备"，玄奘的"五不翻"，以及赞宁的"六例"；基本上涉及本体论、主体论、文本论、方法论诸问题，但语焉不详，好立条目，难成系统。在古典阶段，以借鉴中国传统修辞写作理论和西方语言学理论为主体，试图找到和建立中国译论的基本思路；其中最重要的理论包括：严复的"信、达、雅"三字诀，章士钊和胡以鲁关于音译意译的争论；主要围绕翻译标准和译名问题进行深入讨论，理论化和操作化倾向均较前为甚，有制订翻译规则之企图。在玄思阶段，以借鉴哲学原理介入翻译理论的研究，或者把翻译问题哲学化，以求解决翻译是否可能的问题，企图建立翻译的哲学基础；其中最重要的理论包括：贺麟关于翻译可能性的论证，金岳霖关于"译意"和"译味"的分界；主要围绕翻译是否可能或可译性问题进行玄思，涉及文学翻译和非文学翻译的不同性质问题，但哲学思辨味道太浓，未能完全转化为翻译学本身的理论问题。在直觉阶段，以回归中国传统文艺学的直觉思维方法为理论源泉和思维特征，尤其注重借鉴语源学资料和关注语言问题，名义上试图融合东西之学，实际上仍回归国学的根本，例如意境问题、形神问题、风格问题等；最重要的理论包括：钱锺书的"化境"说，傅雷的"神似"说等；其核心部分围绕着翻译的转换问题展开，把标准和方法融为一体，侧重于文学翻译本质论的讨论。

　　我根据自己的翻译实践经验以及多年从事理论研究的体会，在拙著《英汉翻译综合教程》等书中提出一整套有新意又有深度的观点，例如："翻译作为语言作品的复制活动，表现为一种心理过程，也就是翻译主体译者接受语言信号（即巴甫洛夫的第二信号）刺激而在头脑中进行的一系列思维想象等心理活动的过程。这一连串的心理活动的直接结果即是语言信号的还原，也即是译文文本的产生。……翻译过程从原语阅读开始进行理解，然后通过转换进入表达即译语写作。阅读理解过程基本上是用原语进行思维的过程，以分析为主，辅之以综合；写作表达过程基本上是用译语进行思维的过程，以综合为主，辅之以分析。而理解与表达之间的转换一方面渗透到原语思维的理解阶段，一方面贯穿到译语思维的表达阶段，充满着双语思维的交叉、互渗和互换，而且转换本身也是一个分析与综合交相使用的复杂过程。"（王宏印，2002：117）

李：王老师，您认为典籍翻译的理想译者应该是中国人还是外国人？

王：典籍翻译由国人来做还是由外人来做的问题，也即顺向翻译与逆向翻译的问题，目前学界还存在着一定的争议。对这个问题究竟应当怎么看？这个问题其实分为学术层面和目前国内翻译界的实践层面。从学术层面讲，理论上来说应该是由外国人翻译，就是所谓的"顺译"。国际译联曾在某一年的纪念日上探讨过顺译的问题，题目叫作"Translate in the Right Direction"，乍一看，好像是"按照正确的方向翻译"。这个讨论实际上是强调顺译的。国外一般不太认可逆译，认为一个人的外语水平无论如何没有他的本族语掌握运用得好，所以提倡顺译。应该说在原理上主张顺译是有相当道理的。从历史上看，最早翻译中国文化典籍的除了唐玄奘翻译《老子》以外，就是海外的比较早期的汉学家的翻译，汉学家翻译对于他们来说是顺译，把中国文化翻译成英文、法文或是其他语言，后来传教士的翻译也是顺译。过去有理雅各、贾尔斯、庞德、霍克斯，如今有葛浩文、宇文所安，他们翻译的成就是举世公认的。目前，中国的翻译家、学者自己主动来翻译，属于"逆译"。逆译的情况从学理上来说是有一定的困难的。从表达方面讲，我们从书面语中学到的英语和国外现在正在发生的英语口语是有距离的，我们的英语能力和本族语讲述者的操纵能力也是不可同日而语的，像林语堂那样的英语程度毕竟是少数。（王宏印，2015：62）

李：您在《中国翻译》上高屋建瓴地指出了典籍翻译的"三大阶段"及其对应的"三重境界"。请您简要地谈一下，让我开阔一下眼界。

王：随着自己多年的翻译实践经验积累、历史考察、兴趣的转移和理论总结的渐次深入，我终于顿悟到中华民族典籍翻译事实上先后存在着"三大阶段"或曰"三重境界"，即，Step 1 汉族汉籍阶段；Step 2 民族典籍阶段；Step 3 海外汉学阶段。说得直白一点，中华民族在其形成与发展的过程中，围绕着典籍翻译和传播，形成了这样三大历史阶段，对应性地构成了三重文化境界——以汉族汉语汉字和汉文化为基点的奠基时期、以少数民族语言文字和民族文化为特点的扩张时期、以海外汉学为代表的晚近外传时期，相应地便形成了以汉族圣贤文化为中心的古典时期的我族中心主义、以少数民族文化为特征的多元文化互补民汉交融时期的多族共和主义以及晚近以来以海外汉学与国内国学交互传播为标志的世界主义境界。（王宏印，2017：19）

三、从考研到读研，从毕业到就业，他关怀学生，意切情真

李：在考研面试时，您最欣赏什么样的硕士或博士研究生？

王：知识丰富、思路开阔、锐意创新、文笔优美、后劲十足集于一身。优美的文笔短时间练来不及，是否有潜力取决于基础好不好，当然，创造性是要天赋的。最重要的是要能吃苦，有废寝忘食也不耽误进程的精神。考我的博士要做好一次很可能考不上的准备，没有长远打算和持之以恒的耐心，是不会有大作为的。我喜欢正直诚实、真心求学、功底扎实、刻苦钻研、百折不挠的弟子，不喜欢人云亦云、浮在上面扎不下去的学生。

李：您在美国新墨西哥大学荣获硕士学位，短短的两年内，您像一块海绵，如饥似渴地吮吸着世界文学的精华。您觉得与美国相比，我国的硕士培养机制还有哪些差距？

王：美国导师与学生谈话一般很短，他让学生自己确定求学方向：想学什么？基础如何？然后列出所修课程。课程分档次，有梯度，按顺序进行系统编号。硕士生上课不是根据一本教材，而是一个读书单，课下读完书目，课堂讨论，并不像国内不少导师替学生选题。在美国取得学位有两种方式：一种与国内相似，写毕业论文，

答辩成功才行。不过做论文时，导师非常尊重学生的思路，如果学生征求意见过多，导师会说："究竟是你在写论文还是我在写论文？"另外一种是不做论文也可以拿硕士学位，只是要多修几门课，这无非意味着情愿延期和多付学费。然而，这恐怕也是国内怵头写论文的硕士候选人求之不得的。

我觉得国内的研究生教育在课程上不规范，先上什么，后上什么，心中无数，教学无秩序。而国外的课程会按照难度和要求设置级别和号码，按部就班进行选课，这样就比较科学，体现教学规律。此外，我们许多学校提出不切实际的要求，有的学校要求硕士生毕业要发表两篇核心期刊的文章，否则不让答辩。这是不合理的。对于硕士，这一要求太高。但有的人认为，博士答辩也不需要发表论文，这一要求又太低了。没有一定的学术规范，怎么能行呢？还有学术不端的问题，近年来越来越严重，影响了大学形象，这是一个大问题。

李：现在毕业生找工作，有一种说法，叫"学历不如能力，能力不如魅力，魅力不如关系"，对此您怎么看？还有，研究生毕业找不到好工作，硕士毕业后是先生存后发展，还是一步到位当博士？您的建议如何？

王：我觉得每一个时代的情况不同，不能一概而论。我们过去都是鼓励一味求学，上金字塔，毕业包分配，国家什么都管，那是计划经济的产物，现在不一定适用了。我觉得对于考研生，要打好知识基础，发挥自己的特长，积极报考，不可耽误时机，贻误青春。一旦考中，就要热爱自己的专业，争取学好，以之为社会服务，毕竟这是自己的谋生手段，不要轻易放弃。如果要考博，就要做好思想准备，在打好基础的同时，注意学科前沿，还要和老师沟通，不要自己闷头去搞，得不到指导。因为考博和考研是不同的，没有几年的专业准备和思想准备，可能不得要领，而缺乏一定的学术交往，也会事倍功半。

至于找工作，我觉得不仅需要专业好、学校好，还要有良好的个人素质和交往能力、表达能力，包括调查市场和决策的能力、进行招聘应考的能力、面谈和填写简历的能力等。现在的学生大多是独生子女，父母过分溺爱，导致大部分学生不能独立谋生。如今社会开放，各种机会和问题都有，学生一定要自己掌握自己。但也不能过分自我，一点听不进家长和师长的意见。重要的事，就要商量，交换意见，集体决策，这样往往比较可靠。当然，家长和师长也要注意听取学生的意见，不要太多坚持老一辈的观点。

在有条件的时候，我觉得学生可以一步到位，考上博士，这样到了工作单位，就可以顺利工作，不必再为学历犯愁了。但若一年不能考取，我建议还是可以先找工作，一面工作，一面再考。持之以恒，坚持不懈，总是能成功的。

四、从读者到学者，从学子到名师，他高尚做事，低调做人

李：王宏印，您在青年时代，中国外语界您最崇拜哪位名人？英语专业的学生们用十二个字为您画像："学问深、文采美、品德高、人缘好！"说您很有当年王佐良的风采，对此您怎么看？

王：学生的评价有些过誉了。学界代有才人出，为做名人苦读书。年轻的时候，我也有名人崇拜，进入外语教学领域，精英人物太多了。上学时，张道真的语法、许国璋的教材，简直令我眼花缭乱，我感觉什么都想做，什么也做不好。李赋宁、王佐良是外语界最有名的大师级人物，我写作时时常引用他们的翻译与研究著作。李赋宁是外国比较文学奠基人吴宓的弟子，通晓英语语言文学，是著名教育家，执教数十年，蜚声学术界。有一次他到陕西师大做报告，我登门拜访过这位学界前辈，他是对我有直接影响的文化名人之一。王佐良博古通今，学贯中西，多才多艺，他曾翻译过《文心雕龙》的几个段落，给人留下深刻印象。前辈们的学术风范和人格品德永远为世人所敬仰，他们都是我学习的榜样。

李：听您的同事们说，您曾经多次拒绝担任正职职务，在学会里甘当第二把小提琴，从不与人争功。另外，为什么您在外地讲学比较讲究外表，而生活中却很随意呢？

王：高深做学问，低调做学人。如果一个人真心搞学术，那就要潜心追求真知，不屑于虚荣和个人利益。学术活动和教学工作中，重在合作愉快，出好成果，只要能齐心合力将事情做好，谁正谁副，又有什么关系呢？翻译研究中心是一个名称，一间办公室，大家聚在一起研究，共同探讨问题，会有许多收获，而且也很愉快，这就足够了。诸如外出开会讲学，不过是一些演讲机会，能把自己的知识和研讨的心得与人分享，是一件开心的事，也可以赢得批评，发现问题，不断进步。当然，在一些正式场合，我比较注意形象，是为了尊重观众，使得气氛和谐，能够出色做事。而日常生活中着装随意，本色做人，也是一种风格。

李：王老师，谢谢您在百忙之中接受我的采访！听君一席话胜读十年书，与您的谈话让我受益匪浅，再次感谢您。

王：谢谢小李的采访！

参考文献：

[1] 李绍青. 王宏印：高深做学问，低调做学人[J]. 求学·考研，2011（4）：87.

[2] 李绍青，陆娜. 王宏印：潜心做学问匠心育英才[J]. 教育与职业，2012（12）：58.

[3] 李绍青，王宏印. 翻译中华典籍 传播神州文化——中国典籍翻译研究会王宏印会长访谈录[A]. 中译外研究（第7辑）[C]. 北京：高等教育出版社，2017.

[4] 王宏印. 典籍翻译：三大阶段、三重境界——兼论汉语典籍、民族典籍与海外汉学的总体关系[J]. 中国翻译，2017（5）：19.

[5] 王宏印. 关于中国文化典籍翻译的若干问题与思考[J]. 中国文化研究，2015（6）：62.

[6] 王宏印. 英汉翻译综合教程[M]. 辽宁：辽宁师范大学出版社，2002：117.

（本文原载于《东方翻译》2020年第3期）

编后记

记得是 2001 年，我跟温秀颖兄偶然结识，他正在攻读刘士聪先生的博士研究生，我说也想读博，对刘老师仰慕已久，他告诉我刘老师不再招生，但新来一位专门做诗歌翻译研究的教授：王宏印。这是个听来有点耳熟的名字——印象中读过他一本书，没想到他竟调到了南开大学。

后来，我跟王老师通了第一次电话，随后到王老师家中拜访。20 多年过去，往日的点滴犹如同电影镜头，在脑海里再次浮现，依旧清晰。2002 年，我顺利读博，跟王老师的接触便增多了。随着时间的推移，我对王老师愈加了解，他带给我的内心震撼就愈加强烈。

没想到王老师的知识面竟如此渊博，正所谓学而贯其中西。

更没想到王老师除深谙学问之外，还那么热爱书法，热爱绘画，热爱唱歌，热爱旅游……于是我发现，我的导师原来是个兴趣广泛的人，是个精力旺盛的人，是个低调随和的人，是个视学术为生命的人。

然而，谁曾料想，苍天，也妒英才。

2019 年 12 月 17 日傍晚，我们几个在津弟子一起到天津总医院去看望病危的王老师。我们跟他说话，他有知觉，只是微微点头，却无力睁开眼睛……当晚回来，我夜不能寐，心里满是冰冷的星空，于是写出如下几首短诗，后收录于段光安先生主编的《2018—2019 天津诗歌双年选》一书，组诗标题为编者后来所加。

悼念吾师王宏印（组诗）

与命运拔河

看着绳子偏向一侧
渐拉渐偏
你体力不支
我眼看着
干着急
却不能帮你拉绳
我孩子一样地哭啊
我干着急
绳子正偏向一侧
我束手无策
我束手
无策

寒冬，一片树叶

摇摇欲坠
摇摇
欲
坠
啊
我的心

泪水可以接住泪水
却接不住
一片树叶的
下
坠

夜，从未如此宁静

空气静成固体

时间已经冰冻

耳朵里唯一的声音

是持续不断的耳鸣

夜，从未如此宁静

星空

一个巨大的冰窟

无法解冻

更爱吾师

凌晨的泪珠

与清晨的泪珠

浇灌鸿蒙中的花朵

吾爱真理

吾更爱

吾师

次日得知，事情比预感中来得还快。老师已于当晚见过我们几个弟子大约两个小时之后大归，驾鹤西游⋯⋯

王老师学术上正是如日中天，谁承想，"词林枝叶三春尽，学海波澜一夜干"；空慨叹，"虚负凌云万丈才，一生襟抱未曾开"！

若有天假之年，吾师王宏印先生当有更大的学术成就。然而，假设不能代替现实。导师的突然离去，留给我们的无奈与遗憾，怎一句"此恨绵绵无绝期"能够表达！

转眼快到三年。对导师的思念，早已化入我们的读书和治学之中。王门三十有余贤，遍布大江北与南；老师学问当传承，在天之灵慰而安。此文集之出版，即为纪念吾师王宏印先生。

两位师弟王治国教授和王晓农教授，为策划此书费尽心思、运而筹之；各位同门兄弟姐妹，以及热爱王老师的贤人，积极配合，捐稿撰文；南开大学外国语学院阎国栋院长，克己奉公，一心向贤，对王老师敬佩有加；南开大学出版社张彤老师和宋立君老师，闻书名而欣然应允，乐此不疲。

　　铭记，自心灵幽邃里；

　　感谢，自内心深深处。

　　抬望眼，正是：

　　冬去春来夏日长，

　　宏文尚印朱墨香。

　　掇菁撷华有遗珠，

　　秋收之后更冬藏。

张智中
2022.5.5　立夏之日

本书作者简介（按姓名拼音顺序）

陈大亮，苏州大学特聘教授，博士生导师。研究方向：典籍英译、中西译论、翻译批评。

陈婉玉，浙江财经大学讲师。研究方向：文学翻译。

崔晓霞，云南财经大学教授。研究方向：典籍翻译与翻译理论、应用语言学。

李林波，西安外国语大学教授。研究方向：典籍翻译、文学翻译。

李楠楠，西安外国语大学博士生。研究方向：文学翻译与翻译批评。

李绍青，华北理工大学外国语言文学专业副教授。研究方向：翻译理论与实践。

梁高燕，山西财经大学讲师，博士。研究方向：典籍翻译、中国当代小说翻译研究。

吕敏宏，陕西师范大学教授。研究方向：文学翻译、典籍英译、中国现当代小说英译、翻译批评。

潘帅英，喀什大学副教授，硕士生导师。研究方向：民族典籍翻译、典籍英译、区域国别研究。

荣立宇，天津师范大学讲师，博士。研究方向：诗歌翻译、典籍翻译。

苏易安，山东女子学院讲师，硕士研究生。研究方向：文学翻译。

王洪涛，北京外国语大学教授，博士生导师，中国英汉语比较研究会社会翻译学专业委员会会长。研究方向：社会翻译学、理论翻译学、翻译批评、中西文学与文化经典翻译研究。

王晓农，鲁东大学外国语学院教授，副院长。研究方向：典籍与学术英译、中西译论、翻译批评。

王治国，天津工业大学教授，翻译学博士，比较文学博士后。研究方向：典籍英译。

许建忠，天津理工大学教授，硕士生导师。研究方向：翻译学及其跨学科研究。

杨森，天津商业大学外国语学院讲师。研究方向：诗歌翻译。

张媛，内蒙古工业大学外国语学院校聘教授。研究方向：典籍英译。

张智中，南开大学外国语学院教授，博士生导师。研究方向：汉诗英译。

朱学明，兰州理工大学外国语学院讲师。研究方向：典籍英译。